重庆市大数据智能化特色专业建设经费资助出版项目
重庆工商大学2017年“组织行为学”课程建设项目

组织行为学
习题集

黄钟仪　编著

Zuzhi Xingweixue
Xitiji

西南财经大学出版社
四川·成都

图书在版编目(CIP)数据

组织行为学习题集/黄钟仪编著 .—成都:西南财经大学出版社,
2020.7
ISBN 978-7-5504-4341-9

Ⅰ.①组… Ⅱ.①黄… Ⅲ.①组织行为学—高等学校—习题集
Ⅳ.①C936-44

中国版本图书馆 CIP 数据核字(2020)第 002413 号

组织行为学习题集

黄钟仪 编著

责任编辑:陈何真璐
封面设计:墨创文化
责任印制:朱曼丽

出版发行	西南财经大学出版社(四川省成都市光华村街 55 号)
网　　址	http://www.bookcj.com
电子邮件	bookcj@foxmail.com
邮政编码	610074
电　　话	028-87353785
照　　排	四川胜翔数码印务设计有限公司
印　　刷	郫县犀浦印刷厂
成品尺寸	185mm×260mm
印　　张	17
字　　数	406 千字
版　　次	2020 年 7 月第 1 版
印　　次	2020 年 7 月第 1 次印刷
印　　数	1— 2000 册
书　　号	ISBN 978-7-5504-4341-9
定　　价	39.80 元

前言

组织行为学是工商管理各专业本科生的一门专业基础课程，是学生获取扎实的工商管理基本知识和基本理论的必修基础课程；也是工商管理从业者建立科学有效的个体、群体、组织行为认知的必学内容。相对于其他基础课程而言，该门课程的内容体系更为庞杂，需要掌握的基本概念、基础理论等基本知识点更多，非常需要一本系统全面、涵盖相关内容的习题集助力“扎实基础”的培养过程；同时，还需要通过论述、案例等题目着力培养学习者组织思维以及组织理论运用能力、问题导向的分析能力。但市面上现有的一两本组织行为学相关习题集，只提供了客观题的参考答案，不能为论述题和案例题的分析提供示范和指导；同时，在对学生的培养过程中，培养学生运用组织行为学的相关知识“分析问题和解决问题”的能力是重点，许多老师在课堂上采用了案例讨论方式，但由于大多数情况下教材未提供案例分析解答的文字材料，案例分析训练因指导不明确、不具体，反而成为能力培养的薄弱环节。

本习题集涉及罗宾斯、张德、孙建敏、李原、胡君辰、关培兰、陈春花、王晶晶等多个版本的组织行为学教材相关内容，共五篇15章。编者在编撰时，同时关注了基础知识掌握、前沿与实践把握以及思维和技能培育这三个方面。在内容和题型设计上，通过填空题、名词解释题、是非题、单选题、多选题、简答题实现了对客观知识点群的全面覆盖，并通过多题型的反复呈现方式促进学习者巩固与系统掌握知识；通过论述题、案例分析题实现知识运用的综合性、情境性，以训练学习者的组织行为思维和技能；通过自评量表、延伸阅读，促进学习者掌握经典理论的研究背景，把握最新理论研究进展或者最新实践探索进展。对填空题，编者在尝试使用中发现读者或许会对答案有不同的意见，但考虑到对关键知识点的把握有帮助，因此仍然予以保留，不喜欢此部分读者可以重点关注其他题型。

本习题集可以作为管理类相关专业本科生、研究生巩固基础的参考书，可以作为高校组织行为学教师教学和考核的参考书，也可作为本科生考研学习的辅导书；同时，其论述题、案例分析题等部分，非常适合希望提升理论运用能力以及分析能力的研究生和 MBA 学生；测量表以及延伸阅读等，也适合作为人力资源管理专业从业者以及希望掌握组织行为理论的工商管理从业者自我提升的测试题目和阅读材料。

本习题集基于编者自 2010 年以来不断完善的文稿。编者的研究生王晓晖（2010 级硕士研究生）、谈卉（2010 级硕士研究生）、刘欣（2011 级硕士研究生）、苏伟琳（2011 级硕士研究生）、王艺（2017 级硕士研究生）、刘国霞（2017 级硕士研究生）先后参与了习题集的收集、整理和编写工作。特别感谢研究生王艺同学在量表、案例、延伸阅读材料收集以及文档规范过程中所投入的大量精力。

感谢重庆工商大学管理学院唐仕军教授对习题集的编排体例给出的中肯意见；感谢重庆工商大学余旋副教授对习题集的篇章结构提出的优化建议，也感谢其提供了非正式群体及其行为章节的部分材料。习题集的编撰还得到了重庆工商大学管理学院及教务办同志们的支持，在此一并感谢。

本习题集在编撰过程中参考了大量相关文献，部分案例资料来源于网络，由于原始出处难以全部查到，文中注明以及文末的参考文献或许有所遗漏，在此向所有相关作者表达谢意！当然，习题集及其答案中出现的问题，责任由编者承担。

编者：黄钟仪

2020 年 3 月

目录

习题集

参考答案

习 题 集

第一篇 导论

第1章 绪论

一、填空题

1. 张德指出，任何组织存在必须具备的三个条件包括：组织是人组成的集合、组织是适用于目标的需要、组织通过__________来实现目标。

2. 20世纪初，法国工业家__________提出，所有的管理者都发挥五种职能：计划、组织、________、_________和控制。麻省理工的教授将这些职能简化为四种：计划、组织、________和控制。

3. 专业化和__________是提高工作效率的根本途径，也是推动技术进步、组织演变的动因。

4. 组织活动可分为基本的两大类：直接导致组织目标完成的作业活动和确保作业活动有效进行的_______活动。

5. 亨利·明茨伯格基于对管理人员的观察，总结了管理者的10种角色，可以归纳为三大类：______、______、______。

6. 根据罗伯特·卡茨的理论，管理者必须具备的三种基本管理技能是______、______、______。

7. 弗雷德·卢桑斯通过对450多名管理者进行研究，发现管理者主要从事四类管理活动：传统的管理、__________、人力资源管理、__________。

8. 罗宾斯指出组织行为学探讨______、______以及______对组织内部行为的影响，目的是应用这些知识来改善组织绩效。

9. 工业革命时期的管理研究中，罗伯特·欧文开了组织行为研究的先河，首次提出关心人的哲学，他本人被称为____________之父。

10. 19世纪末20世纪初，以泰勒为代表的一代管理者创造、发展了一系列提高劳动生产率的技术和方法，形成了__________理论。

11. 美国国家科学委员会资助、梅奥主持的__________实验拉开了行为科学研究的序幕，这里的研究是对组织行为中________层面的研究。

12. 阿吉瑞斯的成熟管理实验主要从组织角度来分析影响员工潜力发挥的原因，指出有效的领导者应该帮助员工从________状态转变到________状态。

13. 20世纪60年代，麦格雷戈总结并提出人性假设对立的两种观点是__________和________。其中把人看作是厌恶工作、需要严格控制的消极因素的理论被称为________，反之认为人能在工作中自我控制的理论是________。

14. 麻省理工学院教授埃德加·沙因首次把科学管理的人性观称为________假设，人际关系学派的人性观称为__________假设，人力资源学派的人性观称为________假设，并从权变管理的角度出发，提出了________假设。

15. 组织文化理论的崛起带来了组织行为学和管理理论研究中两个基本假设的突破，即关于观念人及__________两个假定的突破。

16. 行为通常是可以预测的，因此主张在组织行为学的研究中，用__________的方法取代直觉。

17. 组织行为学是一门应用性的行为科学，它在众多行为科学分支的基础上建立起来，对它有主要贡献的学科包括______、______、______和______等。

二、名词解释

1. 组织
2. 组织行为学
3. 管理者职能
4. 管理者角色
5. 管理者技能
6. 经济人假设
7. 社会人假设
8. 自我实现人假设
9. 复杂人假设
10. 观念人假设
11. 科学管理理论
12. 人际关系理论
13. 阿吉瑞斯的不成熟-成熟理论
14. 权变管理理论

三、判断改错题

1. 管理工作的效果体现在能够选定顾客真正需要的产品或服务进行生产以及用最少的资源耗费进行生产两个方面，即所谓的组织效率和组织效能。（　　）

2. 从组织行为学的研究角度出发，更强调组织目标的实现，而不考虑员工个人需

求的满足。（　　）

3. 罗宾斯将法约尔的管理职能增加为五种，分别是计划、组织、指挥、协调和控制。（　　）

4. 20世纪60年代，麦格雷戈总结并提出人性假设对立的两种观点。其中认为人能在工作中自我控制的理论是X理论，反之把人看作是厌恶工作、需要严格控制的消极因素的假设是Y理论。（　　）

5. “自我实现人”假设认为人的需要分为许多种，在同一时间会有多种需要和动机，人感到满足并致力于组织工作的程度取决于本人的需要结构及其与组织之间的相关关系。（　　）

6. 对于“我为什么这样做”和“别人为什么会那样”之类的问题，系统研究可以取代直觉。因此组织行为学提出应系统研究人的行为，以此提高解释行为和预测行为的准确性。（　　）

7. 组织行为学的核心课题包括动机、领导行为和权力、人际沟通、群体结构与过程、学习、态度形成与知觉、变革过程等，但不涉及工作设计等方面。（　　）

8. 任何有高尚借口和道德理由的行为，如果没有提高生产率，没有效益，都是伪善甚至是不道德的。（　　）

9. 梅奥等在霍桑实验中总结的人际关系理论指出人际关系是提升劳动生产率的重大因素，试图在企业中建立一种新型人际关系，被称为“人际关系之父”。（　　）

10. 权变理论研究的兴起，带来了组织行为学研究的新发现：从重视“个体”研究到重视“群体”研究；从“社会人”到“观念人”；从“工作组织”到“生活组织”，由此，管理从“硬”走向“软”；从关注“需要”走向重视“价值、信仰”的作用。（　　）

11. 社会学对组织行为学的最大贡献是关于组织中个体和群体行为的研究。（　　）

12. 阿吉瑞斯的不成熟-成熟理论指出，有效的领导者应该实行参与式的以员工为中心的领导方式，加重员工的责任，激发员工的责任心和创造性，并在此基础上提出“观念人”的假说。（　　）

四、单选题

1. （　　）是对完成特定使命的人的系统性安排。

A. 组织　B. 群体　C. 团队　D. 集体

2. 相对于有效的管理者和一般管理者，成功的管理者将更多时间分配在（　　）。

A. 社会交往　B. 沟通　C. 人力资源管理　D. 传统的管理

3. 提出管理者扮演着10种不同但又互相关联的三人类角色的人是（　　）。

A. 罗伯特·卡茨　B. 亨利·法约尔

C. 弗雷德·卢桑斯　D. 亨利·明茨伯格

4. 通过对5位总经理的工作进行仔细观察，从而对“管理者是深思熟虑的思考者，在做决策之前，他们总是仔细地和系统地处理信息”的主流看法提出挑战的是（　　）。

A. 弗雷德里克·泰勒　　B. 亨利·法约尔
C. 亨利·明茨伯格　　D. 切斯特·巴纳德

5. 对450多位管理者的工作进行仔细观察，发现成功的管理者与有效的管理者所关注的工作重点显著不同的学者是（　　）。
A. 弗雷德·卢桑斯　　B. 亨利·法约尔
C. 亨利·明茨伯格　　D. 切斯特·巴纳德

6. 管理者在作为组织的官方代表对外联络时，他扮演的是（　　）的角色。
A. 人际关系方面　　B. 决策方面
C. 信息情报方面　　D. 业务经营方面

7. 当公司老板在年终总结会上为优秀员工颁发证书时，他扮演着（　　）。
A. 决策角色　　B. 信息传递者角色
C. 人际角色　　D. 传播者角色

8. 销售经理从公司内部的质量控制部经理那里获得信息，从明茨伯格管理角色的角度出发，这是一种（　　）关系。
A. 头面人物　　B. 领导者　　C. 内部联络人　　D. 资源分配者

9. 寻求信息，使其能够了解组织内外环境的变化，找出问题和机会的是（　　）。
A. 监听者　　B. 联络者　　C. 企业家　　D. 传播者

10. 负责同他所领导的组织内外无数个个人和团体维持关系，建立和发展一种特别的联系网络，将组织与环境联结起来的角色是（　　）。
A. 监听者　　B. 联络者　　C. 发言人　　D. 传播者

11. 当组织面临重大的、意外的动乱时，负责采取补救行动就是在扮演（　　）的角色。
A. 企业家　　B. 资源分配者　　C. 领导者　　D. 混乱驾驭者

12. 组织活动可分为基本的两大类：直接导致组织目标完成的作业活动和确保作业活动有效进行的（　　）。
A. 销售活动　　B. 生产活动　　C. 管理活动　　D. 财务活动

13. 管理的目标是保证（　　）的实现。
A. 组织目标　　B. 群体目标　　C. 领导目标　　D. 个人目标

14. 管理者在做决策时看准问题，找出改正问题的各种备选方案，对这些备选方案进行评估，最后选定一项最佳方案。从管理者技能的角度出发，这属于（　　）。
A. 技术技能　　B. 人际技能　　C. 概念技能　　D. 组织协调技能

15. 组织行为学模型的三种分析水平，每一种水平都是建立在前一种水平之上，那么，按照由下至上的顺序，该三种分析水平分别为（　　）。
A. 个体水平、组织系统水平、群体水平
B. 个体水平、群体水平、组织系统水平
C. 组织系统水平、群体水平、个体水平
D. 群体水平、组织系统水平、个体水平

16. 组织行为学的发展对企业管理的科学化和现代化产生了重大的影响，以下关于现代管理的说法（　　）是不正确的。

A. 由原来的以“事”为中心发展到以“人”为中心

B. 由原来对“纪律”的研究，发展到对人的“行为”的研究

C. 由原来的“监督”管理，发展到“激励”的管理

D. 对人性的认识，从“经济人”发展到“社会人”

17. 以下对组织行为学的分析层次的描述，（　　）是不正确的。

A. 组织行为学分析的三个分析层次是个体、群体、组织

B. 组织中的个体、群体行为研究是组织行为学微观理论

C. 个体、组织、社会也是组织行为学分析的三个层次

D. 组织分析是组织行为学的宏观理论

18. 美国学者弗雷德·卢桑斯和他的合作者通过研究发现，有效的管理者（用工作成绩的数量和质量以及下级对其满意和承诺的程度作为标志）与成功的管理者所关注的工作重点是不同的，对有效的管理者而言，（　　）的相对贡献最大。

A. 人格魅力　　B. 信息沟通　　C. 社交联络　　D. 实干业绩

19. 美国学者威廉·迪尔认为：“组织行为学是一门（　　），研究工作组织中个体、群体和组织的行为问题。”

A. 应用社会科学　B. 理论社会科学　C. 边缘学科　　D. 交叉学科

20.（　　）侧重于研究人们在工作中的行为以及对工作中的人的管理。

A. 行为科学理论　　　　　　B. 科学管理理论

C. 经验管理理论　　　　　　D. 一般管理理论

21. 被称为研究组织内部人的行为的里程碑是（　　）。

A. 1949 年在美国芝加哥召开的行为科学讨论会

B. 霍桑实验

C. 1914 年利莲·吉尔布雷斯出版的《管理心理学》

D. 弗雷德里克·泰勒的《科学管理原理》

22. 一位专家被某公司请来当咨询人员或顾问，这位专家的研究就是（　　）。

A. 应用性研究　　B. 理论性研究　　C. 服务性研究　　D. 行动研究

23. 自 20 世纪 20 年代起的著名的“霍桑实验”由美国心理学家梅奥进行了分析总结，并在此基础上创立了（　　），为组织行为学的诞生开辟了道路。

A. X-Y 理论　　　　　　B. 需要层次理论

C. 双因素理论　　　　　　D. 人群关系和社会人的理论

24. 组织文化理论的崛起带来了组织行为学和管理理论研究中两个基本假设的突破，即关于（　　）和“生活组织”两个假定的确立。

A. 理性经济人　　B. 社会人　　C. 自我实现人　　D. 观念人

25. 所谓（　　）的假定认为，人在本能上确有多种需要，也希望自己的需要不断得到满足，然而，作为一个人，更重要的是有自己的信仰和价值观。

A. 复杂人　　B. 社会人　　C. 自我实现人　　D. 观念人

26. 组织行为学是研究（　　）的规律性的科学。

A. 一切人的心理活动　　　　　　B. 一切人的行为

C. 一定组织中的人的心理与行为　　D. 一切人的心理与行为

27. 组织行为学是研究组织中人的（　　）表现及其规律，提高管理人员预测、引导和控制人的行为的能力，以实现组织既定目标的科学。

A. 心理和行为　B. 心理或行为　C. 心理　D. 行为

28. 组织行为学的研究（　　）是人的心理和行为的规律性。

A. 主体　B. 对象　C. 方法　D. 内容

29. 人的行为与心理密不可分，行为是心理活动的（　　）。

A. 内在依据　B. 外在表现　C. 外在依据　D. 内在表现

30. 定义所有管理者执行的一般职能以及构成良好管理实践原理的是（　　）。

A. 弗雷德里克·泰勒　B. 亨利·法约尔

C. 马科斯·韦伯　D. 切斯特·巴纳德

31. 古典科学管理理论的代表人物是（　　）。

A. 韦伯　B. 法约尔　C. 西蒙　D. 泰罗

32. 韦伯提出的理想的组织形态是（　　）。

A. 行政性组织　B. 神秘化组织　C. 传统的组织　D. 现代的组织

33. 权变管理学派强调管理者的实际工作取决于所处的（　　）条件，因此管理者应根据不同情境采取行动。

A. 环境　B. 教育　C. 地位　D. 组织

34. 古典管理理论认为，人是（　　）。

A. 经济人　B. 社会人　C. 复杂人　D. 自我实现人

35. 下列哪一位不是科学管理理论的贡献者?（　　）。

A. 法约尔　B. 吉尔布雷斯夫人

C. 甘特　D. 梅奥教授

36. 行为科学理论对人的假设是（　　）。

A. 经济人　B. 复杂人　C. 自我实现人　D. 社会人

37. 梅奥通过霍桑实验建立了人际关系学说，该学说属于（　　）。

A. 行为管理理论　B. 古典管理理论

C. 系统管理理论　D. 权变管理理论

38. 关于组织行为学早期贡献者的描述，以下（　　）论断不正确。

A. 罗伯特·欧文是英国伟大的空想社会主义者，他倡导的减轻工人苦难的“乌托邦”，比自己所处的时代超前了100多年

B. 梅奥等人从“霍桑实验”中总结的“人群关系理论”揭示了人群关系是提升劳动生产率的重大因素，凸显出群体规范对个体工作行为的决定性影响作用

C. 阿吉瑞斯和麦格雷戈认为，企业中发生种种问题的根源在于未能发挥员工的潜力

D. 麻省理工学院教授把人力资源管理学派的人性观称为“学习型人”

39. 在组织行为学研究的主要方法中，（　　）可在很大范围内进行调查，花钱费时不多，却能取得较好效果。

A. 实验法　B. 测验法　C. 问卷调查法　D. 案例研究法

40.（　　）组织绩效变量是组织行为学重点分析的变量。

A. 组织设计　　B. 缺勤率　　C. 工作流程设计　D. 企业的利润率

41.（　　）变量不是组织行为学重点分析的变量。

A. 员工生产率　　B. 缺勤率　　C. 工作满意度　　D. 企业的利润率

42.（　　）对组织行为学的贡献在于帮助我们理解个体和微观的概念。

A. 心理学　　B. 人类学　　C. 社会心理学　　D. 政治学

43. 提出 X 理论与 Y 理论的是美国社会心理学家（　　）。

A. 麦格雷戈　　B. 梅奥　　C. 罗斯　　D. 安德鲁斯

44. 在围绕"人的本性"来论述人类行为规律的学派中，把人的本性假设为懒惰、缺乏进取心、不愿负责任、缺乏理性的理论是（　　）。

A. X 理论　　B. Y 理论　　C. M 理论　　D. Z 理论

45. 泰勒的科学管理的理论基础是（　　）。

A. X 理论　　B. Y 理论　　C. Z 理论　　D. 超 Y 理论

46. 美国心理学家和行为学家埃德加·沙因总结前人的观点，将人的特性理论归纳为四种假设，其中（　　）是他自己提出的人性假设。

A. 复杂人假设　　B. 经济人假设

C. 社会人假设　　D. 自我实现人假设

47. 经济人假设是古典经济学家和古典管理学家关于人性的假设，是西方经济学和泰勒（　　）的出发点。

A. 科学管理理论　　B. 管理科学理论

C. 组织理论　　D. 科层制理论

48. 美国工业心理学家麦格雷戈将（　　）称为 X 理论。

A. 复杂人假设　B. 经济人假设　C. 社会人假设　D. 自我实现人假设

49.（　　）假设起源于享乐主义，认为人的行为就是为了获得最大的经济利益，工作的目的是获得经济报酬。

A. 复杂人　　B. 经济人　　C. 社会人　　D. 自我实现人

50. 社会人假设是梅奥等人依据（　　）的结果提出来的。这一假设认为，人们最重视的是能在工作中与周围人友好相处，物质利益是相对次要的因素。

A. 霍桑实验　　B. 搬运铁砂实验　C. 照明实验　　D. 阿希实验

51. 倡导"胡萝卜加大棒"式的管理方式的理论是（　　）。

A. X 理论　　B. Y 理论　　C. 超 Y 理论　　D. Z 理论

52. 泰勒制是（　　）的典型代表。它采用"胡萝卜加大棒"的办法，一方面靠金钱的收买和刺激，另一方面靠严密的控制、监督和惩罚，迫使人为实现组织目标而努力。

A. 复杂人假设　B. 经济人假设　C. 社会人假设　D. 自我实现人假设

53. 自我实现人假设是行为科学和（　　）的一些代表人物提出来的。

A. 科学管理理论学派　　B. 古典管理理论学派

C. 人群关系学派　　D. 人力资源学派

54. 复杂人假设是在 20 世纪 60 年代末 70 年代初，由（　　）等人经过长期研究提出来的。

A. 埃德加·沙因　B. 菲德勒　C. 斯金纳　D. 马斯洛

55. 美国管理心理学家约翰·摩尔斯和杰伊·洛希于 1990 年提出了“超 Y 理论”，其思想观点和复杂人假设如出一辙，它们共同构成（　　）的理论基础。

A. 人力资源学派　B. 人群关系学派　C. 渐进主义学派　D. 权变学派

五、多选题

1. 根据卡茨的管理技能观，管理者的基本管理技能主要有（　　）。

A. 技术技能　B. 人际技能　C. 概念技能　D. 想象技能
E. 协调技能

2. 组织行为学研究的层次有（　　）。

A. 个体　B. 群体　C. 组织　D. 集体
E. 环境

3. 组织行为由（　　）构成。

A. 领导行为　B. 群体行为　C. 个体行为　D. 政府行为
E. 机构行为

4. 组织的范畴可从（　　）角度理解。

A. 动态　B. 静态　C. 全面　D. 局部
E. 中间

5. 决策制定角色有四种，即（　　）。

A. 企业家角色　B. 谈判者角色
C. 混乱驾驭者角色　D. 信息传递角色
E. 资源分配者角色

6. 人际关系角色指所有的管理者都要履行礼仪和象征性的义务，包括（　　）。

A. 领导者角色　B. 挂名首脑角色
C. 联络员角色　D. 决策制定角色
E. 资源分配者角色

7. 信息传递角色指所有的管理者在某种程度上，都从外部的组织或机构接受和收集信息，包括（　　）。

A. 发言人角色　B. 挂名首脑角色
C. 联络员角色　D. 监听者角色
E. 传播者角色

8. 亨利·明茨伯格研究发现管理者角色可以进一步组合成三个方面，即（　　）。

A. 人际关系角色　B. 挂名首脑角色
C. 信息传递角色　D. 决策制定角色
E. 资源分配者角色

9. 组织行为学研究方法的主要特性包括（　　）。

A. 公开性　B. 可控性　C. 系统性　D. 再现性
E. 预见性

10. 对罗伯特·欧文论述正确的选项有（　　）。

A. 英国伟大的空想社会主义者

B. 18 岁时就创立了自己的第一家工厂

C. 进行限制童工的最低年龄和缩短劳动时间等实验

D. 在管理史上首次提出关心人的哲学

E. 被称为"现代人事管理之父"

11. 组织行为学有三层含义，它们是（　　）。

A. 研究对象是人的心理和行为的规律性

B. 研究范围是一定组织中的人的心理与行为规律

C. 研究对象是领导者的心理和行为的规律性

D. 研究范围是所有组织中的人的心理与行为规律

E. 研究的目的是提升组织的绩效

12. 美国心理学家和行为学家埃德加·沙因总结前人的观点，将人性假设理论概括为（　　）。

A. 经纪人假设　　B. 社会人假设

C. 自我实现人假设　　D. 复杂人假设

E. 经济人假设

13. 组织运行要素主要包括（　　）。

A. 领导　　B. 决策　　C. 激励　　D. 创新

E. 控制

14. 组织行为学所具有的学科性质有（　　）。

A. 边缘性　　B. 系统性　　C. 两重性　　D. 针对性

E. 应用性

15. 泰勒的科学实验主要包括（　　）。

A. 切削金属实验　　B. 搬运生铁实验　　C. 铁锹实验　　D. 照明实验

E. 继电器实验

16. 以下哪一项不是泰勒切削金属实验的结论？（　　）

A. 工作的计划、安排，以及操作动作设计，是不能由工人自行进行的，必须由懂得管理和科学技术的专家进行

B. 计划职能不能由生产者承担，而必须由管理者承担，工人只负责执行

C. 把工作设计交给工人，实际上是一种不负责任的做法

D. 工人的疲劳程度与负载的间歇频率相关，而不是与负荷重量相关

E. 工人们的非正式组织形成的规范会影响他们的行为付出

17. 以下关于霍桑实验结论的说法正确的是（　　）。

A. 社会交往、他人认可、归属某一社会群体等社会心理因素才是决定工人工作积极性的第一位因素

B. 工人的满意感等心理需要的满足是提高工作效率的基础

C. 重视非正式群体

D. 管理者应该关注动作分析、工具设计、制度管理等影响工作效率的因素

E. 管理者应努力成为新型的人际关系型领导者

18. 以下关于阿吉瑞斯的观点，论述正确的是（　　）。

A. 人际关系学派只是强调提高员工福利待遇，增加员工休息时间、放长休假，但始终未能让员工承担更多的责任、满足员工的成就感，结果仍不能解决员工的积极性问题

B. 正式组织完全理性的纯逻辑化的原则下的管理使员工一直处于依赖、被动、从属的地位，既束缚了员工的创造性和积极性，又阻碍了员工个性的成熟发展

C. 管理者应该实行参与式的以员工为中心的领导方式

D. 管理者应该实行“以现实为中心”的领导方式

E. 工作满意的工人会有高的个人产出

19. 组织行为学的两重性来自（　　）。

A. 管理的两重性　B. 人的两重性　C. 组织的两重性　D. 多学科性

E. 多层次性

20. 管理对“人性”的认识是一个盲人摸象的过程，先后提出了（　　）假设观。

A. 经济人　B. 社会人　C. 自我实现人　D. 复杂人

E. 观念人

21. 组织行为学的理论基础有（　　）。

A. 心理学　B. 社会学　C. 人类学　D. 政治学

E. 生物学

22. 组织行为学的研究方法包括（　　）。

A. 调查法　B. 面谈法　C. 实验法　D. 个案研究法

E. 观察法

23. 麦格雷戈关于人性假设的观点为（　　）。

A. X 理论　B. Y 理论　C. 经济人　D. 社会人

E. 复杂人

24. 组织行为学的主要因变量有（　　）。

A. 生产率　B. 缺勤率　C. 流动率　D. 工作满意度

E. 组织公民行为

25.（　　）学科的贡献在于帮助我们理解组织行为学中的宏观概念，如群体过程和组织。

A. 政治学　B. 人类学　C. 社会心理学　D. 心理学

E. 经济学

26. 在组织行为学的研究模型中，自变量通常包括（　　）。

A. 个体水平的变量　B. 群体水平的变量

C. 组织系统水平的变量　D. 管理者水平的变量

E. 员工水平的变量

27. 组织行为学研究中常用的技术方法包括（　　）。

A. 调查研究法　B. 实验法

C. 数量统计法　　D. 理论模型法

E. 数理逻辑法

28. 按照研究目标来分，组织行为学的研究方法主要有（　　）。

A. 理论性研究　　B. 描述性研究

C. 因果性研究　　D. 服务性研究

E. 现场研究

29. 按照研究的可控与否来分，组织行为学的研究方法主要有（　　）。

A. 案例研究　　B. 实验室研究

C. 因果性研究　　D. 服务性研究

E. 现场研究

30. 以下关于“经济人”假设观点正确的有（　　）。

A. 麦格雷戈将该“经济人”假设称为 X 理论

B. 大多数人都是懒惰的，他们尽可能逃避工作

C. 大多数人的个人目标与组织目标都是矛盾的

D. 将管理工作的重点放在如何提高劳动生产率，完成任务方面

E. 泰勒制是“经济人”假设的典型代表

六、简答题

1. 识别并对比四种管理职能（计划、组织、领导、控制）。
2. 按亨利·明茨伯格的管理者角色分类，识别并对比三种基本的管理角色。
3. 按罗伯特·卡茨的管理者技能分类，识别并对比三种管理技能。
4. 试辨析：有效的管理活动与成功的管理活动。
5. 试辨析：组织效率与组织效果。
6. 组织行为学的研究强调权变的思想，请从组织行为学的角度简述权变理论。
7. 简述组织行为学的具体内涵和特点。
8. 组织行为学在当今面临哪些挑战和机遇？
9. 简述泰勒科学实验的实验背景、实验目的和基本结论。
10. 简述霍桑实验的实验背景和基本结论。
11. 简述阿吉瑞斯的不成熟-成熟实验的实验背景和基本结论。
12. 管理对“人性”的认识是一个盲人摸象的过程，简述对人性假设的认识历程。

七、论述题

1. 为什么组织行为学作为一门学科很容易被批评为“不过是些常识罢了”，但物理学或统计学却很少受到这样的批评？

2. 如何理解“管理的产生是组织演变的必然结果”？

3. 对比有效的管理者和成功的管理者方面的研究，这些研究对于实践中的管理者有什么意义？

4. 成千上万的工人由于企业减员而失业，与此同时，很多组织又在抱怨他们很难找到合格的人手来填补空位。你如何解释这种明显的矛盾？

5. 很多人认为："一般情况下行为是可预测的，因此没有必要正式地研究组织行为。"你如何评价这种看法？

6. 试述组织行为学的内容模型，并说明组织行为分析对象的三个不同层次之间的区别和联系。

7. 从管理实践的角度，试说明组织行为学产生的必然性。

8. 结合组织行为学产生的历史，谈谈你对"工业文明先行国家的管理开始关注人的问题，不是出于人道考虑，而是受到绝望的驱使"这句话的理解。

9. 请结合当今管理者面临的现实环境，试述研究和应用组织行为学的意义。

10. 你认为今天的管理者所面对的有关"人"方面的一个最重要的困难是什么？请结合现实给出具体的证据支持你的观点。

八、延伸阅读

数字化时代，组织的困境与突围

GE 被踢出"道指"！

一个多月前，工业巨头 GE（通用电气）110 年来首次从道琼斯工业平均指数中出局。至此，全球历史最悠久的指数之一、创立于 1896 年的道琼斯工业指数的 12 只初始成分股，已悉数被剔除出去！

这一重磅事件在第 12 届中外管理人力资本发展论坛上，被不同的演讲嘉宾至少提及了 3 次！作为"美国商界的象征"，培养了近 200 位世界 500 强企业 CEO 的 GE，神话开始出现标志性落幕。那么，为什么 GE 这么强大的组织管理和人力资源体系，这么备受推崇的领导力培养、"继任者计划"等，都没有挽回 GE 的持续衰落？有论坛嘉宾对此的解读之一是——这意味着工业时代人力资源管理模式的落幕。

当数字化时代汹涌而来，谁也无法脱离一个时代而独善其身。对于这种变革，著名管理学家彭剑锋认为关键是底层思维的变革："我们不能再有过去那种追求连续性的企业成长思维。必须要由过去的连续性、渐进性成长思维，转变成非连续性思维。"这意味着，大量虽然看起来"踏踏实实""循序渐进"的企业，很可能像北极熊一样突然发现脚下原本踏实的陆地，居然变成了海上漂泊的冰块。

那么，企业该如何应变，如何成为"时代的企业"？如何实践"恐龙变鸟"的质变进化？这是数字化时代企业面临的"唤醒+赋能"的新挑战。

资料来源：庄文静，刘奔. 数字化时代，组织的困境与突围——第 12 届中外管理人力资本发展论坛精要［J］. 中外管理，2018（8）：32-33.（有删减）

思考：数字化时代组织的困境与挑战对你有什么启示？

积极组织行为学

传统组织行为学注重利用员工的劳作达到组织的既定目标，实现管理的价值，但是却忽视了员工的主观感受和个体成长。在积极心理学运动的推动下，以卢桑斯（2002年）为代表的组织行为学家，清楚地意识到将积极心理学引入组织行为学，会更大限度地激发员工潜能，提高领导效能和员工绩效。

与传统组织行为学将研究领域的重点放在解决管理者和员工的机能失调、冲突、工作压力等问题上所不同的是，积极组织行为学侧重于以员工的积极活动为导向，研究有效方法发挥出员工的人力资源优势和心理能力，以获得工作绩效的提升，其研究范畴包括自我效能、希望、乐观、主观幸福感、恢复力等。积极组织行为、积极心理学与传统组织行为学的比较如下表所示。

积极组织行为、积极心理学与传统组织行为学的比较表

研究领域	研究取向	研究内容	实现目标的途径	研究目标
积极组织行为学	积极取向	具备积极导向的人力资源优势和心理能力	对管理者和员工进行培训	提高工作绩效，促进员工成长
积极心理学	积极取向	积极的情绪体验、积极人格和积极的社会组织制度	建立积极的心理特质	促进组织、个人成长，帮助人们获得幸福，使社会和谐
传统组织行为学	消极取向	能够有效解决组织、管理者、员工中存在的负面障碍和机能失调的理论和方法	有组织或管理者采取方法、措施	实现管理价值，达到组织既定目标

思考：积极组织行为学的提出对你有什么启示？

第二篇　个体

第2章　传记特点

一、填空题

1. 组织行为学中易于界定的传记特点包括年龄、______、婚姻状况和______等。

2. 员工在过去工作中的______是未来工作离职率的最有力的预测指标。

3. 现有有关学者的研究发现，年龄与离职率之间呈________关系；与缺勤率之间的关系则一定程度上还受到缺勤原因的影响，与可避免缺勤呈________关系，与不可避免缺勤呈________关系。

4. 有关学者的研究发现，对于工作需要专业技能性强的员工来说，年龄与工作满意度之间呈________关系。

5. 有关学者的研究发现，年龄与非专业人士的工作满足之间呈________形关系，先________，至中年后工作满足__________。

6. 有关学者的研究发现，性别与个体绩效之间没有明确的相关关系。但在缺勤率方面，女性与缺勤率的关系显著________男性。

7. 有关学者的研究发现，已婚员工相比于未婚员工来说，缺勤率______，离职率______，工作满意度________。

8. 有关学者的研究发现，抚养人数与个体绩效之间也没有显著的相关关系，除了在工作满足方面，抚养人数与工作满足感之间呈________关系。

9. 有关学者的研究发现，任职时间与缺勤率呈____________关系；与离职率呈________关系；与满意度呈________关系。

二、名词解释

传记特征　　任职时间

三、判断改错题

1. 年龄与离职率关系的相关研究表明，年龄越大，越不愿意离开现有的工作岗位。由此，年龄与缺勤率之间也存在负相关的关系。（　　）

2. 一般年长员工在可以避免和不可以避免的缺勤方面均低于年轻员工。（　　）

3. 年龄与工作绩效之间无相关性，对几乎所有类型的工作来说均如此。（　　）

4. 对工作需要专业技能的员工来说，员工满意度随着年龄的增长而增加，而在非专业人员领域，年龄中等的员工满意度出现下降情况，但随着年龄的增长又会出现回升。（　　）

5. 关于性别与工作绩效之间的关系，研究者尚没有达成一致共识，但在缺勤率和离职率方面，普遍认为，相对来说，女性比男性的比例更高。（　　）

6. 不少心理学和组织行为学的研究发现，女性更乐于遵从权威，男性更具有进取心并且有比女性更高的成功预期，因此我们有理由推定，女性在生产率方面显著低于男性。（　　）

7. 已婚员工与未婚员工相比，缺勤率和离职率更低，对工作的满意度更高。（　　）

8. 任职时间与满意度正相关，但相对于任职时间，员工的生理年龄对工作满意度的预测更为稳定也更为一致。（　　）

四、单选题

1. 年龄与以下（　　）变量没有相关性。

A. 生产率　B. 流动率　C. 缺勤率　D. 工作满意度

2. 以下选项中（　　）与年龄呈负相关。

A. 离职率　B. 缺勤率　C. 生产率　D. 工作满意度

3. 目前的研究结果显示，任职时间与缺勤率之间的关系（　　）。

A. 正相关　B. 负相关

C. 没有相关性　D. 尚存在争议，需要分情况考虑

4. 目前的研究结果显示，年龄与离职率之间的关系是（　　）。

A. 正相关　B. 负相关

C. 没有相关性　D. 尚存在争议，需要分情况考虑

5. 目前的研究结果显示，对于专业人士，年龄与工作满足感之间的关系为（　　）。

A. 正相关　B. 负相关　C. 没有相关性　D. U 形关系

6. 目前的研究结果显示，年龄与缺勤率之间的关系需要考虑到缺勤原因，就可避免缺勤而言，呈（　　），就不可避免缺勤而言，呈（　　）。

A. 正相关，负相关　B. 负相关，正相关

C. 正相关，正相关　D. U 形关系，负相关

7. 有研究证据表明，男性与女性之间没有什么重要的差异（如果一定要说有的话）以至于影响工作绩效。但研究表明女性的缺勤率比男性要（　　）。

A. 高　B. 低

C. 需要考虑到工作性质　　D. 尚存在争议

8. 研究表明，已婚员工与他们的未婚同事相比，缺勤率和离职率更（　　），对工作也更为（　　）。

A. 高，不满足　　B. 高，满足　　C. 低，不满足　　D. 低，满足

9. 研究表明，对于女性来说，抚养人数与缺勤率和工作满足之间有一定的相关性。其中，与缺勤率呈（　　），与工作满足呈（　　）。

A. 正相关，负相关　　B. 负相关，正相关

C. 正相关，正相关　　D. U 形关系，负相关

10. 目前的研究结果显示，任职时间与生产力之间的关系是（　　）。

A. 正相关　　B. 负相关

C. 没有相关性　　D. 尚存在争议，需要分情况考虑

五、简答题

1. 试简述年龄与个体绩效（离职率、缺勤率、生产力、工作满足）之间的关系。
2. 试简述性别与个体绩效（离职率、缺勤率、生产力、工作满足）之间的关系。
3. 试简述婚姻与个体绩效（离职率、缺勤率、生产力、工作满足）之间的关系。
4. 试简述抚养人数与个体绩效（离职率、缺勤率、生产力、工作满足）之间的关系。
5. 试简述工作年限与个体绩效（离职率、缺勤率、生产力、工作满足）之间的关系。

六、论述题

1. 传记资料对个体绩效有一定的预测作用，针对个体绩效的各评价指标（生产率、离职率、缺勤率、工作满意度），选用哪种传记资料信息有最好的预测效果？

2. 目前“隐婚”成为职场中的一种潜规则，尤其是处于事业上升期的女性，担心在晋升的关键时刻因为“已婚”的头衔而丧失机会。对于这种现象，你怎么看？

3. 每年毕业季，“毕业生找工作难”的报道就挤占了各大新闻版面。很多毕业生表示，用人单位“工作经验××年以上”的要求让人无奈；但从用人单位的角度来看，似乎也有自己的思考。对此，谈谈你的看法。

4. 不少心理学研究发现，女性更乐于遵从权威，男性则更具有进取心并且比女性有更高的成功预期。职场中，很多岗位招聘条件中“男性优先”的字眼赫然醒目。对这种现象，你怎么看？

七、案例分析

案例一　企业非澡堂无须看男女

2014 年 11 月 19 日，杭州西湖区人民法院判决女大学生小黄诉招聘单位无故“限招男性”构成就业歧视一案胜诉。这一纸判决，宣示宪法里毫不含糊的男女平等、劳动法中白纸黑字的禁止就业性别歧视，这些基本权利绝不只是漂亮的口号。然而也正是这起被媒体冠以“浙江就业性别歧视第一案”的奋起维权，再次将近年来就业公平

的隐痛搬上了台面。

2013年初冬，一篇《求职呵，请别把我们挡在门外》，在全国高校女大学生中引起强烈共鸣，文中一位清华大学的“天之骄女”仅仅因为女性的身份，从一开始就被部分用人单位排除在了考虑范围之外。就业性别歧视现象或明或暗，在社会似有蔓延之势，甚至成了某种程度的“约定俗成”，以至于女性在求职中有苦难言，只能无奈地见怪不怪。

有人认为企业有自己的用工自由，毕竟企业最清楚自己需要什么样的人才，既如此，尊重市场选择，让企业从经济效益最优的角度偏好男性，又有何错？也有人认为男女之间生理结构存在客观差异，但这并不能笼统地构成女性就业劣势的理由。现实中的确存在一些比如矿工、伐木工、消防员等由于特殊性质而不适宜女性从事的职业，但同理在诸如礼仪、护理等领域男性也少有涉足。然而，在更多由现代经济形态所创造出的白领职业中，“头脑”而非“肌肉”才是决定因素，这其中男女并无明显差距，因此再为女性设置门槛就是一种性别歧视。

案例来源：http://news.xinhuanet.com/politics/2014-11/19/c_127226380.htm.

请结合案例回答以下问题：

1. 有人认为尊重市场选择，让企业从经济效益最优的角度偏好男性，本没有错；也有人认为男女之间生理结构存在客观差异，但这并不能笼统地构成女性就业劣势的理由。对此，谈谈你的看法。

2. 除性别外，还有哪些传记特点资料是管理者比较关注的？它们与个人绩效有什么关系？

3. 结合劳动法中的规定，针对材料中的现象，给劳动者一些建议。

案例二　如何善用年老员工和毕业生？

关于人口老龄化的讨论和著作有很多，其中日本人口老龄化的问题最为严重。目前，日本65岁以上的人口比重达到了25%，到2060年这个比重可能会进一步升至40%。日本建筑设备制造商小松公司现在宣称，公司将返聘90%的退休人员。由于这些退休人员愿意接受比65岁以下的同事低40%的工资，此举也就毫不足怪了！

人口老龄化的挑战绝非只有日本公司才需要应对。然而在看到劳动者年龄上涨的同时，又有多少公司看到了这背后同时蕴藏的财富？对于任何英明的雇主，员工年龄应该不是问题——宝马公司重新设计了一家工厂的生产线，以适合年长员工的需求布置工具、椅子和地板，结果显示，该工厂的生产效率与其他工厂并无二致，而员工缺勤率却下降了；英国麦当劳的餐厅雇佣60岁以上的员工后发现，客户满意度提高了20%；经营钢管业务的家族企业 Vita Needle 依靠平均年龄高达74岁的兼职员工维持运营！

案例来源：http://www.forbeschinA.com/review/201305/0025981.shtml.

请结合案例回答以下问题：

1. 年龄与个人绩效（离职率、缺勤率、生产力、工作满足）真的有很大的相关性吗？

2. 如何理解“对于任何英明的雇主，员工年龄应该不是问题”？

3. “人口老龄化的挑战绝非只有日本公司才需要应对。”从企业管理的角度，请为我国企业应对人口老龄化的挑战提些建议。

八、延伸阅读

日本禁止就业年龄歧视法律制度对中高龄劳动者的保护

为了解决中高龄者就业年龄歧视问题，日本建立了禁止就业年龄歧视法律制度，力图通过禁止就业年龄歧视的立法，在确保雇佣高龄者和禁止在招录员工时设定年龄限制这两个方面有所作为。我国在禁止就业年龄歧视立法方面尚处于空白阶段，日本的相关经验能带给我国诸多有益启示。

1966 年，日本制定了《雇佣对策法》。2001 年 4 月，日本对该法进行修改时，开始着手构建禁止就业年龄歧视法律制度。修改后的法律规定企业在招聘及录用时有缓和年龄限制的义务，比如，该法第七条明确规定：经营主在认为有必要有效发挥劳动者能力时，应当在招聘及录用上努力为其提供与年龄无关的平等的机会。为了进一步明确该条的具体内容，2001 年，日本厚生劳动省发布了第 295 号告示，即《招聘及录用劳动者时事业主提供无关年龄的平等机会的正确对待指针》。指针规定在招聘及录用劳动者时，应当努力避免以年龄为理由将劳动者排除于招聘及录用之外。该指针还根据劳动市场的特点对禁止年龄限制这一条设置了 10 项例外规定，满足 10 项例外之一的，则不在禁止之列。

2004 年，日本对制定于 1986 年的《高龄者雇佣安定法》进行修改。此次修改将从前企业维持劳动者 65 岁退休的努力义务确定为企业的法定义务，规定自 2006 年 4 月 1 日之后，日本所有的企业均应确保全部员工雇佣至 65 岁，企业应当通过提高退休年龄、导入继续雇佣制度、废除退休年龄等措施保障目标实现。在招聘及录用方面，修改后的法律将禁止对 65 岁以上高龄者设置年龄限制规定为企业的努力义务。企业在招聘或录用时，因不得已之事由而设定不超过 65 岁这一年龄条件的，必须向求职者、公共职业安定所、职业介绍所等说明个别的、具体的理由，说明方式为书面或电子媒体。

2007 年，日本对《雇佣对策法》又一次进行修改。在此之前，日本在招聘及录用方面对企业规定的禁止年龄限制主要是一种努力义务。本次修改《雇佣对策法》时，将过去规定的“努力义务”确定为“禁止规定”。《雇佣对策法》第十条规定：企业认为有必要有效发挥劳动者能力的，则应当依据厚生劳动省的规定为其提供无关年龄的平等机会。尽管此次修改法律对企业违反禁止年龄限制没有规定罚则，但厚生劳动大臣可以给予指导及劝告。依据修改后的《雇佣对策法》，企业在招聘和录用劳动者时，不应询问求职者的年龄。这些规定表明，企业在招聘劳动者时，不应当设定年龄限制，应当根据每个人的具体情形判断该人是否适合从事该职务，对此，企业必须向求职者详细说明职务内容，从事职务应具备的适应性、能力、经验、技能等相关事项。

考虑到劳动市场的特殊性，日本 2007 年修改《雇佣对策法》时还设置了年龄歧视的“禁止例外”。6 种例外情形是：

（1）招聘或录用时，以低于退休年龄为条件且缔结无期限劳动合同之场合（有期限劳动合同场合、上限年龄与退休年龄不一致场合、附下限年龄场合不属于法律禁止的例外）。

（2）劳动基准法规定了年龄限制的场合（比如，劳动法规定未满 18 岁者不得从事危险性业务、搬取重物业务、接触有害原材料业务等）。

（3）从业务性质上看，长期的持续工作才能开发或形成职业能力的，招聘或录用年轻者且签订无期限劳动合同之场合。

（4）从维持企业业务活动以及业务技能或技巧的传承性看，该企业中某工种劳动者数量相当有限且集中于某一年龄层之场合，但必须以签订无期限劳动合同为条件。考虑到这项例外规定可能在现实中难以把握，所以，厚生劳动省对此规定，该项的“年龄层”限于“30~49 岁”这一范围，可以上下浮动 5~10 岁。本项的“数量相当有限”指该年龄层劳动者数量与该年龄层的上下年龄层的劳动者数量相比，劳动者数量不足二分之一。

（5）在艺术或娱乐领域，为了确保表现的真实性，招聘或录用特定年龄层的劳动者之场合。

（6）招聘或录用 60 岁以上者以及为了贯彻国家政策而促进特定年龄层的雇佣之场合。

企业因上述例外事由而设置年龄上限的，必须向求职者、职业介绍所提交说明理由的书面以及电子媒体。对于不说明理由的，公共职业安定所、职业介绍所等可以拒绝受理企业的招聘申请。如果求职者要求企业说明理由的，企业应当无迟延地通过交付书面资料或者发送电子邮件、传真、网上公示等方法说明理由。

从日本禁止就业年龄歧视的法律制度可以看出，日本目前对年龄歧视的禁止主要集中在企业招录和退休领域。但在退休制方面，日本并没有打算完全废除该制度。这主要是由于退休制在日本有着较长的传统，其为企业人事管理的重要内容，如果现在就废除该制度，势必另外制订一套企业雇佣调整方案，这反而给高龄者的雇佣带来不安。尽管日本目前不会废除退休制，但日本政府已经表明，为了应对日本日益严峻的少子高龄化及劳动力人口减少问题，日本今后将在企业开展一项促进及普及安定雇佣到 70 岁的计划，对实施该计划的企业政府将提供“提高退休年龄奖励”。

资料来源：陶建国，日本禁止就业年龄歧视法律制度对中高龄劳动者的保护［J］. 人口与发展，2010，15（1）：104-109.（有删改）

思考：日本禁止就业年龄歧视法律制度对我国有什么启示？

第3章 能力

一、填空题

1. 能力指的是个体能够完成工作中各项任务的________，一个人的总体能力可以分为________和________。

2. 加德纳将智力划分为四个方面：情绪智力、文化智力、________、________。这也称为多维智力。

3. 美国心理学家彼特·沙洛维和约翰·梅耶将__________从智力中分离出来，并将其内容结构概括为情绪知觉、有效调控、自我激励、换位思考和情绪促进五个方面。

4. 大卫·麦克莱兰提出的能力素质模型，是指导致个体在具体文化和岗位中做出优秀业绩的行为特征的集合，是帮助企业从实现______、提高业绩的角度出发，提高人员______、培养、调用、提升等方面工作效率的先进工具。

5. 能力指直接影响活动效率，使活动顺利完成的个性心理特征，能力可以分一般能力和________。

6. 素质是指决定一个人行为习惯和思维方式的________，从广义上还可包括技能和________。

7. 素质是一个人能做什么（技能、知识）、____________和会怎么做（价值观、品质、动机）的内在特质的组合。

8. 根据冰山模型，能力素质可以概括为7个层级：技能、知识、________、价值观、自我认知、个人品质和________。

9. 根据冰山模型，胜任力可以分为：________、社会角色、自我形象、个性以及________。

10. 根据冰山模型，__________属于分布在“水上面”的表层部分；社会角色、__________、个性、动机属于分布在“水下面”的深层部分。

11. 能力素质模型方法是从组织战略发展的需要出发，以强化竞争力、提高实际业绩为目标的一种独特的人力资源管理的思维方式、__________和________。

12. 麦克莱兰教授把能力素质划分为五个层次：知识、技能、________、特质、动机。

13. 行为事件访谈法是由麦克莱兰开发的，通过对绩优员工以及________的访谈，获取与高绩效相关的信息的一种方法。

14. 根据洋葱模型：________就是洋葱的表皮，较容易评价和培养，而其他能力素质（角色定位、自我认知、价值观、动机和品质）都隐藏在表皮下面，比较难于被判定和识别，也不容易在日后培养获取。

二、名词解释

1. 能力
2. 情绪智力
3. 社会智力
4. 认知智力
5. 文化智力
6. 能力素质模型
7. 冰山模型
8. 行为事件访谈法

三、判断改错题

1. 能够测量具体维度的智力测验，对预测工作绩效来说是很重要的。（　）

2. 关于心理能力的维度，目前学术界普遍的共识是将心理能力分为算术、言语理解、知觉速度、归纳推理、演绎推理、空间视知觉这六类。（　）

3. 从心理能力维度的角度来说，在工作中需要进行更多的信息加工时，较高的总体智力水平和空间视知觉能力是成功完成此项工作的必要保证。（　）

4. 演绎推理能力是指确定一个问题的逻辑后果及解决这一问题的能力。（　）

四、单选题

1. 在组织行为学中，把个人顺利完成某种活动所必备的心理特征称为（　）。

A. 能力　　B. 性格　　C. 气质　　D. 个性

2. 当能力与（　）相匹配时，员工的工作绩效便会提高。员工的工作绩效取决于二者之间的相互作用。

A. 心理　　B. 工作　　C. 体质　　D. 年龄

3. 在要求信息加工的复杂工作中，（　）起着极为重要的作用；对于那些技能要求较少而规范化程度要求较高的工作而言，（　）对工作的成功是十分重要的。

A. 体质能力，心理能力　　B. 心理能力，心理能力
C. 心理能力，体质能力　　D. 体质能力，体质能力

4. 从心理维度的角度来看，市场调查员对未来一段时间内某一产品的市场需求量进行预测属于（　）。

A. 归纳推理能力　　B. 演绎推理能力
C. 知觉速度能力　　D. 记忆力

5. 从心理维度的角度来看，主管在员工提供的两项不同建议中做出抉择，属于（　）。

A. 归纳推理能力　　B. 演绎推理能力
C. 知觉速度能力　　D. 记忆力

6. 运用逻辑来评估某种观点的价值的能力是（　）。

A. 归纳推理能力　　B. 演绎推理能力

C. 知觉速度能力　　D. 记忆力

7. 一个人与他人建立有效联系的能力，是（　　）。

A. 认知智力　　B. 社会智力　　C. 文化智力　　D. 情绪智力

8. 20 世纪 90 年代，美国耶鲁大学的心理学家斯腾伯格在前人研究工作的基础上提出了一种新的智力概念——（　　），主要指的是有效解决实际问题的适应性能力。

A. 一般智力　　B. 实践智力　　C. 情绪智力　　D. 学业智力

9. 学业智力所解决的问题是清晰界定的，解决过程中有完备的信息，通常只有一个正确答案或者一种解决方法，该类问题通常被称为（　　）。

A. 结构良好问题　　B. 开放型问题

C. 封闭型问题　　D. 复杂问题

10. 具有较高实践智力的人在解决问题时更多应用的是（　　）。

A. 内隐知识　　B. 外显知识　　C. 外显能力　　D. 学业知识

11. 20 世纪 80 年代初，美国心理学家加德纳提出了（　　）理论，把人的智能分为理性认知能力和非理性的情感体验能力。

A. 多元智能结构　　B. 二元智能结构

C. 对立智能结构　　D. 相对智能结构

12. 20 世纪 90 年代初，美国心理学家彼特·沙洛维和约翰·梅耶把“情绪”从人类的智慧中分离出来，并把它界定为人的（　　）。

A. 学业智能　　B. 情绪智能　　C. 社会智能　　D. 生理智能

13. 能力素质这一概念最早是在 20 世纪 70 年代由美国著名心理学家、哈佛大学教授（　　）提出的。

A. 弗莱纳根　　B. 麦克莱兰　　C. 博亚特斯　　D. 麦克米兰

14. 冰山模型是由美国学者（　　）提出的。

A. 弗莱纳根　　B. 麦克莱兰　　C. 博亚特斯　　D. 斯潘塞

15. 根据冰山模型，（　　）属于分布在“水上面”的表层部分。

A. 个性和动机　　B. 社会角色　　C. 自我形象　　D. 知识和技能

五、多选题

1. 以下属于心理能力构成维度的是（　　）。

A. 言语理解　　B. 归纳推理　　C. 知觉速度　　D. 记忆力

E. 空间视知觉

2. 智力可以划分为以下几种成分（　　）。

A. 认知智力　　B. 社会智力　　C. 情绪智力　　D. 文化智力

3. 20 世纪 90 年代初，美国心理学家彼特·沙洛维和约翰·梅耶提出情绪智力的内容结构包括（　　）。

A. 情绪知觉　　B. 文化智力　　C. 有效调控　　D. 换位思考

E. 自我激励

4. 在使用心理能力测验进行人事决策时，以下这些因素中，测验可能没有考虑到的群体特征包括（　　）。

A. 种族　　B. 宗教信仰　　C. 心理成熟度　　D. 知觉

5. 海上救生员需要有很强的空间视知觉能力和躯体协调能力，也就是说为达到高工作绩效，对人的（　　）有要求。

A. 心理能力　　B. 体质能力　　C. 灵活性　　D. 力量

6. 当员工的能力远远超过工作要求而造成能力与工作要求不匹配时，可能产生以下结果（　　）。

A. 工作绩效本身不会存在问题　　B. 组织缺乏效率

C. 员工的满意度降低　　D. 组织离职率上升

7. 以下属于心理能力维度的是（　　）。

A. 算术　　B. 演绎推理　　C. 言语理解　　D. 空间视觉

E. 沟通

8. 以下属于内隐知识特点的是（　　）。

A. 内隐知识是行动导向的知识

B. 内隐知识是理论性的知识

C. 内隐知识通常是在其他人的直接帮助下获得的

D. 内隐知识通常是通过自己的经验获得

E. 内隐知识是实用性的知识

9. 能力素质是驱动员工产生优秀工作绩效的各种个性特征的集合，是可以通过不同方式表现出来的（　　）。

A. 知识　　B. 技能　　C. 个性　　D. 满意度

E. 缺勤率

10. 根据冰山模型，（　　）属于分布在“水下面”的深层部分。

A. 知识和技能　　B. 社会角色　　C. 自我形象　　D. 个性

E. 动机

六、简答题

1. 影响个体能力发展的因素有哪些？
2. 个体能力的差异主要体现在哪些方面？
3. 如何理解能力与工作的匹配？
4. 能力的含义及分类是什么？
5. 简述“行为事件访谈法”的一般步骤。
6. “行为事件方法”的优缺点有哪些？

七、论述题

1. 由于能力-工作的匹配，能力这一因素会直接影响员工绩效水平和满意度水平。如果公司希望在二者之间进行合理匹配，该怎么做呢？

2. 为什么一个聪明（有高认知智力）的人未必能很好地适应日常生活、与周围人很好相处或在领导位置上做得成功？

3. “会干活不如会表现”“会哭的孩子有奶吃”等社会现象，反映了劳动力市场上存在的一种特殊现象，请从能力素质模型作用的角度分析如何减少这一现象的发生。

4. 简述能力素质模型的基本作用。

5. 你认为能力素质模型实施的关键点有哪些?

八、案例分析

案例一　张强和李佳的岗位安排

三年前，先科电子计算机公司通过公开招聘，录用了两名刚毕业的计算机专业的大学生张强和李佳。从工作申请表和面谈过程的情况来看，张强和李佳都表示愿意从事计算机推销工作，公司决定让他们从事市场营销工作。一年之后，张强不仅完全适应了销售工作，而且销售工作局面已经打开，工作得心应手，成绩出色，并被提升为部门副经理。李佳的表现则很一般：虽然能完成上级交给的任务，但缺乏主动性和积极性。又过了一段时间，李佳找人事主管谈话，说他不想再干下去，准备辞职。至于为什么要辞职，他也说不清原因，但有一点很清楚：他对营销工作早已不感兴趣了。人事主管私下里做了一番了解，得知李佳钻研精神很强，善于搞发明创造。据说他高中时还获得过科技发明奖，至今他还仍保持有这种创造的劲头。人事主管与公司总经理做了一番商谈，然后又把李佳单独请到自己家里吃饭，与他进行了交谈，后公司研究决定调李佳到研究开发部工作。在李佳调到研究开发部后不到一年，他的两项发明就为公司创利二十多万元。

案例来源：http://3y.uu456.com/bp-6a77c4221q2e4s361066fss4-1.html.

请结合案例回答以下问题：

1. 为什么张强能适应销售性工作，但李佳就不能?

2. 如果你是先科电子计算机公司管理者，你如何解决李佳提出辞职的问题?

3. 从这一案例中，关于人岗匹配问题，你能得到什么启示?

案例二　A 设计院的员工评价困境

大型钢铁集团的 A 设计院创建于 1955 年，是一家国有大型钢铁集团的全资子公司，注册资本 1 000 万元，是以工程咨询、工程设计、工程总承包、工程勘察为主业的国家级综合性甲级设计院，经营范围涉及冶金、环保、建筑等领域。A 设计院专业人员配备齐全，员工包括技术人员、管理人员、基层劳务人员等多个层次类型，数量近千人。其中，具备炼铁、炼钢、轧钢等各类专业技术的人员近 200 名，三分之一以上的技术人员具备高级技术职称。近年来，A 设计院完成各类工程项目数千项，其中，100 多个项目获得国家、省部级的各类奖项，获得三十多项国家专利。

前期的不断扩张遭遇了设计行业的下滑趋势，导致公司出现了员工数量过剩、人员大量闲置、利润停滞不前甚至滑坡等问题。为此，A 设计院将人员减编和优化人力资源配置提上了管理日程，并决定根据管理者对下属的评分来确定人员调配甚至裁减方案。

但是，A 设计院并没有一套科学的员工评价体系或者评价标准，在评价员工时更多依赖地管理者的个人经验和个人标准，不同管理者对员工的评价标准有较大的差异。比如，小王和小李分别是 A 部门和 B 部门的一名普通员工，大家都认为小王的综合能力和业绩比小李好。但由于A部门领导的要求较为严格，小王只得了80分；而B部门的领导要求相对较低，小李则得了90分。如果按照这样的评价结果对员工的薪资或者岗位进行调整，一方面公司可能会失去优秀的员工或者降低优秀员工的工作积极性，另一方面还可能会招致大量投诉或者劳动纠纷。

案例来源：http://www.ceconlinebbs.com/FORUM_POST_900001_900004_1069775_0.htm.（有删减）

请结合案例回答以下问题：

1. A设计院在员工评价方面存在什么问题？
2. 请运用能力素质模型来讨论A设计院解决人员评价问题的思路。
3. 如果要在A设计院采用能力素质模型，应如何确保其落地实施？

九、延伸阅读

（一）卓越公司实践探索速递

微软：选“失败者”做CEO

微软公司每年都进行人力资源评估选拔，部门负责人根据盈利等指标进行竞争，其中亏损增减幅度大小也是一项重要指标，有着良性亏损经验者将会受到公司的首先选用。这项制度的创始人，正是比尔·盖茨。

1988年冬天的一个早晨，董事会正在开会挑选某大区CEO。最后人物集中在两个人身上——琼斯和约翰。琼斯长期在多个部门工作，所在各个部门的业绩均保持增长和盈利。约翰曾经在不同部门工作，但近期其负责的部门处于亏损状态，受到总部的警告。大部分董事希望选择琼斯，认为他的盈利记录有助于开拓大区业务，具备更好的领导才能。比尔·盖茨力排众议，提出选用约翰。但因约翰与比尔·盖茨是远亲关系，而且大家对他的亏损记录无法接受，约翰最终还是落选。

一年后该大区业务盈利急剧下降，出现亏损迹象，并出现几起国际性丑闻，在收益和声誉的双重打击下，琼斯引咎辞职。经过紧急磋商，董事会拟从海外其他公司招聘新CEO，但比尔·盖茨仍坚持选用约翰。董事会主席尼尔斯很生气：“盖茨先生，约翰负责的公司一直处于亏损状态，你有什么理由认为他有能力把大区公司管理好？”人力资源部部长约瑟夫也说：“盖茨先生，在前几次选其他大区CEO时，你不是也否决了几个运营亏损的候选人吗？为什么这次你还要坚持选约翰？难道是因为他是你的亲戚吗？”

比尔·盖茨微笑着说：“各位先生，海外的CEO不能迅速熟悉情况，当然比不上公司自己的人选。一般人总认为亏损是负责人管理水平和部门效率低下的反映。我认为有一部分亏损确实是这种反映，像我们前年否决的三位候选人就是这样，但并不绝对。亏损是一次严格的考试，它考验负责人的心理素质、应对措施、分析能力、管理水平等各种因素，而不是他们荣耀的过去。像约翰的部门，在他之前已存在巨额亏损，但他到来后应对有序，财务状况逐渐好转。现在虽依然处于亏损状态，但数额较以前明显减少，不久便可扭亏为盈。在这样的部门工作，约翰经受了亏损，学会了亏损，当然就学会了赚钱，这种亏损经历可以称为良性亏损经历。作为部门负责人，心理素质很重要，良好的心理素质才能妥善应对全球市场的风雨，而有过这些良性亏损经历的职业人士无疑更能经得起风雨。”片刻沉寂之后，董事会响起了热烈的掌声，一致通过比尔·盖茨的方案。

一年后，在约翰的领导下，该大区发展迅猛，一举超过其他大区，成为公司最赚钱的大区。

资料来源：韦礴. 选“失败者”做 CEO［J］. 现代班组，2016（10）：39.（有删减）

思考：微软选用有失败经历者做 CEO 对我们理解能力素质（胜任素质）来源有什么启示?

华为：任职资格管理探索与实践

华为，1987 年靠 2 万元起家，到今天已经成长为通信领域的全球领先公司，成为中国企业高成长的典范。这其中，人力资源管理功不可没。探究华为的人力资源管理体系，可以发现其呈“三位一体”的形态，即绩效管理体系、薪酬分配体系和任职资格管理体系三位一体，互通互联，形成动态的结构。三者中，最具特色的当属任职资格管理体系。

一、从秘书开始的华为任职资格管理实践

华为任职资格管理的第一个使命，就是解决秘书问题。华为的秘书基本上是大学本科毕业的，一开始进华为往往图工资高，说自己什么都能做，便做了秘书。几个月后，觉得秘书好像就是打杂，便不想做了——但他们的职业能力实际上并没有提高。为此，华为人力资源部先行探索秘书的任职资格标准：打字速度、会议通知、会议所用的文具、会议过程管理、做会议纪要的方法、办公室信息管理、各个部门的流程的连接等，比如开会前半小时打电话落实一下，职业化水平就体现在这样的细节中。

秘书问题解决后，华为人力资源部成立了任职资格研究三人小组，开始制订其他人员的任职资格管理体系。研究小组从华为系统选出了 20 名优秀的销售人员，并和这些优秀销售人员吃在一起，住在一起，看他们怎么拜访客户，怎样谈判，最后订出一级到五级的任职资格标准。

二、任职资格管理体系的建立过程

以明确的管理和专业技术双重职业发展通道为基础，华为的任职资格管理包括任职资格标准开发和任职资格认证两个部分。

1. 任职资格标准开发

任职资格标准包括资格标准和行为标准两个方面的内容。资格标准是任职资格不同能力级别表现出来的特征，如知识、经验和技能等的总和。它强调的是员工在专业领域中处在什么样的位置上，是员工技能水平的标尺，主要包括必备知识、专业经验、专业技能和专业成果四个部分。其中，专业技能是资格标准的核心。而行为标准则是完成某一业务范围工作活动的成功行为的总和，它强调的是员工做了什么，怎么做的，是员工职业化水平的标尺，主要包括行为模块、行为要项和行为标准项三个部分。

建立任职资格标准的程序，可以划分为五大基本步骤。第一步，业务分析。重点是要明确公司战略与经营理念下的业务策略重点，确定目前企业各项业务中对企业战略实现具有核心意义的业务类型及其内部组成情况，从市场竞争和公司发展战略角度来看，需要增强员工哪些核心技能，以确定任职资格标准制订的方向。第二步，级别定义。给每个级别的员工能力特征勾勒出一个基本轮廓，概要地描述每个级别员工应该是什么样子。第三步，标杆人物行为分析。通过对标杆人物的行为分析，确定该类业务的行为标准具体内容。第四步，标杆人物技能分析。在行为分析结果基础上，找出支撑这些关键行为的知识能力要求，从而确定出专业技能要求。第五步，任职资格标准定稿。经过前面四个步骤后，任职资格标准的基本内容就全部确定下来了，此时组织业务专家对任职资格标准进行专门的评审后定稿。

2. 任职资格认证

任职资格认证包括两个方面，即任职资格等级评定和任职资格行为能力评价。由于两者的着眼点、评价标准都不一样，在评价程序上就需要区别对待。任职资格等级评定一般要经过必备知识测评、员工自检、资格等级评定会议和资格等级评定结果审核、资格等级评定结果反馈等程序。而任职资格行为能力评价主要采用行为能力日常评价与行为能力面谈会两种方法，根据企业的实际情况，或者两种方法择一，或者结合起来使用。

3. 重点注意的问题

在建立和实施任职资格管理体系过程中，华为注意了系统规划，并合理划分职位族和定义职层。从梳理职位开始，然后依据企业未来战略对各类组织或业务系统的核心能力要求，划分职类、职种、职层。其中，分层遵循了六大原则：与工作紧密结合原则、适应公司发展要求原则、统一分类原则、区分度明显原则、垂直上升和横向流动双向发展原则以及突出重点领域原则。在此基础上，结合实际提出职位分类分层初稿，再将此初稿与各部门讨论、修改，从而打破了部门界限而统一人才分类标准，进而保证了职位分类分层的适应性。

职位族划分完毕之后，紧接着要进行不同职位层次的定义，定义中包括以下几个方面：应负责任，解决问题的难度、复杂度、熟练程度和领域，在本专业领域内的影响力，对流程优化和体系变革所起的作用，所要求的知识、技能。

任职资格评定工作贯穿于员工的职业发展管理始终，不断地进行关键事件记录。任职资格确定以后并不是一成不变的，企业内部的任职资格管理机构会确定一个相对稳定的更新任职资格标准的间隔时段，根据内外部环境对人才需求的变化，每两年或五年更新一次任职资格标准。

4. 运用与实施

华为的任职资格管理体系用于人才选拔，成为“竞聘上岗”的首要依据；其次，它给员工开辟了多条职业发展通道，有利于员工实现“与企业共同发展”的价值追求；再次是胜任力培养，通过任职资格认证，将员工的能力与标准进行比较，从中发现差距，从而进行系统的、有针对性的培养；最后就是为建立基于能力的薪酬体系打下了基础。另外，任职资格管理体系的建立，可以产生人才竞争的作用——“物以类聚，人以群分”，通过“看得见”的能力标尺，让员工感觉到能力“不进则退”的压力，从而激发出内在强烈的自我学习的动力。

资料来源：洪亮，周艺萍. 华为的任职资格管理探索与实践［J］. 中国培训，2009（4）：26-27.（有删减）

思考：华为的任职资格探索和实践对其他企业有何启示？

谷歌：如何寻找真正的聪明人

谷歌带给员工的东西，更像精英大学或者智囊团。但大学强调理论，而谷歌却满是各种活生生的实践，它提供了令人兴奋的挑战，创造全新的数字宇宙。

长发披肩的年轻工业心理学家托德·卡莱尔，2004年就开始在谷歌的人力运营部门工作。卡莱尔的工作是进行统计分析，确定招聘中哪些因素会产生重要作用。他曾测试过一件事，如果赢过编程大赛，到谷歌工作的表现会怎么样。他已经检验了好几种赛事。谷歌为最著名的一项编程赛事提供了赞助，即“谷歌编程挑战赛”。渴望到谷歌工作的程序员大有人在。但谷歌发现，参加过编程大赛的程序员真正到了谷歌之后，干得还不如从未参加过此类比赛的人出色。

谷歌注重“更高层面的抽象”的思维，并体现在谷歌的许多面试题里。

来看看这道题好了。你要确定鲍勃拿到了你的电话号码，但又不能直接问他。你必须在卡片上写一条留言，拿给中间人伊娃。伊娃会把卡片交给鲍勃，鲍勃又把自己的信息交给伊娃，再由伊娃交给你，你又不愿意伊娃知道你的电话号码，那么，你会怎么问鲍勃呢？这个问题通常是向软件工程师提出的，后者立刻就能认出“鲍勃”和“伊娃”这两个名字。在计算机学的教科书里，总是惯例由“爱丽丝”发送编码信息给“鲍勃”，这比“A发送信息给B”听起来更有人情味儿一些。教科书里固定的反派角色是名为“伊娃”的奸细。编码消息在互联网上至关重要，它们是电子商务和云计算的基础。伊娃有多重伪装身份，包括黑客、垃圾邮件等。如果说这道面试题切中了我们网络世界的核心问题，这并不算夸张。这里有一种技术上精彩绝伦的解决办法。每一本讨论鲍勃和伊娃问题的教科书，都会对RSA①加密进行深入探讨，这是“贝宝”(Paypal)和其他电子商务所使用的加密形式。但我想说，RSA涉及了一些极其繁复的运算。这倒没什么关系，因为它总是用计算机来完成的。面试官是想引导聪明的求职者思考，还有没有别的方式向鲍勃解释RSA，只用一张卡片的背面写一条简短的信息，有点像是一清二楚地告诉你奶奶怎么制造iPad，好让她也能动手做上一台。

但这是做得到的！完全有可能向不知道如何编码的鲍勃，解释RSA的核心工作原理，一张3×5英寸②的索引卡上能写下最精简的说明，如果你的字迹超级纤细，一张名片也成。成功把RSA信息写给鲍勃的候选人，会觉得自己差不多敲开了天堂的大门。

但别高兴得太早。这只是给出了“微软的答案”。不管有没有伊娃，只是为了确定电话号码这一简单的任务就按照若干复杂的指令执行，鲍勃肯定会望而生畏的。谷歌的面试官当然希望工程师了解RSA，但要是有人能给出一个更简单、更实用的答案，他们会对他留下更深刻的印象。让鲍勃给你打电话——在理想的情况下，还可以指定具体的时间——如果你的手机响了，成功！如果没响，说明他没有拿到正确的号码。这就是问题所要求的一切（你希望确定鲍勃拿到了你的电话号码），何必一定要用最为难的方式做事呢？

---

① RSA是目前使用最广泛的公钥密码体制之一。它是1977年由罗纳德·李维斯特（Ron River）、阿迪·萨莫尔（Adi Shamir）、伦纳德·阿德曼（Leonard Adleman）一起提出的。RSA就是他们三人姓氏开头字母拼在一起组成的。

② 1英寸≈2.54厘米。

这个问题测试的是比教育背景更珍贵的东西——如果你学到的知识帮不上忙，那就忽略它。在企业里，没有人会告诉你该用哪一部分学来的知识。人总有压倒一切的冲动使用自己手里知识含量最高的工具，并因此而沾沾自喜。就因为有能力，所以非得用最困难的办法去做事，这样的人，谷歌并不想要。

资料来源：庞德斯通. 谁是谷歌想要的人才：破解世界最顶尖公司的面试密码［M］. 闾佳，译. 杭州：浙江人民出版社，2013：15.（有删减）

思考：结合胜任素质特征对优秀与一般人才的区别，谈谈谷歌的选人策略对你的启示。

（二）情商测试问卷

情商测试问卷——欧洲流行的 EQ 测试题

本情商测试题，为国际通用的标准 EQ（情商）测验题，可口可乐公司、麦当劳公司、诺基亚公司等世界500强众多企业，曾以此为员工 EQ 测试的模板。帮助员工了解自己的 EQ 状况。本测试共 33 题，测试时间 25 分钟，最大 EQ 为 174 分。切记这不是一个求职询问表，用不着有意识地尽量展示你的优点和掩饰你的缺点。如果你真心想对自己有一个判断，那你就不应施加任何粉饰。如果你已经准备就绪，请开始计时。

第 1-25 题：请从下面的问题中，选择一个和自己最切合的答案，但要尽可能少选中性答案。

1. 我有能力克服各种困难：

A. 是的　　B. 不一定　　C. 不是的

2. 如果我能到一个新的环境，我要把生活安排得：

A. 和从前相仿　　B. 不一定　　C. 和从前不一样

3. 一生中，我觉得自己能达到我所预想的目标：

A. 是的　　B. 不一定　　C. 不是的

4. 不知为什么，有些人总是回避或冷淡我：

A. 不是的　　B. 不一定　　C. 是的

5. 在大街上，我常常避开我不愿打招呼的人：

A. 从未如此　　B. 偶尔如此　　C. 有时如此

6. 当我集中精力工作时，假使有人在旁边高谈阔论：

A. 我仍能专心工作　　B. 介于 A 与 C 之间　　C. 我不能专心且感到愤怒

7. 我不论到什么地方，都能清楚地辨别方向：

A. 是的　　B. 不一定　　C. 不是的

8. 我热爱所学的专业和所从事的工作：

A. 是的　　B. 不一定　　C. 不是的

9. 气候的变化不会影响我的情绪：

A. 是的　　B. 介于 A 与 C 之间　　C. 不是的

10. 我从不因流言蜚语而生气：

A. 是的　　B. 介于 A 与 C 之间　　C. 不是的

11. 我善于控制自己的面部表情：

A. 是的　　B. 不太确定　　C. 不是的

12. 在就寝时，我常常：

A. 极易入睡　　B. 介于 A 与 C 之间　　C. 不易入睡

13. 有人侵扰我时，我：

A. 不露声色　　B. 介于 A 与 C 之间　　C. 大声抗议，以泄己愤

14. 在和人争辩或工作出现失误后，我常常感到震颤，精疲力竭，而不能继续安心工作：

A. 不是的　　B. 介于 A 与 C 之间　　C. 是的

15. 我常常被一些无谓的小事困扰：

A. 不是的　　B. 介于 A 与 C 之间　　C. 是的

16. 我宁愿住在僻静的郊区，也不愿住在嘈杂的市区：

A. 不是的　　B. 不太确定　　C. 是的

17. 我被朋友、同事起过绰号、挖苦过：

A. 从来没有　　B. 偶尔有过　　C. 这是常有的事

18. 有一种食物使我吃后呕吐：

A. 没有　　B. 记不清　　C. 有

19. 除去看见的世界外，我的心中没有另外的世界：

A. 没有　　B. 记不清　　C. 有

20. 我会想到若干年后有什么使自己极为不安的事：

A. 从来没有想过　　B. 偶尔想到过　　C. 经常想到

21. 我常常觉得自己的家庭对自己不好，但是我又确切地知道他们的确对我好：

A. 否　　B. 说不清楚　　C. 是

22. 每天我一回家就立刻把门关上：

A. 否　　B. 不清楚　　C. 是

23. 我坐在小房间里把门关上，但我仍觉得心里不安：

A. 否　　B. 偶尔是　　C. 是

24. 当一件事需要我做决定时，我常觉得很难：

A. 否　　B. 偶尔是　　C. 是

25. 我常常用抛硬币、翻纸、抽签之类的游戏来预测凶吉：

A. 否　　B. 偶尔是　　C. 是

第 26-29 题：下面各题，请按实际情况如实回答，仅须回答“是”或“否”，在你选择的答案后打“√”。

26. 为了工作我早出晚归，早晨起床我常常感到疲惫不堪：是____　否____

27. 在某种心境下，我会因为困惑陷入空想，将工作搁置下来：是____　否____

28. 我的神经脆弱，稍有刺激就会使我战栗：是____　否____

29. 睡梦中，我常常被噩梦惊醒：是____　否____

第 30-33 题：本组测试共 4 题，每题有 5 种答案，请选择与自己最切合的答案，在你选择的答案后打“√”。

答案序号对应含义如下：

1——从不，2——几乎不，3——一半时间，4——大多数时间，5——总是。

30. 工作中我愿意挑战艰巨的任务。	1	2	3	4	5
31. 我常发现别人好的意愿。	1	2	3	4	5
32. 能听取不同的意见，包括对自己的批评。	1	2	3	4	5
33. 我时常勉励自己，对未来充满希望。	1	2	3	4	5

计分评估：计分时请按照记分标准，先算出各部分得分，最后将几部分得分相加，得到的那一分值即为你的最终得分。

第 1-9 题，每回答一个 A 得 6 分，一个 B 得 3 分，一个 C 得 0 分，计 ______ 分。

第 10－16 题，每回答一个 A 得 5 分，一个 B 得 2 分，一个 C 得 0 分，计 ______ 分。

第 17－25 题，每回答一个 A 得 5 分，一个 B 得 2 分，一个 C 得 0 分，计 ______ 分。

第 26-29 题，每回答一个“是”得 0 分，一个“否”得 5 分，计 ______ 分。

第 30-33 题，从左至右分数分别为 1 分、2 分、3 分、4 分、5 分，计 ______ 分。

你的得分总计为 ______ 分。

得分及评价：

90 分以下：你的 EQ 较低。你常常不能控制自己，极易被自己的情绪影响。很多时候，你容易被激怒、动火、发脾气，这是非常危险的信号——你的事业可能会毁于你的急躁。对于此，最好的解决办法是能够给不好的东西一个好的解释，保持头脑冷静，使自己心情开朗，正如富兰克林所说：“任何人生气都是有理的，但很少有令人信服的理由。”

90-129 分：你的 EQ 一般。对于一件事，你不同时候的表现可能不一，这与你的意识有关，你比前者更具有 EQ 意识，但这种意识不是常常都有，因此需要你多加注意。

130-149 分：你的 EQ 较高。你是一个快乐的人，不易恐惧担忧，对于工作你热情投入，敢于负责，你为人更是正义正直，同情关怀，这是你的优点，应该努力保持。

150 分及以上：你就是个 EQ 高手。你的情绪智慧不但是你事业的阻碍，更是你事业有成的一个重要前提条件。

第4章　学习

一、填空题

1. 学习是指在经验的作用下发生的相对持久的____________。

2. 学习理论包括____________、____________和____________三大理论。

3. 根据联想学习理论或条件联系，学习是一种反应同一种刺激的______，或有机体在所受到的刺激与所做出的反应之间建立______。

4. 根据联想学习理论或条件联系，刺激与反应之间的联系是借助于__________和__________两种条件反射实现的。

5. 认知学习理论认为领会和发现是突发式的，因此这种现象又叫__________。

二、名词解释

1. 条件反射的泛化
2. 经典条件反射理论
3. 社会学习理论
4. 行为塑造
5. 连续强化
6. 间断强化

三、判断改错题

1. 连续强化方式不适合于新出现的、不稳定的或低频率的反应。　（　　）

2. 固定强化程序能导致更高的绩效水平。　（　　）

3. 强化程序可以用于员工训导、开发培训计划和建立导师负责制，但不能用于自我管理。　（　　）

4. 惩罚和忽视削弱行为可减少发生。　（　　）

5. 连续强化只对部分理想行为给予强化。　（　　）

6. 根据典型学习曲线，时间越长我们学习的东西保留得越少。　（　　）

7. 经典条件反射包含思想、情感、爱好等的变化，操作性条件反射不包含指向目标活动的变化。　（　　）

8. 条件反射的分化与条件反射的泛化概念相同。　（　　）

9. 间歇强化取决于上次强化过后所经过的时间，个体在第一次恰当的行为之后要再经过一段时间才会得到强化。　（　　）

10. 学习必须包含某种类型的经验。　（　　）

11. 操作性条件反射认为行为是其结果的函数。　（　　）

12. 积极强化和消极强化导致学习，强化反应。　（　　）

13. 如果一个人的行为、活动以及反映这些作为经验的结果与过去的方式有所不同，就意味着学习已经发生了。（　）

14. 如果个体的思维过程或态度发生了变化，即使行为未发生相应变化，这也意味着学习已经发生。（　）

15. 经典性条件反射是一种主动的行为，它可以帮助我们解释个体在组织中的复杂行为。（　）

四、单选题

1. 经典条件反射不包括以下哪个变量：（　）。

A. 条件反射　B. 无条件反射　C. 条件刺激　D. 连续强化

2. 行为塑造的方法不包括（　）。

A. 积极强化　B. 消极强化　C. 鼓励　D. 惩罚

3. 根据典型的学习曲线，学会量与学习次数的关系是（　）。

A. 正相关　B. 负相关

C. 没有相关性　D. 尚存在争议，需要分情况考虑

4. 根据艾宾浩斯遗忘曲线，保留的内容的多少与时间的关系是（　）。

A. 正相关　B. 负相关

C. 没有相关性　D. 尚存在争议，需要分情况考虑

5. 固定比率强化是指（　）。

A. 当个体的行为达到一个固定数目后，便给予奖励

B. 当奖励根据个体的行为次数随机出现时，这种强化叫作可变比率强化

C. 如果每隔一个固定时间给予一次强化，这种方式叫作固定时距强化

D. 奖励根据时间分配，但强化的时间却是不可预测的

6. 以下关于经典条件反射的说法正确的是（　）。

A. 需要被试者觉察和合作

B. 是自动实现的

C. 被试者所做的反应活动是会被意识到的

D. 依赖于学习者的活动

7. 榜样对个体的影响过程不包括（　）。

A. 观察过程　B. 保持过程

C. 动力恢复过程　D. 强化过程

8. 以下哪个选项代表条件反射？（　）

A. US　B. CR　C. UR　D. CS

9. 哪种学习理论认为领会和发现是突发式的？（　）

A. 经典条件反射　B. 操作性条件反射

C. 认知学习理论　D. 社会学习理论

10. 以下哪种强化属于间歇强化？（　）

A. 固定比率强化　B. 可变比率强化

C. 固定时距强化　D. 按时发放奖励

11. 行为中任何相对永久的变化被定义为（　　）。

A. 学习　　B. 经典条件反射
C. 操作性条件反射　　D. 社会学习理论

12. 关于学习，下面（　　）描述是不正确的。

A. 它涉及变化　　B. 变化可以是永久的或临时的
C. 它需要行为上的改变　　D. 它要求一些形式的经验

13. 当某种行为出现后，给予某种带有强制性、威胁性的不利后果，以期减少这种行为出现的可能性或消除该行为，这种强化方式为（　　）。

A. 惩罚　　B. 正强化　　C. 自然消退　　D. 消极强化

14. 操作性条件反射概念最早的提出者是（　　）。

A. 韦伯　　B. 法约尔　　C. 斯金纳　　D. 巴甫洛夫

15. 你的老师指出，如果想取得高分就必须正确回答测验问题。从学习理论的角度出发，这属于（　　）。

A. 操作性条件反射　　B. 经典条件反射
C. 社会学习理论　　D. 无条件刺激

16. 学习是在经验的作用下发生的（　　）的行为改变。

A. 暂时性　　B. 相对持久　　C. 连续性　　D. 间断性

17. 经典条件反射是（　　）的，操作性条件反射是（　　）的。

A. 主动，被动　　B. 主动，主动　　C. 被动，被动　　D. 被动，主动

18. 如果老师在课堂上提问你不知如何回答，那么你赶紧翻看笔记来应对的办法属于行为塑造中的（　　）方法。

A. 积极强化　　B. 消极强化　　C. 惩罚　　D. 忽视

19. 当有吸引力的刺激物与中性刺激物多次相互匹配时，中性刺激物就会变成条件刺激物，因而拥有无条件刺激物的性质。从学习理论的角度来看，这属于（　　）。

A. 操作性条件反射　　B. 经典条件反射
C. 社会学习理论　　D. 无条件刺激

20. 对于一个长期以来很少准点上班的员工来说，每次他准时上班，主管就会表扬他。从强化程序的角度来说，这属于（　　）。

A. 连续强化　　B. 间断强化　　C. 间距强化　　D. 比率强化

21. 从强化程序的角度对比，受下列强化程序的作用，个体更倾向于不愿意放弃活动的是（　　）。

A. 连续强化　　B. 间断强化　　C. 间距强化　　D. 比率强化

22. 当奖励根据个体行为的差异而发生变化时，这种强化方式称为（　　）。

A. 固定比率强化　　B. 间断强化
C. 间距强化　　D. 可变比率强化

23. 以下属于可变时距的强化程序的示例是（　　）。

A. 表扬和恭维　　B. 每周支付薪酬
C. 随堂测验　　D. 支付佣金的销售工作

24. 可变程序倾向于比固定程序导致（　　）的绩效水平。

A. 更高　　B. 更低　　C. 差不多　　D. 尚没有定论

25. 管理者准备开发和实施干预机制，以强化理想的绩效行为并削弱不利的绩效行为。这项工作在组织行为学校正方案中，位于（　　）之后。

A. 识别关键行为　　B. 开发基线数据

C. 确定行为结果　　D. 评估绩效改善状况

五、简答题

1. 试简述认知学习理论的主要观点。

2. 结合学习与生活实例，试简述间断强化的四种类型。

3. 试简述成功的社会学习的四个过程。

4. 试简述学习的特点。

5. 强化理论的主要内容是什么？你认为哪一种类型在实际应用中效果最好？为什么？

6. 简述经典条件反射理论的基本内容并举例说明。

7. 简述操作性条件反射理论的基本内容并举例说明。

8. 简述社会学习理论的基本内容并举例说明。

六、论述题

1. 论述经典条件反射理论、操作性条件反射理论之间的差异。

2. 各行各业都曾出现过员工不道德行为，如说谎、欺骗和歪曲事实等，试根据强化理论分析员工怎样从工作中学习不道德行为。

3. 论述认知学习理论与社会学习理论之间的差异。

4. 利用经典条件反射解释以下现象：为什么儿歌总能勾起人们对于童年时代的美好回忆？

5. 利用操作性条件反射来解释以下结论：如果一种行为得不到积极强化，则该行为重复的可能性就会下降。

6. 你如何看待惩罚在管理实践中的作用？

7. 在一家工厂中，每当总部的高层经理们定期视察工作时，管理层总会把办公室收拾得窗明几净，以至于员工只要看到窗户擦得干干净净，就会立刻表现出良好的精神面貌。请运用经典条件反射理论对这一现象进行分析。

8. 社会学习理论能够为组织开发培训方案提供哪些启发？

9. 结合现实中的具体实例，谈谈你对不同行为塑造方式的认识。

10. 榜样的影响是社会学习理论的核心内容，目前企业中推广的导师制正是这一理论的实践应用表现，试分析导师制如何才能发挥作用。

七、案例分析

案例一　海尔命名法

海尔集团开始宣传“人人是人才”时，员工反应不大，他们想：“我又没受过高等教育，当个小工人算什么人才？”

但是当海尔把一个普通工人发明的一项技术革新以这位工人的名字命名时，在工人中很快就兴起了技术革新之风。比如工人李启明发明的一项焊枪被命名为“启明焊枪”，杨晓玲发明的扳手被命名为“晓玲扳手”。这一措施大大激发了普通员工创新的激情，后来不断有新的命名工具出现，员工的荣誉感得到极大的满足。对员工创造价值的认可，是对他们最好的激励，及时的激励能让员工觉得工作起来有盼头，有奔头，进而激发出他们更大的创造性。

案例来源：蒋燕，苏慧文. 详解海尔的员工激励方式［J］. 经营与管理，2010（7）：79-81.

请问：

1. 海尔以工人的名字命名其发明的工具，属于哪种行为塑造方法？再举一个例子说明该方法的运用。

2. 除了案例中用到的行为塑造方法外，还有哪些行为塑造的方法？请结合学习与生活实例阐述其应用。

3. 强化理论有没有局限性？若有，请加以阐述。

案例二　矫立敏：一个工人技术专家的世界

1. 学习研究型员工

矫立敏从小就喜欢车，对汽车特感兴趣。他当乘务员不只卖票，还仔细观察师傅开车时的一举一动，偷偷地跟着师傅学开车，做着当司机的准备。经过三年的学习锻炼，矫立敏如愿以偿地握上了方向盘。矫立敏认识到，当初自己如此渴望上大学，是想当专家，没有上成大学，并不意味着不能成为专家，哪怕再平凡的工作，只要专心、投入就能做精，灵感就会不断涌现，就能创新，逐步成为专家。心专了，脑就灵了。他感觉到，技术从熟练到精湛、再到创新，靠的是多开车、多修车，不断琢磨，灵感来自专心，来自工作现场。通过在工作中的学习和摸索，他的技术水平不断提高，不仅做出优异工作业绩，使乘客满意，自己也满心欢喜。

平时下班没事，矫立敏就待在书店。他买了很多书，自学汽车驾驶和维修知识。因为文化基础知识比较扎实，他领会书上的知识非常快，理论知识又更好地指导他解决了许多实践中的疑难问题。

2. 立敏工作法

2004 年，363 路更新了 40 部新型柴油车，但这些车几乎车车费油，矫立敏看到这种情况，决心攻克柴油车节油技术难关。根据长时间的行车观察和实际操作比较，他想摸索出一套法子。矫立敏干劲倍增，一心扑在研究中，总结提炼出了一套规范操作节油工作法。他对每一个公交站点、每一座立交桥、每一个交通路口的客流、路面、信号灯情况都进行了科学分析，精心测算了发动机转速与行车车速之间的契合关系，找出了最佳经济时速。2006 年，这项技术创新成果在线路全面推广实施，经济效益明显，平均每车每年节油 1 500 多升，同时还保证了行车安全，降低了交通事故的概率。这就是被评为山东省建设系统职工优秀技术创新成果的“立敏工作法”。

“立敏工作法”是如何做到节能降耗的呢？矫立敏总结了五点需要注意的地方。一要认真做好爱车例保工作，做到“一日三检”，不开带病车，使车辆的技术状况始终处于最佳状态。二要严格执行操作规程，正确使用挡位，准确掌握换挡时机。三要保持车辆底盘技术状况良好，重点是滑行、轮胎气压和滤清器。四要努力提高自身驾驶技术和维修技术。五要针对路面特点，摸索调整行车方法。

3. 工人技术专家

不断积累车辆维修技术，有不懂的地方马上问老师傅，矫立敏慢慢地成了驾驶技术和维修技术的双技术专家。随着新员工大量进入公司，矫立敏看到同事们技术素质参差不齐、燃油消耗居高不下，就自制卡尺，对省油气压棒和进油孔做适量调整或技术改造。从前几年开始，矫立敏自己开设了技术课堂，给队友们讲解柴油机空气滤清器的清洁方法及油电路的配合，对燃料高耗车逐个查找原因，毫无保留地把技术和经验传授给队友，从整体上迅速提高整个路队的操作技能，节约了能耗。

矫立敏每年根据春夏秋冬具体天气有针对性地进行培训，讲授维修保养技术，强调各种情况应考虑周全。矫立敏授课方式多样化，既有现场指导又有课堂讲授。路队领导对技术的重视，在公司掀起了学习矫立敏的热潮，激发了组织的创造力，新创意不断涌现。任少春书记欣喜之余，也得到诸多启示。他说：“一个像矫立敏这样的专家型员工，在刚刚开始冒尖时，有一个新的想法，或干出一件有意义的新事，领导者一定要在萌芽期就提供热情的支持，不能冷眼旁观，更不能附和周围的风言风语的议论。当他已经成为技术专家时，领导更要关心和爱护，比如矫立敏参加各种类型的社会活动多了，肯定会影响自己的任务指标，经济收入就会受到影响，路队给予一定的经济补偿，使他工作时心理平衡，因为他的这些活动也是为了路队和公司的利益。”

4. 工作成就是内心幸福感的源泉

公交司机的日常工作难免有枯燥单调的感觉，但矫立敏工作热情和干劲却丝毫不减，一言一行都透露着指导他工作的理念，这是他的热情和干劲的源泉。矫立敏说：“一个人活着，要多为他人和社会做有价值的事情，公交司机这个工作，只要用心干，也可以做出对社会有帮助、让自己感动的事情来，哪怕是不大的事情。这是人生中真正的快乐和意义所在。”看到队友们有时工作积极性不高，矫立敏把理念落实为行动，感染和带动了大家。作为一线党员的矫立敏，是路队的联络员，他在路队领导与员工间加强沟通，同事有困难也主动帮助。他成为队友们的“知心大哥”。

案例来源：转引自中国管理案例共享中心贺广明，任洁等的百优案例《矫立敏：一个工人技术专家的世界》（案例编号：OB-0017）。（有删减）

根据案例回答以下问题：

1. 与普通的一线员工相比，你认为矫立敏具有哪些独特的人格特点？这些人格特点是如何形成的？这对他的行为和思想产生了哪些影响？

2. 矫立敏在日常工作中是如何培养和提高其学习能力的？员工的工作态度对学习能力的提高有何影响？矫立敏是如何分配时间，做到工作学习两不误的？

3. 本案例中哪些因素影响了隐性知识转化？你认为矫立敏的隐性知识转化达到何种程度？如何采取更有力的策略促进隐性知识更大限度地转化？

第5章 态度

一、填空题

1. ________是指关于物体、人物和事件的评价性陈述，这种评价可以是赞同的，也可以是反对的，它反映了一个人对于某一对象的内心感受。

2. 态度由三部分构成：认知、______和______，这三个组成部分密切相关。

3. 一个人的价值观具有相对稳定性，一个人的态度____________。

4. 近期的研究表明，如果考虑一些调节变量，态度可以有力地预测未来的行动。人们发现的最有力的调节变量是：态度的______、态度的______和态度的______、是否存在社会压力以及个体对于这种态度是否有直接经验。

5. 一个人可以有上千种态度，但是组织行为学中的大多数研究只把注意力集中在与工作相关的三种态度上，这三种态度分别是：__________、工作参与和__________。

6. ________是个人对于特定组织及其目标的认同，并且希望保持组织成员身份的一种心态。研究表明，它与缺勤率和流动率呈__________。

7. 研究表明，个体在努力调和不同的态度，并使态度与行为保持一致，以使自己表现得富有理性和言行一致。这说明，人们寻求态度之间以及态度和行为之间的________。

8. 20世纪50年代末，列昂·费斯廷格提出了__________理论，致力于对态度和行为之间的联系做出解释。

9. 认知失调理论认为，个体减少失调的愿望由三个因素决定：______________、个体相信自己受到这些要素控制的程度、个体在失调状态下的受益程度。

10. 认知失调理论的意义在于，可以帮助我们预测员工在________和行为改变方面的倾向性。

11. ____________理论认为态度不是在活动之前指导行动的工具，人们在事实发生之后使用态度使已经发生的事实更有意义。

12. 目前对工作满意度的测量，有两种使用最广泛的手段：一是单一整体评估法，二是由大量工作要素组合而成的____________。

13. 工作满意度对于组织公民行为的影响是通过__________发生作用的。

14. 奥根将______________定义为：个体的行为是自主的，并非直接地或外显地由正式的奖惩体系引发，这种行为的不断积累能够增加组织的有效性。

15. 研究表明，工作满意度、工作投入和组织承诺与缺勤率和流动率都呈现负相关关系，其中，__________是预测流动性的更好指标，原因在于它是对组织整体的更全面、更长久的反映。

16. 梅耶和艾伦提出组织承诺的结构，从__________、连续承诺、__________，建立组织承诺的三因素模型，并在此基础上编制了三因素组织承诺量表。

二、名词解释

1. 态度
2. 工作满意度
3. 组织承诺
4. 组织公民行为
5. 工作参与
6. 认知失调
7. 自我知觉
8. 情感承诺
9. 连续承诺
10. 规范承诺

三、判断改错题

1. 一般态度预测一般行为；特定态度预测特定行为。（　　）

2. 研究表明，人们寻求态度之间以及态度和行为之间的一致性。当出现态度和行为的不一致时，个体就会采取措施促使态度与行为重新回到一致的平衡状态，这并不受到情境压力、社会规范的影响。（　　）

3. 情感与行为之间的关联度要低于认知与情感或认知与行为倾向之间的关联度。（　　）

4. 相比于从认识上改变个体，真正从思想情感上转变个体，或者真正促使个体去行动就比较困难。（　　）

5. 对于有过体验的事情，个体的态度与行为之间的关系会更强烈。（　　）

6. 与工作有关的态度，应从重视“组织公民行为”转向重视“员工满意度”和“组织承诺”。（　　）

7. 高的工作满意度与高的生产率之间呈现显著的正相关关系。（　　）

8. 高组织承诺的员工对组织有非常强的认同感和归属感。但从预测工作效率的角度来看，工作满意度比组织承诺更有效。（　　）

9. 规范承诺是指，员工对离开组织所带来的损失的认知，是员工为了不失去多年投入所换来的待遇而不得不继续留在该组织内的一种承诺。（　　）

10. 感情承诺反映的是员工对继续留在组织的义务感，它是员工由于受到了长期社会影响形成的社会责任而留在组织内的承诺。（　　）

11. 情感承诺与离职行为的相关性最强，规范承诺次之，连续承诺最弱。（　　）

12. 在组织承诺与工作绩效之间的关系方面，情感承诺与绩效、提升评价正相关；连续承诺与绩效、提升评价正相关；规范承诺与绩效、提升评价负相关；规范承诺比情感承诺的影响更短暂。（　　）

13. 由于社会规范而导致的不愿意变更职业的程度，属于组织承诺中的连续承诺。（　　）

14. 对变更上司会给自己带来的损失，属于对上司承诺中的连续承诺。（　　）

15. 不同时代的员工，在三类承诺即组织承诺、上司承诺、职业承诺上的承诺度是不同的；不同职业性质的员工，其承诺具有较大的相似性，但不同性质的组织，其员工看重的承诺是不同的。（　　）

16. 单一整体评估法与综合评价法对工作满意度的评估结果是一样的。（　　）

四、单选题

1. 当你对某一事件缺乏经验，或过去对它考虑较少时，你会倾向于从你的（　　）中推断自己的（　　）。但是，当你的态度早已在头脑中形成，并且界定得十分清晰时，那么，你的（　　）很可能会指导你的（　　）。

A. 态度，行为，态度，行为　　B. 行为，态度，行为，态度

C. 行为，态度，态度，行为　　D. 态度，行为，行为，态度

2. 高水平的工作参与和心理授权与组织公民行为和工作绩效（　　）。

A. 不相关　　B. 正相关　　C. 负相关　　D. 其他

3. 在组织承诺的维度中，（　　）维度相对于其他承诺维度，与组织绩效、离职率等相关性更强。

A. 情感承诺　　B. 持续承诺　　C. 规范承诺　　D. 口头承诺

4. 当我们把组织作为整体，而不是在个体水平上收集满意度与生产率的数据时，会发现，工作满意度与生产率之间是（　　）正相关的。

A. 高度　　B. 中度　　C. 低度　　D. 不

5. 影响情感承诺的因素不包括（　　）。

A. 工作特征　　B. 角色特征

C. 薪资福利　　D. 领导或成员关系

6. （　　）指的是员工对于特定组织及其目标的认同，并且希望维持组织成员身份的一种状态。

A. 组织承诺　　B. 员工承诺

C. 凝聚力　　D. 组织公民行为

7. “个体的行为是自主的，并非直接地或外显地由正式的奖惩体系引发，这种行为的不断积累能够增加组织的有效性”是指（　　）。

A. 组织承诺　　B. 员工承诺

C. 凝聚力　　D. 组织公民行为

8. 态度一旦形成将持续一段时间而不轻易改变，（　　）在这方面起着突出作用。

A. 认知　　B. 情感　　C. 意向　　D. 行为

9. 态度是指个体对外界事物的一种较为（　　）的内在心理和行为倾向。

A. 波动　　B. 一致但不持久

C. 持久而又一致　　D. 持久但不一致

10. 情感与行为之间的关联度要（　　）认知与情感或认知与行为倾向之间的关联。

A. 高于　　B. 低于　　C. 大致等同于　　D. 无法判断

11. （　　）指个体可能感受到的两个或多个态度之间或者他的行为和态度之间的

任何不和谐。如家长告诉孩子饭后刷牙，但自己却做不到。

A. 社会比较　　B. 认知失调　　C. 因果归因　　D. 强化

12. 态度的认知成分是指人对事物的看法、评价以及带评价意义的叙述。它包括个人对某一对象的理解、认识以及（　　）的评价。

A. 肯定与否定　　B. 肯定或否定　　C. 肯定　　D. 否定

13. “我喜欢我的工作”，这个人是在表达自己的（　　）。

A. 价值观　　B. 态度　　C. 知觉　　D. 意向

14. “我不喜欢张经理，因为他喜欢讲荤段子”反映了态度的（　　）成分。

A. 认知　　B. 意识　　C. 意向　　D. 情感

15. 态度的（　　）成分即个体以某种方式对某人或某事做出行动的意向。例如，“我厌恶张经理，不想见他”。

A. 认知　　B. 意识　　C. 行为　　D. 情感

16. 人们平时讲的态度更倾向于指（　　）成分。

A. 认知　　B. 意识　　C. 意向　　D. 情感

17. 20 世纪 50 年代后期，列昂·费斯廷格提出（　　），试图解释态度和行为之间的联系。

A. 比较理论　　B. 认知失调理论

C. 归因理论　　D. 强化理论

18. 态度的心理结构由三种成分构成：认知、情感和（　　）。

A. 意识　　B. 意思　　C. 意志　　D. 行为意向

19. 一般所说的员工的态度，更多的是指（　　）。

A. 工作满意度　　B. 工作投入度

C. 组织承诺　　D. 组织公民行为

20. 下列对组织承诺认识正确的选项是（　　）。

A. 员工对组织的承诺　　B. 组织对员工的承诺

C. 员工与组织间相互承诺　　D. 组织对外部的承诺

21. 受雇于万达的培训专员，在被问及作为培训专员有什么感受时，你可能会想：我在万达做培训师已经 10 年了，没有人强迫我留下来做这份工作，所以我肯定喜欢它！——这可以用（　　）来解释。

A. 比较理论　　B. 认知失调理论

C. 自我知觉理论　　D. 强化理论

22. 20 世纪 30 年代，人际关系学派研究者们的研究结果表明（　　）。

A. 对工作满意的工人会有高的个人产出

B. 对工作满意的工人不一定会有高的个人产出

C. 对工作满意的工人会有低的个人产出

D. 对工作不满意的工人会有高的个人产出

23. 美国社会学家贝克尔曾经在 20 世纪 50 年代中期尝试用提高工作满意度的方法来提高员工的工作绩效，研究发现两者之间（　　）。

A. 没有显著的相关性　　B. 存在显著的相关性

C. 不一定有相关性　　D. 毫不相关

24. 内化反映了雇员因自己的价值观和目标与组织（　　），而主动表现出的行为。

A. 相一致　　B. 相反　　C. 无关　　D. 背离

25. 20世纪90年代，梅耶和艾伦提出的（　　）三因素具体包括情感承诺、连续承诺和规范承诺。

A. 员工承诺　　B. 上司承诺　　C. 组织承诺　　D. 职业承诺

26. 连续承诺是个体为组织连续工作的要求，这种承诺是建立在（　　）基础之上的，具有浓厚的交易色彩。

A. 情感　　B. 利益　　C. 规则　　D. 信任

27. 上级对个人工作绩效和提职的评价与他们的情感承诺水平呈（　　）。

A. 无法确定　　B. 不相关　　C. 负相关　　D. 正相关

28. 个体在社会化的过程中，不断地被灌输和强调这样一种观念从而影响个体遵从组织的程度叫作（　　）。

A. 连续承诺　　B. 规范承诺　　C. 职业承诺　　D. 情感承诺

29. 员工和组织的相互关系中，除了正式的雇佣契约规定的内容之外，还存在大量隐含的、非正式的、未公开说明的相互期望叫作（　　）。

A. 心理契约　　B. 组织承诺

C. 合同　　D. 组织公民行为

30. 以（　　）为主的员工更容易主动接受指派的工作，而且对他们来说，全身心投入地完成工作是理所当然的。

A. 规范承诺　　B. 连续承诺　　C. 上司承诺　　D. 情感承诺

31. 已有的大部分研究认为，组织承诺是在（　　）原则的基础上形成的。

A. 社会交往　　B. 公平　　C. 社会交换　　D. 等价

32.（　　）首先对行为承诺进行了研究，并进一步指出了组织行为承诺的四条行为标准。

A. 夏兰希克　　B. 梅耶　　C. 艾伦　　D. 贝克尔

33. 组织认同感与员工辞职率的关系是（　　）。

A. 正相关　　B. 负相关　　C. 方差关系　　D. 无相关关系

34. 研究发现，期望满足与组织承诺之间存在（　　），期望未满足对组织承诺有消极影响，但这种影响会由于与管理者或同事的积极关系而减弱。

A. 较高程度的正相关　　B. 较低程度的正相关

C. 中等程度的负相关　　D. 中等程度的正相关

35. 研究发现，期望满足与组织承诺之间存在某种程度的正相关，期望未满足对组织承诺有消极影响，但这种影响会由于与管理者或同事的（　　）关系而减弱。

A. 同事　　B. 消极　　C. 领导　　D. 积极

36. 组织承诺的形成和发展是为了努力使以前的行为或决策正当化叫作（　　）。

A. 回顾性文饰作用　　B. 促进作用

C. 抑制作用　　D. 懒惰作用

37. 多数研究发现，情感承诺与离职的相关性比工作（　　）与离职的相关性更强。

A. 投入度　　B. 工作积极性　　C. 连续承诺　　D. 满意度

38.（　　）是建设员工情感承诺的第一道环节。

A. 招聘　　B. 培训　　C. 晋升　　D. 试用

五、多选题

1. 态度在预测未来行为时需要考虑调节变量，以下（　　）选项属于调节变量。

A. 态度的重要性　　B. 态度的具体性

C. 态度的可提取性　　D. 是否有社会压力

E. 是否具有直接经验

2. 组织承诺包括的维度有（　　）。

A. 情感承诺　　B. 绩效承诺　　C. 持续承诺　　D. 规范承诺

3. 与工作有关的态度包含（　　）。

A. 工作参与　　B. 组织承诺

C. 组织支持感　　D. 工作满意度

E. 员工授权

4. 下列关于态度的各项表述中，正确的是（　　）。

A. 态度是个体社会化的过程

B. 态度不是生来就有的，而是经过后天学习的结果

C. 欲望是影响态度形成的因素之一

D. 个人所属的群体会影响态度的形成

E. 刺激是态度与反应之间的中间环节

5. 以下关于态度和行为关系的论述中，正确的是（　　）。

A. 一个人对一件事情的态度与其针对这件事情采取的行为一定是一致的

B. 当个体的态度与行为不一致时，其不一定会马上采取措施消除这种不协调

C. 知道了一个人的态度，如果考虑一些调节变量，就可以有力地预测这个人未来的行为

D. 自我知觉理论指出，当态度不够清晰，模棱两可时，人们倾向于从自己的行为中推断自己的态度

E. 我们不仅可以从一个人的态度来直接预测其未来行为，还可以从行为直接推断出其态度

6. 态度在管理中的应用有（　　）。

A. 要充分认识员工态度在管理中的作用和这种作用的复杂性

B. 要运用多种方法定期进行员工态度调查

C. 要持续改进与态度有关的分析方法，提升研究水平的深度、广度

D. 改善对员工的态度，同时要加强对员工的教育

E. 改变对员工的态度，同时要加强对员工的惩罚

7. 态度所具有的特性有（　　）。

A. 社会性　　B. 指向性　　C. 连续性　　D. 易变性

E. 两极性

8. 态度的构成因素包括（　　）。

A. 认知　　B. 情感　　C. 意向　　D. 行为

E. 价值观

9. 态度和行为之间的关系错综复杂，（　　）可以改变 A-B 关系。

A. 具体性　　B. 社会规范　　C. 协调性　　D. 体验性

E. 间接性

10. 员工工作态度的类型包括（　　）。

A. 工作满意度　　B. 工作投入

C. 组织承诺　　D. 组织公民行为

E. A-B 关系

11. 影响工作满意度的因素有（　　）。

A. 工作本身　　B. 公平薪酬和晋升政策

C. 上级管理　　D. 同事

E. 员工需要

12. 加拿大学者梅耶和艾伦总结组织承诺具有的特征（　　）。

A. 是一种稳定的心理束缚力　　B. 对个体行为起指导作用

C. 具有积极促进作用　　D. 具有消极阻碍影响

E. 是组织凝聚力的表现

13. 默德认为，组织承诺由（　　）三部分组成。

A. 对组织目标的认同和接受　　B. 对组织的依赖和信任

C. 渴望为组织发挥作用　　D. 维持组织成员资格的愿望

E. 组织凝聚力

14. 下列关于情感承诺的说法正确的有（　　）。

A. 是个体对组织的认同程度　　B. 愿意为组织牺牲一切的想法

C. 为自己是组织的一员而感到自豪　　D. 为了组织领导利益不惜牺牲一切

E. 对组织事业高度投入

15. 梅耶等人发现，情感承诺和连续承诺与工作绩效之间存在不同的关系，下列说法正确的有（　　）。

A. 上级对个人工作绩效的评价与他们的情感承诺水平呈正相关

B. 上级对个人提职的评价与他们的情感承诺水平呈负相关

C. 较高的连续承诺是与低水平的绩效和提职评价相联系的

D. 规范承诺和情感承诺关系密切，而且都与绩效正相关

E. 和规范承诺相比，情感承诺对绩效的作用是短暂的

16. 职业承诺的表现有（　　）。

A. 对职业的认同和情感依赖

B. 对职业的投入和转职业的难度

C. 由于社会规范而不愿变更职业的程度

D. 对职业的兴趣

E. 对职业发展的专注

17. 影响情感承诺的因素有（　　）。

A. 个体特征　　B. 工作特征

C. 角色特征　　D. 职业发展阶段

E. 组织发展阶段

18. 组织承诺的形成机制包括（　　）。

A. 员工-组织匹配　　B. 期望满足

C. 因果归因　　D. 组织公平和组织支持

E. 回顾性文饰作用

19. 情感承诺、连续承诺、规范承诺对离职的影响为（　　）。

A. 情感承诺>规范承诺　　B. 连续承诺>规范承诺

C. 规范承诺>连续承诺　　D. 情感承诺>连续承诺

E. 情感承诺大于一切

20. 与连续承诺和规范承诺相比，情感承诺的特征有（　　）。

A. 和广泛的结果变量没有显著关系

B. 和结果变量的相关程度更强

C. 和广泛的结果变量有显著的相关关系

D. 和结果变量相关程度更弱

21. 组织承诺在管理中的实际应用有（　　）。

A. 通过招聘选择合适的员工　　B. 通过内部晋升来培养情感承诺

C. 通过培训和宣传来培养情感承诺　　D. 通过沟通和支持来培养组织承诺

E. 通过加薪增加满意度

22. 对那些希望和员工建立起长期稳定关系的组织来说，需要重点考察（　　）。

A. 那些频繁跳槽的人跳槽的原因　　B. 应聘者的工作经历

C. 那些有才无德的人　　D. 应聘者和组织之间价值观的匹配程度

E. 可能建立高情感承诺的员工

23. 夏兰希克指出了组织承诺的四条行为标准包括（　　）。

A. 行为的清晰性　　B. 行为的持久性

C. 行为的自愿性　　D. 行为的公正性

E. 行为的公开性

24. 奥瑞力和查特曼提出了组织承诺的三种不同的形式是（　　）。

A. 服从　　B. 坚持　　C. 认同　　D. 自愿

E. 内化

25. 我国学者凌文铨等认为中国企业职工的组织承诺由（　　）组成。

A. 感情承诺　　B. 规范承诺　　C. 理想承诺　　D. 经济承诺

E. 机会承诺

26. 以下（　　）属于知识工作者的职业承诺表现。

A. 主要从工作中获得内部满足感

B. 忠诚针对的是自己的专业，而不是组织或老板

C. 经常更新知识以便保持和专业发展同步

D. 对上司有着情感上的依赖

E. 对组织有着情感上的依赖

27. 员工-组织匹配就包括员工与组织的（　　）等多种形式。

A. 能力匹配　　B. 价值匹配　　C. 理想匹配　　D. 性格匹配

E. 认知风格匹配

28. 态度是关于客观事物、人和事件的评价性陈述。以下（　　）对态度的论述是正确的。

A. 态度的三个组成成分是：认知、情感和行为意向

B. 态度是从父母、教师、同辈群体那里获得的

C. 与价值观不同，一个人的态度是不太稳定的

D. 人们总是寻求态度之间的一致性以及态度和行为之间的一致性

E. 个人的态度和行为之间有不一致的方面，这种不一致可能与社会对行为的限制等有关

六、简答题

1. 简述态度的特征及三种类型的态度。
2. 试述态度对个体行为的影响。
3. 简述工作满意度的具体内容及测量方法。
4. 影响员工满意度的主要因素有哪些？
5. 试分析工作满意度对员工绩效的影响。
6. 简述提高员工满意度的方法。
7. 试述员工如何表达不满。
8. 工作满意度的问卷调查表应从哪几个方面进行设计？

七、论述题

1. 试解释自我知觉理论怎样提高我们对行为的预测能力。

2. 有人认为，快乐的人是高生产率的人。因此，致力于提高员工的满意度可以提升组织生产率。谈谈你的看法。

3. “融洽的同事关系可以提高员工的工作满意度，所以管理者应该帮助员工和与自己不同的同事共同工作。”你是否同意这样的说法，并谈谈管理者应该怎么做。

4. 很多企业会定期对员工的态度进行调查，最常见的是工作满意度调查。你认为这么做的好处是什么？是否有缺点呢？

5. 从组织承诺的形成机制和组织承诺三因素模型的角度进行分析，说明企业在实践中如何提升组织承诺。

6. 有人认为，管理者可以创造出满意的员工。谈谈你对这种说法的认识。

八、案例分析

海底捞的管理智慧

1994年，还是四川拖拉机厂电焊工的张勇在家乡简阳支起了4张桌子，利用业余时间卖起了麻辣烫。14年过去，海底捞在全国6个省市开了30多家店，张勇成了6 000多名员工的董事长。张勇认为，人是海底捞的生意基石。客人的需求五花八门，单是用流程和制度培训出来的服务员最多能达到及格的水平。制度与流程对保证产品和服务质量的作用毋庸置疑，但同时也压抑了人性，因为它们忽视了员工最有价值的部位——大脑。让雇员严格遵守制度和流程，等于只雇了他的双手。

大脑在什么情况下才有创造力？心理学家的研究证明，当人用心的时候，大脑的创造力最强。于是，"让服务员都能像自己一样用心，提升员工的工作满意度"就变成张勇的基本经营理念。怎么才能让员工把海底捞当成家？答案很简单：把员工当成家里人。海底捞的员工住的都是正规住宅，有空调和暖气，可以免费上网，步行20分钟到工作地点。不仅如此，海底捞还雇人给员工宿舍打扫卫生，换洗被单。海底捞在四川简阳建了海底捞寄宿学校，为员工解决子女的教育问题。海底捞还想到了员工的父母，优秀员工的一部分奖金，每月由公司直接寄给在家乡的父母。

要让员工的大脑起作用，除了让他们把心放在工作上，还必须给他们权力。200万元以下的财务权都交给了各级经理，而海底捞的服务员都有免单权。不论什么原因，只要员工认为有必要，都可以给客人免费送一些菜，甚至免掉一餐的费用。聪明的管理者能让员工的大脑为他工作，当员工不仅仅是机械地执行上级的命令，他就是一个管理者了。按照这个定义，海底捞是一个由6 000多名管理者组成的公司。

人是群居动物，天生追求公平。海底捞知道，要让员工感到幸福，不仅要提供好的物质待遇，还要让人感觉公平。海底捞不仅让这些处在社会底层的员工得到了尊严，还给了他们希望。海底捞几乎所有的高管都是服务员出身，这些大孩子般的年轻人，独立管理着几百名员工，每年创造几千万营业额。没有管理才能的员工，通过任劳任怨的苦干也可以得到认可，普通员工如果做到功勋员工，工资收入只比店长差一点。

海底捞把培养合格员工的工作称为"造人"。张勇将造人视为海底捞发展战略的基石。海底捞对每个店长的考核，只有两个指标，一是客人的满意度，二是员工的工作积极性，同时要求每个店按照实际需要的110%配备员工，为扩张提供人员保障。海底捞这种以人为本、稳扎稳打的发展战略值得不少中国企业借鉴。

案例来源：http://www.2ge.cn/ard/92687.html.

请问：

1. "'让服务员都能像自己一样用心，提升员工的工作满意度'就变成张勇的基本经营理念。"为什么张勇如此重视员工的工作满意度？请尝试从员工工作满意度对绩效的影响的视角进行分析。

2. 材料中，海底捞的做法是如何实现对员工组织承诺的培养的？

3. 近年来，海底捞的发展速度不断加快，从工作投入管理的角度来看，这对我国企业管理有什么启发？

九、延伸阅读

M 公司的员工工作体验测评

《工业与组织心理学》中的职业健康心理学描述到，好的工作体验表现为工作应激程度低，工作情绪积极，以及在特定工作场所下能获得均衡的工作资源和技能，达到一定的工作投入度。积极心理学研究表明，如果在工作中能更高频次获得投入的体验，幸福感（或快乐感）会提升。M 公司员工工作体验评测模型通过个体深度访谈、团体访谈、焦点访谈、跟岗、问卷调研等手段，在了解员工体验关键要素的基础上，融入行业业务管理特点搭建而成。咨询机构结合中国本土和 M 公司的实际情况，选择了工作体验指标、个人特质指标、非物质激励指标来评测 M 公司员工工作体验，从三个角度反映员工在工作中的体验以及激发感受的相关因素。员工工作体验评测模型见下图：

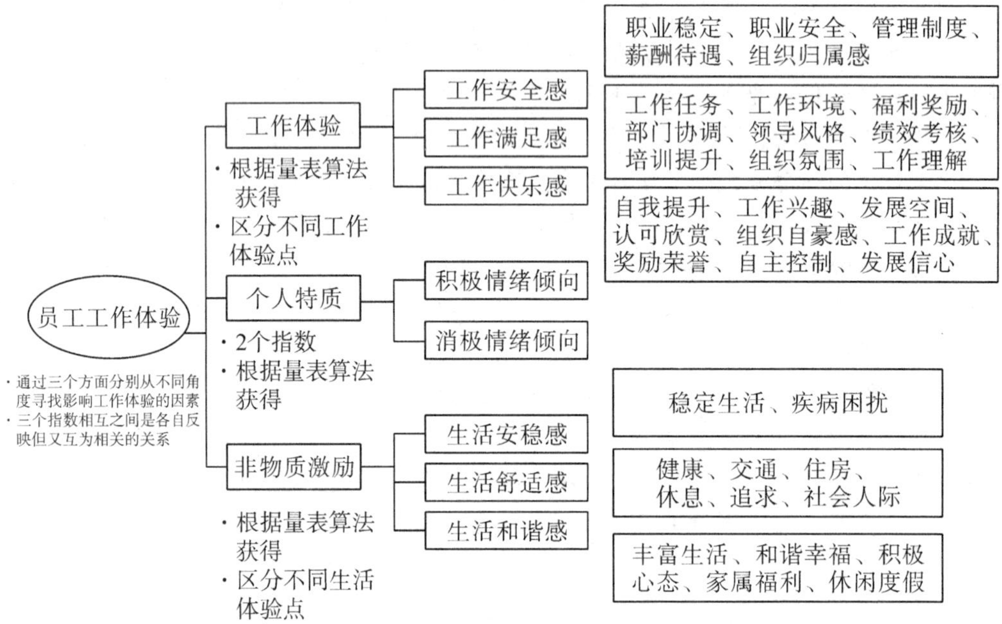

（1）工作体验指标。工作体验指标是员工工作体验评测模型最重要的组成部分，反映员工在岗位工作中，对工作安全感、工作满足感、工作快乐感等三个方面的体验和状态，由员工在个人、团体、焦点访谈中提到的关键体验点综合提炼而成，根据量表算法获得。

（2）个人特质指标。个人特质是产生工作快乐感的内因，主要从积极情绪倾向和消极情绪倾向两方面对工作快乐感的影响进行评价。评价量表源自美国一个团队研发的正向情绪倾向量表和负向情绪倾向量表的中文翻译。

（3）非物质激励指标。非物质激励效果通过量表算法获得，采用组织环境、精神激励、职业能力发展激励三个主层次与 13 个次级指标构成。非物质激励概念源自赫茨伯格的“激励保健”双因素理论，他发现工资福利等因素，只能消除员工的不满意，不会产生激励。成就、赏识、成长和发展的机会等因素，却能对他们产生很大的激励效果，尤其是对于自我价值实现有较高要求的知识型员工。

M 公司员工工作体验评测结果

优势体验主要包括：M 公司员工整体工作体验良好，员工关注发展与提升，对行业与公司发展前景抱积极乐观态度，部门内团队氛围良好。

重点需要关注的体验包括：

一是会议过多对员工工作计划的影响。因为会议多，耗时长，员工解读为工作量增大而引发不佳体验，员工对个人工作效率和个人价值感产生怀疑。

二是工作生活无法很好地平衡。作为知识型员工，M 公司员工工作积极性和价值成就感除了来自工作本身、物质、荣誉外，也有赖于工作中关系的处理和生活品质的提升。员工目前面临工作量大、加班多、出差多、难以兼顾家庭成员的照顾和教育，休假不够。

三是跨部门沟通和知识共享存在一定障碍。这种障碍可能是由于工作量大、业务范围广、信息交流平台缺乏导致的，其中部门领导的交流开放程度尤为重要。

四是个人特质积极情绪倾向指数低于国家公务员，与企业白领相仿，需要适当提高。

五是员工对非物质激励因素满意度显著高于全国常模。员工认为重要的非物质激励措施是权利激励、关怀激励、企业文化；期待完善的是榜样激励、目标激励、信任激励。满意度高的是工作环境、企业形象、培训激励；不满意的是情感激励、荣誉激励、升迁激励。

六是工作体验与积极情绪呈高度正相关，员工情绪状态是影响工作体验的重要因素；工作体验与非物质激励满意度呈中度正相关。

M 公司员工工作体验改善措施

针对以上评测结果，M 公司通过员工研讨和头脑风暴，得出改善措施如下：

（1）统筹管理技术类会议。明确责任部门，统筹全公司技术类会议，合理利用资源；制订会议开展流程，提高会议效率；形成公司会议规约，提倡精简高效会风，向外影响非组织会议。

（2）专项开展科研创新。成立技术研发中心，全面统筹规划科研创新工作；建立、完善科研创新激励机制；鼓励技术人员开展科研创新。

（3）完善知识管理系统。加强工程项目档案归档管理，按节点归档，及时更新；组织员工参加每年 2~3 次档案系统培训；及时做好项目总结；做好通用图、标准图的编制和管理；运用信息化手段，建立知识管理信息系统。

（4）促进多渠道高质量沟通。公司高层领导以身作则，每月与 2 位部门正职高质量交流 1 次，传达管理思路，关心工作状态；开展专项教练辅导培训，改善部门沟通氛围，缓解压力。

（5）提升工作掌控度。以工作能效提升带动工作掌控度和生活平衡：编制关键技术节点控制文件，加强辅导；提高员工时间管理、计划管理能力；加快推广新技术使用；开展 EAP（Employee Assistance Program，员工帮助计划）项目，试行生活教练服务，为需要的员工提供人际关系、亲密关系、亲子关系、工作压力、工作规划等方面的 1 对 1 咨询服务。

综上，M 公司的员工工作体验改善研究项目从项目设计，定性调研，再到定量调研，共历时5个月，全面掌握了员工的工作状态与体验，建立了员工快乐工作体验模型，针对需要重点关注的体验，有的放矢地提出了改善措施。后期，还应当注意这些措施的反馈监控，定期进行总结，不断修正或强化公司为改善员工工作体验所付出的努力，为企业的持续健康发展提供坚实的基础。

资料来源：饶淑华. 知识型员工工作体验改善研究——以 M 公司为例［J］. 人力资源管理，2017（8）：54-55.（有删改）

第 6 章　人格

一、填空题

1. 人格是______和______的产物，是个体对他人的______和比较方式的总和。

2. ________认为：人格是个体内部身心系统的动力组织，决定了个体对环境的独特调节方式。

3. 人们对自我的喜好程度和能力及效能的认知程度是不同的，这种自我感知就是______________，它主要由两个因素决定：______和______。

4. 成年人的人格是由______和______两方面因素构成的，同时还受到______调节。

5. 约翰·霍兰德认为：员工对工作的满意度和流动意向，取决于个体的人格特点与________的匹配程度。

6. 人格的决定性因素包括：遗传、______和______。

7. ______建构了人格的前提条件或物质条件，但个体的总体潜能取决于如何调整自己以适应环境的要求。

8. 瑞士心理学家________最早以精神分析的观点建立了划分性格类型的学说，将人的性格分为内向型和外向型。

9. 16PF 人格理论认为：这 16 种特质是稳定而持久的______，通过权衡这些人格特质与情境关系，可以预测个体在具体情境中的行为。

10. "大五"人格模型中五个基本因素有________、________、随和性、________和________。

11. "大五"人格模型中：外倾性描述的是个体对关系的舒适感程度；随和性维度描述的是个体服从别人的倾向性；________是对信誉的测量；______刻画的是个体承受压力的能力；________________针对个体在新奇方面的兴趣和热衷程度。

12. ______是一个人对现实的态度和习惯性的行为方式中所表现出来的较为稳定的心理状态。

13. 根据希波克拉底和盖仑的气质分类，我们可以将气质分为：多血质、______、胆汁质和________。

14. __________是最广泛使用的人格框架之一，包括 100 道问题，用以了解个体在一些具体情境中会出现的感觉和进行的活动。

15. 个体自出生至终身的整个生命全程中，________表现出随着年龄和习得经验的增加而逐渐改变的过程是人格发展。

16. 个体根据外部情境因素调整自己行为的能力，这一人格特质是________。

17. 人们喜爱或不喜爱自己的程度各有不同，这一特质被称为______。

18. ________人格指的是个体根据外部情境调整自己行为的能力。

19. 约翰·霍兰德的________理论认为：个人的人格特点与他的职业环境之间需要匹配。

二、名词解释

1. 人格
2. A 型人格
3. 人格特质
4. MBTI
5. 自我监控
6. 马基雅维利主义
7. 自尊
8. 气质
9. 现实型人格
10. 企业型人格

三、判断改错题

1. 人格特质越是稳定，在不同的情境中出现的频率越高，那么在描述个体行为时就显得越重要。（ ）

2. 一般来说，在新教伦理为主流的文化环境中成长的北美人注重独立与竞争，而中国人则更容易注重人际关系和亲情，这说明环境因素是人格的形成的基础因素。（ ）

3. 一般来讲，最优秀的推销员常常是 A 型人格，但高级管理者通常是 B 型人格。（ ）

4. “江山易改，本性难移”说明一个人的人格特质具有“定型性”。（ ）

5. 在日常生活中，人们常说此人“外向”，彼人“内向”，这指的是一个人的人格特质。（ ）

6. 根据希波克拉底和盖仑的气质分类，可以推断出《红楼梦》中的王熙凤属于粘液质的典型，林黛玉属于抑郁质的人物，薛宝钗则是多血质的代表。（ ）

7. 一般情况下，多血质的人适合社交活动，（如采购员等）；粘液质的人适合从事一些核算和监督的工作（如会计、统计等）。（ ）

8. 荣格在其“内外向性格论”中，通过测验发现，大多数人属于外向型性格，内向型性格的人相对较少。（ ）

9. 奥尔波特认为，一个“温和性”特质的人，在工作中对上级的命令相对服从，对其他人的错误比较容忍，对待朋友比较谦和。（ ）

10. “大五”人格模型中，高度责任心的人是负责的、有条不紊的、值得信赖的、持之以恒的，经验开放性这一维度针对个体在新奇方面的兴趣和热衷程度。（ ）

11. 就缺勤率而言，外控者相信自己可以养成适当的习惯，使得其身体健康，很少生病，故其缺勤率较低。（ ）

12. 低马基雅维利主义者的一贯思想准则是“只要行得通，就采用它”。（ ）

13. 自尊心弱的人比自尊心强的人更容易受外界的影响，他们需要从别人那里获得积极的评估。（ ）

14. 大企业中的管理者倾向于不愿意冒险，成长取向的创业者具有更强的冒险倾向性。（　　）

15. B 型人格者总是不断地驱动自己要在最短的时间里干最多的事情，并对阻碍自己工作的其他人或者事进行攻击。（　　）

四、单选题

1. 奥尔波特界定的人格是“个体内部身心系统的动力组织，它决定了个体对环境独特的（　　）。”

A. 调节方式　　B. 反应方式　　C. 影响方式　　D. 形成方式

2. 以下四个因素哪一个不是人格的决定性因素：（　　）。

A. 遗传　　B. 环境　　C. 情境　　D. 情绪

3. 在人格的形成中起基础性作用的因素是（　　）。

A. 环境　　B. 教育　　C. 情境　　D. 遗传

4. 在教堂中进行的聘用面试，限制了很多行为，而在公园野餐中对人们的限定较少，这说明（　　）对人格的作用。

A. 环境　　B. 情境　　C. 情绪　　D. 遗传

5. 在人格的形成中，（　　）是个性心理特征形成和发展的主要途径。

A. 社会环境　　B. 社会实践　　C. 个体潜能　　D. 情绪智力

6.（　　）建构了人格的前提条件和物质限制，但个体的总体潜能取决于如何调整自己以适应环境的要求。

A. 遗传　　B. 环境　　C. 情境　　D. 情绪

7. 最早提出特质概念的是美国心理学家（　　）。

A. 奥尔波特　　B. 马斯洛　　C. 斯金纳　　D. 卡特尔

8. 人格的基本特点不包括（　　）。

A. 整体性和层次性　　B. 稳定性和可变性

C. 多样性和单一性　　D. 独特性和可变性

9.“江山易改，本性难移”说明一个人的人格特质具有（　　）。

A. 普遍性　　B. 调整性　　C. 恒常性　　D. 自主性

10. 根据希波克拉底和盖仑的气质分类，我们可以推断出《水浒传》中的李逵属于（　　）的代表。

A. 多血质　　B. 粘液质　　C. 胆汁质　　D. 抑郁质

11.“内外向性格论”这一理论是由（　　）提出的。

A. 荣格　　B. 罗洛梅　　C. 班杜拉　　D. 马斯洛

12.“16PF”人格特质理论是由（　　）提出的。

A. 奥尔波特　　B. 马斯洛　　C. 斯金纳　　D. 卡特尔

13.“大五”模型中的各项因素中，（　　）在预测行为方面最有价值。

A. 随和性　　B. 责任心　　C. 情绪稳定性　　D. 经验的开放性

14. 下列（　　）说法是正确的。

A. 同一国家的人们具有共同的人格类型

B. 同一国家的人们的人格类型大致相同

C. 任何国家中都不会只有一种共同的人格类型

D. 个体与环境的关系不存在文化差异

15. 以下（　　）讨论属于B型人格特点。

A. 愿意长时间从事工作，不断给自己施加时间压力

B. 是速度很快的工人，对数量的要求高于对质量的要求，常常依赖过去的经验解决他们当前面临的问题

C. 认为没有必要表现或者讨论自己的成就和业绩，除非环境要求

D. 很少根据环境的各种挑战改变自己的行为方式，行为更易于预测

16. 人格的发展是（　　）的函数。

A. 目的　　B. 动机与学习　　C. 自我　　D. 个体主义

17. 以下关于自我监控的描述中，（　　）是不正确的。

A. 高自我监控者能根据外部环境因素调整自己的行为，能够使公开的角色与私人的自我之间表现出极大的差异

B. 低自我监控者不能很好地伪装自己，倾向于在各种情境下都表现出真实的性情和态度

C. 低自我监控者比高自我监控者倾向于更关注他人的活动，行为更符合习俗

D. 高自我监控者比低自我监控者会在管理岗位上更为成功，因为它要求个体扮演多重甚至相互冲突的角色

18. 内控者决策时积极搜寻信息，对获得成功有（　　），并倾向于控制自己的环境。

A. 准确的判断　　B. 正确的态度　　C. 较弱的动机　　D. 强烈的动机

19. 就缺勤率而言，（　　）相信自己可以养成适当的习惯，使得其身体健康，很少生病，故其缺勤率较低。

A. 内控者　　B. 外控者

C. 高马基雅维利主义者　　D. 低马基雅维利主义者

20. 崇尚成功，忽视道德内涵是（　　）的一贯思想准则。

A. 内控者　　B. 外控者

C. 高马基雅维利主义者　　D. 低马基雅维利主义者

21. 研究表明，高马基雅维利主义者比低马基雅维利主义者更愿意（　　）别人。

A. 相信　　B. 操纵　　C. 依赖　　D. 背叛

22. 就工作满意度而言，大量研究证实，自尊心强的人比自尊心弱的人对他们的工作更为（　　）。

A. 满意　　B. 不满　　C. 投入　　D. 无答案

23. 自尊心弱的人比自尊心强的人对外界影响更为（　　），他们更需要从别人那里得到积极的评估。

A. 敏感　　B. 不敏感　　C. 满意　　D. 不满意

24. （　　）对结构明确、规范清楚、序贯推进的工作会做得更好。

A. 内控者　　B. 外控者

C. 高马基雅维利主义者　　D. 低马基雅维利主义者

25. 初步的研究证据表明，（　　）在管理岗位上更易成功，因为它要求个体扮演多重甚至相互冲突的角色。

A. 高自我监控者　　B. 低自我监控者

C. 高马基雅维利主义者　　D. 低马基雅维利主义者

26. A 型人格很少根据环境的各种挑战改变自己的反应方式，因此他们的行为比 B 型人格更易于（　　）。

A. 观察　　B. 模仿　　C. 预测　　D. 评估

27. 个体自出生至终身的整个生命全程中，人格特征表现出随着年龄和习得经验增加而逐渐改变的过程是（　　）。

A. 人格结构　　B. 人格动力　　C. 人格适应　　D. 人格发展

28. 个体最重要、最具影响力的人格特质，最能代表个人特点的个人特质是（　　）。

A. 首要特质　　B. 核心特质　　C. 次要特质　　D. 共同特质

29. 人格是个体在先天生物遗传素质的基础上，通过与后天社会环境的相互作用而形成的相对稳定而独特的（　　）。

A. 心理行为模式　　B. 生理行为模式

C. 感知模式　　D. 认知模式

五、多选题

1. 人格的特点有（　　）。

A. 整体性和层次性　　B. 整体性和一般性

C. 稳定性和可变性　　D. 多样性和一般性

E. 独特性和一般性

2. 影响组织行为的主要人格特质有（　　）。

A. 控制点　　B. B 型人格　　C. 自尊　　D. 自我监控

E. A 型人格

3. 人格-工作匹配理论中的人格类型有（　　）。

A. 现实型　　B. 理想型　　C. 合作型　　D. 现代型

E. 社会型

4. 根据荣格的“内外向性格论”，构成性格的特征依据有（　　）。

A. 态度特征　　B. 情绪特征　　C. 意志特征　　D. 能力特征

E. 理智特征

5. 以下（　　）属于 A 型人格的表现。

A. 运动、走路和吃饭的节奏很快　　B. 无法处理休闲时光

C. 总是试图同时做两件以上的事情　　D. 充分放松而不感内疚

E. 从来不曾有过时间上的紧迫感

6. 以下（　　）属于 B 型人格的表现。

A. 从来不曾有过时间上的紧迫感　　B. 充分享受娱乐和休闲

C. 认为没有必要表现自己的成就　　D. 着迷于数字

E. 无法处理休闲时光

7. 20 世纪八九十年代五维度模型理论认为所有人格因素最基础的维度是（　　）。

A. 外向性　　B. 随和性

C. 责任心　　D. 情绪稳定性

E. 经验开放性

8. 人格健康标准有（　　）。

A. 自我广延能力　　B. 与他人热情交往的能力

C. 有一个真实的知觉　　D. 具有自我客体化的表现

E. 以自我为中心

9. “大五”模型中的维度不包括（　　）。

A. 内倾性　　B. 责任心

C. 自尊　　D. 情绪稳定性

E. 经验开放性

10. 人格测试的主要方法有（　　）。

A. 自评法　　B. 观察者答案法

C. 罗夏墨迹测验　　D. 主题统觉测验

E. 对比

11. 以下人格特质对组织行为具有高度预测的有（　　）。

A. 自恋　　B. 冒险倾向

C. 主动型人格　　D. 自我监控

E. 马基雅维利主义

12. 核心自我评价的决定因素包括（　　）。

A. 自尊　　B. 自信　　C. 自恋　　D. 控制点

13. 以下（　　）选项不属于霍夫斯泰德评估文化的构架维度。

A. 权利距离　　B. 绩效取向

C. 人本取向　　D. 组内集体主义

E. 决断性

14. 属于霍兰德划分的人格类型的有（　　）。

A. 现实型　　B. 社会性　　C. 企业型　　D. 研究型

E. 艺术型　　F. 传统型

15. 根据研究，B 型个性的人所具有的典型的习惯性行为是（　　）。

A. 不会感到急迫性或者不耐烦

B. 除非必要，否则不会展现或者径自讨论成就

C. 为乐趣悠游其间，而非为达优越不计成本

D. 享受休闲无罪恶感

E. 对多数事情的进展感到不耐烦

六、简答题

1. 人格的决定因素有哪些？它们是如何决定人格的？
2. 人格的特点有哪些？
3. 如何根据气质对人的行为、对人的活动效率的影响出发，提高组织管理工作？
4. 根据荣格“内外向性格论”，构成性格的特征依据有哪些？
5. 什么是迈尔斯-布里格斯类型指标？请简单描述其维度。
6. 描述“大五”模型（五维度人格模型）的五个因素。
7. 霍兰德提出的六种人格类型是什么？

七、论述题

1. 讨论“遗传决定人格”这句话，谈谈你的观点，不管你认为是正确的还是错误的，找出证据证明你的观点。

2. “在员工的人格与生产率关系中，还受到一个中间变量的调节，即工作类型。”你是否同意这种看法？

3. 有一天你的老板表现出一副紧张、急躁、好争辩的样子；另一天，他又表现出一副平和放松的样子。这是否表明人格特点随时间的推移而变化？

4. 请论述希波克拉底和盖仑的气质类型分类及其一般特征，并举例说明。

八、案例分析

从巨人集团兴衰看企业家个性对企业管理的影响

1989年7月，从深圳大学软科学管理系研究生毕业的史玉柱，带着4 000元钱以及他耗费9个月心血研制的M-6401桌面排版印刷系统，辞去令人羡慕的公职南下，独闯深圳。在经历5个月的艰苦奋斗之后，以赢利百万元而终获成功。史玉柱的创业之路由此开始。

1991年4月，史玉柱成立了自己的公司，即珠海巨人新技术公司。1992年7月，史玉柱实行战略转移，由深圳迁往珠海，成立了巨人高科技集团，注册资金1.19亿元；1993年史玉柱荣获珠海市科技进步特殊贡献奖，珠海市百万大奖奖励特殊贡献者，史玉柱位列其中；1994年中国十大改革风云人物，史玉柱名列前茅，而就在这一年，后来决定巨人命运的巨人大厦破土动工。此时的巨人集团已经拥有38家全资子公司。史玉柱实现了一个世人罕见的经济三级跳：一年成为百万富翁，两年成为千万富翁，四年成为亿万富翁！1995年，史玉柱在全国又发动了热销电脑、保健品、药品、游戏的“四大战役”，公司数量增至180家。同年，他被1995年7月号的《福布斯》列为中国内地富豪的第8位。1996年，巨人大厦被迫停工，曾经风光无限的巨人集团，因投资房地产和生物工程领域的失误，导致了负债结构中出现恶性债务，讨债者蜂拥上门，集团资金周转不灵，最后陷入了财务危机，巨人集团名存实亡……

纵观整个巨人集团的发展史，“一年成为百万富翁，两年成为千万富翁，四年成为亿万富翁”的神话令人惊叹。1992年，一家知名媒体对北京、上海、广州等十大城市的万名青年进行的一次问卷调查中，对于“你最崇拜的青年人物”这个问题的回答，史玉柱竟然高居第二位，仅次于比尔·盖茨。研究生毕业的史玉柱，作为一名高级知识分子下海，本身就具有一定的象征意义，而他所从事的又是国家所支持的高科技行业。这些耀眼的光环笼罩着巨人集团，笼罩着史玉柱，使得意气风发的巨人集团在初期得以独领风骚数年。然而，这虚妄的辉煌却寿命短暂。

史玉柱一手撑起了巨人集团，又一手覆灭了这个本可以蓬勃发展的企业。在诸多文献资料中，学者们都或明或暗地将矛头直接指向了史玉柱。几年后，史玉柱经过一番埋头苦干，又站起来了，企业再次获得了成功。可以说，作为一名企业家，史玉柱的个性几乎决定了整个巨人集团的命运。

案例来源：刘佳，张坦. 从巨人集团的兴衰看企业家个性对企业管理的影响［J］. 人力资源管理：学术版，2010（7）：41-42.（有删改）

结合案例回答下列问题：

1. 你认为史玉柱的主要的人格特点是什么？

2. 史玉柱的人格怎样影响了巨人的经营管理？

第7章 价值观

一、填空题

1. 从个人或社会的角度来看，某种具体的行为模式或存在状态比与之相反的行为模式或存在状态更可取。人们的这种最基本的信念就是 ______，它具有层级性。

2. 价值观包括________和________两种属性。__________指的是某种行为模式或存在状态是重要的。

3. 我们根据价值观强度对一个人的价值观进行排序，就可以得到一个人的____________________。

4. 价值观反映的是个体关于事情正确与______、重要与______、________与________的看法与观念，其定义包含了判断的成分。

5. 每个人在加入一个组织之前，早已形成了什么是应该的、什么是不应该的思维模式。这些观点与人的__________有关。其中包含着对正确与否的解释。

6. 决定人们行为的核心要素是____________和____________。

7. 人们价值观体系一部分来源于__________，其余则受到 __________的影响。

8. 价值观从总体上影响一个人的________和______。

9. 洛克奇价值观调查问卷（RVS）包括两种价值观类型。第一种类型称为______，指理想的终极存在状态。第二种类型称为________，指的是个体更偏好的行为模式或实现终极价值关怀的手段。

10. 霍夫斯泰德评估文化的框架主要包括________________、________________、________________、________________、________________这五个维度，他发现管理者和员工在有关民族文化的五个维度方面存在差异。

11. 斯普朗格尔最早将人的价值观分为六类，其中强调权力的获取和影响力的是________价值观；强调经验一致性及对宇宙和自身的了解的是________价值观。

12. 通过资源配置生产产品、提供服务是有形的组织活动，指导这些有形活动的是无形的____________。

13. 工作价值的一部分与员工工作的结果相联系，如工资、福利等，属于工作的________，一般可以通过激励机制提供。而工作的________则与工作本身内在性质相联系。

二、名词解释

1. 价值观
2. 价值系统
3. 终极价值观
4. 工具价值观

5. 工作内在价值

6. 工作外在价值

三、判断改错题

1. 价值观是灵活可变的，它会随着人们年龄的增长、阅历的增加而不断变化。（ ）

2. 价值观中的很大一部分内容是在我们早年生活中就已经形成的，是从父母、老师、朋友和其他人那里获得的。（ ）

3. 通常情况下，对价值观的质疑只不过更加强化了我们已经拥有的价值观。（ ）

4. 价值观对于组织行为的研究非常重要，他是了解员工的态度和动机的基础，同时也影响着我们对人对事的知觉和判断。（ ）

5. 虽然价值观包含了人们对正确与否的解释，但并没有淡化事物的客观性和人的理性。（ ）

6. 管理者认为，组织内员工的行为是影响组织中道德行为和不道德行为的最重要因素。（ ）

7. 并非所有的组织行为学理论和概念，对全世界所有的管理者来说都是普遍适用的，尤其是在工作价值观与美国文化差异较大的国家。（ ）

8. 当代环境下的新生代劳动者是在繁荣时期成长起来的一代人，他们看重灵活性、对生活的选择权、工作满意感的实现，家庭和关系对这群人非常重要，他们对团队取向的工作十分认同。（ ）

9. 不同文化下的价值观存在差异，中国和美国在权力距离上的得分较高，而西非和荷兰的得分较低。大多数亚洲国家表现出更多的集体主义精神。（ ）

10. GLOBE 关于领导与民族文化的跨文化研究成果，进一步扩展了霍夫斯泰德的文化五维度，并替代了后者，为我们提供了每个国家在各维度上的最新测量数据。（ ）

11. 在同一个客观条件下，对于同一个事物，组织成员的价值观有较大的相似性，带来员工行为的相似性，因此组织内规章制度的制订受价值观的影响较小。（ ）

12. 勤奋工作、勇敢、舒适的生活属于终极价值观。（ ）

13. 美国斯普朗格尔最早对人的价值观进行归类，主要分为五类：理性价值观、唯美价值观、经济价值观、政治性价值观、社会性价值观。（ ）

四、单选题

1. 价值观的两种属性是（ ）。

A. 正确与错误　　B. 好与坏

C. 可取与不可取　　D. 内容和强度

2. 美国组织行为学家（ ）最早对人的价值观进行归类。

A. 洛克奇　　B. 马斯洛　　C. 韦伯　　D. 斯普朗格尔

3. 决定人的行为的心理基础是（ ）。

A. 人生观　　B. 世界观　　C. 价值观　　D. 信仰

4. 指导人们行为的准则是（　　）。

A. 物质观　　B. 恋爱观　　C. 价值观　　D. 态度

5. 价值观包括内容和（　　）两种属性。

A. 信度　　B. 强度　　C. 效度　　D. 长度

6. 人们的价值观一部分是遗传的，其余则受到（　　）的影响。

A. 教育因素　　B. 家庭因素　　C. 社会环境　　D. 自然环境

7. 下列（　　）价值观不属于洛克奇的终极价值观。

A. 欢乐　　B. 快乐　　C. 幸福　　D. 真挚的友谊

8. 一般而言，（　　）趋向于拥有相似的价值观。

A. 男性　　B. 女性　　C. 相同职业的人　　D. 老年人

9. （　　）以知识和真理为中心，强调通过理性批判的方式发现真理。

A. 理性价值观　　B. 政治价值观

C. 经济价值观　　D. 宗教价值观

10. 唯美价值观，以（　　）为中心，强调对审美、对美的追求。

A. 形式差异　　B. 形式和谐　　C. 人际和谐　　D. 内容和谐

11. 政治性价值观，以权力、地位为中心，强调权力的获取和（　　）。

A. 金钱　　B. 地位　　C. 知识　　D. 影响力

12. （　　）以群体、他人为中心，强调人与人之间友好、博爱。

A. 社会性价值观　　B. 政治价值观

C. 经济价值观　　D. 宗教价值观

13. 经济价值观以有效、实惠为中心，强调功利性和（　　），追求经济利益。

A. 实用性　　B. 实务性　　C. 实践性　　D. 自利性

14. 宗教性价值观，以信仰、教义为中心，强调经验的（　　）及对宇宙和自身的了解。

A. 一贯性　　B. 确定性　　C. 一致性　　D. 差异性

15. 根据斯普朗格尔研究发现，采购代理商的最明显的价值观是（　　）价值观。

A. 政治　　B. 社会　　C. 理性　　D. 经济

16. 根据斯普朗格尔研究发现，（　　）的最明显的价值观是宗教。

A. 牧师　　B. 工程师　　C. 教师　　D. 医生

17. 根据斯普朗格尔研究发现，工业工程师的最明显的价值观是（　　）。

A. 唯美　　B. 政治　　C. 理性　　D. 社会

18. 米尔顿·洛克奇提出两种价值观类型：终极价值观和（　　）价值观。

A. 过程　　B. 手段　　C. 方法　　D. 工具

19. 以权力地位为中心的价值观是（　　）。

A. 经济性价值观　　B. 政治性价值观

C. 审美性价值观　　D. 社会性价值观

20. 根据洛克奇的价值观类型，欢乐、博爱、正直、独立、智慧等都属于（　　）。

A. 个人价值观　　B. 集体价值观
C. 终极价值观　　D. 工具价值观

21. “效率就是生命”是一种（　　）。

A. 理性价值观　　B. 政治性价值观
C. 社会价值观　　D. 集体价值观

22. “顾客是上帝”是一种（　　）。

A. 理性价值观　　B. 政治性价值观
C. 集体价值观　　D. 社会价值观

23. 决定人的行为的心理因素是（　　）。

A. 动机　　B. 人生观　　C. 需要　　D. 态度

24. “时间就是金钱”是一种（　　）。

A. 理性价值观　　B. 政治性价值观
C. 集体价值观　　D. 社会价值观

25. X 时代的人的生活受到全球化、双职工父母、计算机的影响。他们看重灵活性、对生活的选择权、工作满意感的实现。家庭和关系对这群人也非常重要，为了寻求生活的平衡，X 时代的人不像前几代人那样愿意为雇主做出个人牺牲。X 时代的人多疑，尤其不迷信权威，对团队取向的工作十分认同。在 RVS（洛克奇价值观调查问卷）的评价中，他们对（　　）评价更高。

A. 生活舒适和家庭安全　　B. 真正的友谊、幸福和快乐
C. 成就感和社会认同　　D. 自由和舒适的生活

26. 以下（　　）不属于霍夫斯泰德评估文化的架构。

A. 权力距离　　B. 个人主义和集体主义
C. 不确定性规避　　D. 组内集体主义

27. 以下属于 GLOBE 的文化分析模型内容的是（　　）。

A. 权力距离　　B. 个人主义和集体主义
C. 不确定性规避　　D. 生活数量和生活质量

28. 一个国家的民众焦虑水平较高，表现为更明显的紧张、压力和攻击性，表明其在（　　）方面的得分较高。

A. 权力距离　　B. 个人主义和集体主义
C. 不确定性规避　　D. 生活数量和生活质量

29. 中国香港在生活数量上的得分（　　），而在不确定性规避方面的得分则相反。

A. 较高　　B. 较低　　C. 不确定　　D. 中等

30. 价值观从总体上影响一个人的行为和（　　）。

A. 世界观　　B. 人生观　　C. 绩效　　D. 态度

五、多选题

1. 价值系统的形成来源于（　　）。

A. 遗传　　B. 民族文化　　C. 父母行为　　D. 语言

E. 教师、朋友

2. 米尔顿·洛克奇的价值观包含了以下类型（　　）。

A. 终极价值观　　B. 工具价值观

C. 政治性价值观　　D. 社会价值观

E. 集体价值观

3. 以下对于价值观的理解正确的是（　　）。

A. 一个人认为最有意义的、最重要的

B. 包含了判断的成分

C. 反映了人们观念上的认识

D. 对于正确与否、重要与否、好与坏的判断和评价

E. 亲生父母的价值观在解释一个人的价值观方面并不会产生影响

4. 对一个人的价值观体系和行为风格的建构起影响作用的因素包括（　　）。

A. 父母的价值观　　B. 现实社会环境

C. 文化的洗礼　　D. 社会规范的作用

E. 文化修养

5.“道不同、不相为谋”从价值观的角度进行解读，以下说法正确的是（　　）。

A. 影响人与人的关系

B. 影响个人对所面临的形式和问题的看法

C. 影响个人做选择的决策和解决问题的方法

D. 反映了个体的价值观判断是否与群体、组织的制度、文化所体现的核心价值观一致

E. 有人对自己选择朋友很挑剔

6. 价值观包括（　　）两种属性。

A. 内容　　B. 动机　　C. 方向　　D. 目标

E. 强度

7. 人们的价值观一部分来自于遗传，其余则受到（　　）因素影响。

A. 遗传　　B. 社会环境　　C. 政治　　D. 经济

E. 文化

8. 按经营者追求的目标，经营者的价值观主要有（　　）。

A. 最大利润价值观　　B. 委托管理价值观

C. 工作生活质量价值观　　D. 生产型价值观

E. 生产经营型价值观

9. 价值观在管理中应用时应该注意（　　）。

A. 组织目标与制度的制定必须考虑员工价值观

B. 要致力于组织文化建设，建立领导者接受的价值体系

C. 管理者重视价值观的变化及组织行为的影响力

D. 运用价值观提高组织的凝聚力

E. 要致力于组织文化建设，建立大家共同接受的价值体系

10. 美国斯普朗格尔最早对人的价值观进行归类，（　　）属于他分类的结果。

A. 理性价值观　　B. 唯美价值观

C. 经济价值观　　D. 政治性价值观

E. 社会性价值观

11. IBM 公司的董事长兼总经理托马斯·沃森（小沃森）在他所著《一个企业和它的信念》中坚定地认为（　　）。

A. 任何组织要生存和取得成功，必须有一套健全的信念

B. 公司成功的唯一最重要的因素是严守一套信念

C. 任何组织要生存和取得成功，必须有一套健全的制度

D. 公司成功的唯一最重要的因素是严守一套制度

E. 一个企业在其生命过程中不能改变自己的信念

12. 以下（　　）属于终极价值观。

A. 勤奋工作　　B. 勇敢　　C. 舒适的生活　　D. 世界和平

E. 快乐

13. 以下（　　）属于工具价值观。

A. 顺从　　B. 欢乐　　C. 自尊　　D. 宽容

E. 助人为乐

六、简答题

1. 价值观的内涵及基本特征。
2. 试述价值观的重要性。
3. 简述洛克奇价值观的主要内容。
4. 斯普朗格尔如何对价值观进行分类？
5. 简述霍夫斯泰德文化评估价值观的构架。
6. 简述 GLOBE 文化价值观的框架。
7. 组织的核心价值观对管理有哪些影响？
8. 对比退伍军人、婴儿潮一代、X 一代、独生子女一代在主导的工作价值观方面的差异。

七、论述题

1. 借助霍夫斯泰德文化评估模型，试举例论述不同文化下的价值观差异。

2. 有学者指出“不同群体的工作价值观是带来今天管理挑战的重要原因”，请结合我国的实际谈谈你的看法。

3. 随着时间的推移，新生代农民工逐步代替了老一代农民工，成为我国劳动力大军的中坚力量。据不完全统计，目前新生代农民工数量已占我国农民工总数的 60% 以上，近 1 亿人。与老一代农民工相比，新生代农民工受到改革开放、经济快速发展、信息爆炸时代的广泛影响，新生代农民工与老一代农民工相比，在工作价值观上有哪些差异？新生代的农民工的价值观是如何影响其工作满意度的？

4. 世界上许多成功的企业，核心理念往往与商业利益无关。如惠普的核心价值观为“我们对人充分信任和尊重，我们追求高标准的贡献，我们将始终如一的情操与我们的事业融为一体，我们通过团队，通过鼓励灵活与创新来实现共同的目标——我们致力于科技的发展是为了增进人类的福利。”摩托罗拉的理念宣称：“保持高尚的操守，对人永远的尊重。”这说明了什么问题？

5. “相同职业或工作类别的人趋向于拥有相似的价值观”，这种说法正确吗？试举例说明。

6. 有学者指出，“管理者必须重视价值观的作用”，而优秀的企业在价值观管理方面也确有很多值得称颂和学习的地方。请谈谈管理者应该如何重视价值观管理。

八、案例分析

阿里巴巴的价值观考核

阿里巴巴经历了高速成长并很快成为一家在2003年就拥有数千员工的大公司。自1999年创立伊始，阿里巴巴就旗帜鲜明地提出组织的价值观，随着组织的进一步扩大发展，还进行了价值观管理的“整风运动”以及员工价值观的培训。阿里巴巴在员工价值观管理方面不断改革，开始了一项新的方法来逐一进行价值观考核，这与那些仅仅聚焦于关键业绩指标的一般公司的考核体制非常不同。

考核分为2维度4象限：一个维度是传统的业绩因素，另外一个是创新的价值观因素。一个有高业绩的人在一般的企业里会有很好的评价，但是，在阿里巴巴还不够，如果一个人价值观得分低，也不会是一个胜任工作的人，从而落在第一象限，这类员工被比喻为“野狗”；相反，有的人可能在价值观上获得高分，但如果不能取得高的业绩也不合格，会被称作“小白兔”，落在第三象限中；只有第二象限的员工是被鼓励的，被称作“阿里人”，价值观和业绩得分都很高。

案例来源：http://www.chinahrD.net/article/2015/04-16/225696-1.html.

请思考：

1. 试论述企业进行核心价值观管理的重要性。
2. 价值观与能力业绩的综合考量决定了阿里巴巴员工的去留，对此你怎么看？
3. 阿里巴巴的价值观管理对我国企业有什么启示？

九、延伸阅读

A. O. 史密斯公司的无边界价值观管理

穆尔（Moore）首次提出了“商业生态系统”的概念，认为企业建立良好生态系统的关键在于强化外部利益相关者对企业的认同，增强企业间的信任和建立长期、稳定的合作伙伴关系。从无边界价值观管理的角度出发，不同企业之间能够有效地建立起这种合作伙伴关系（如图1）。

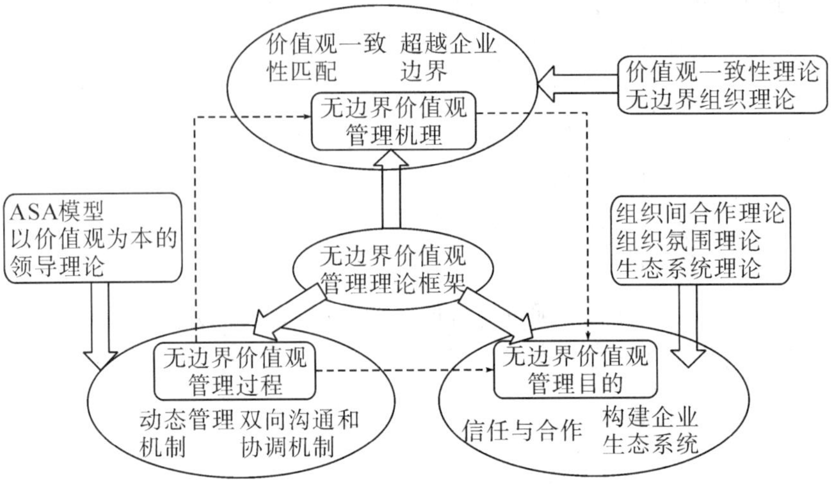

图 1　无边界价值观管理的理论框架

“无边界价值观”是企业所拥有的简洁、易沟通、兼顾多重利益相关者需求、能够超越企业边界的价值观。无边界价值观管理正是基于这种无边界价值观对利益相关者的价值理念进行管理的动态过程。

有学者在探讨价值观一致性是如何导致组织利益相关者的积极情感产出（如满意度、组织承诺等）时发现，价值观一致性是导致信任的主要因素。价值观一致性暗含着利益相关者将自己的偏好和目标与组织的目标联系起来，这种联系有助于利益相关者形成一种不会被其所在或者合作的组织伤害的信念，这种信念就是信任。

对于企业来说，寻求与企业价值观相一致的外部利益相关者对于建立长期、稳定的战略合作伙伴关系，具有重要的战略意义。

无边界组织的出现，旨在寻找一种有效的方式来打破企业的传统边界（包括垂直边界、水平边界、地理边界、外部边界、心理边界等），以此获取企业生存和发展所必需的速度、灵活性、创新和整合能力，提升企业的经营绩效。

无边界价值观管理或者通过价值观管理体系强化利益相关者对企业价值观的认同，实现利益相关者与企业的价值观一致性匹配；或者通过超越企业边界，将企业的文化、价值观、信息有效地渗透到外部利益相关者的价值理念，以此增强他们对企业的信任，实现企业间的信任与合作。

资料来源：栾贞增，杨东涛. 无边界价值观管理——基于 A. O. 史密斯公司的案例研究［J］. 中国工业经济，2015（2）：148-160.（有删改）

附　价值观测试

该价值观量表是奥尔波特的价值观量表，包括六个价值维度：政治型、经济型、理论型、社会型、艺术型、宗教型。该量表共由两部分组成。

第一部分含 30 道选择题，每题有 2 个选择项；第二部分含 15 道选择题，每题 4 个选择项。请仔细阅读以下问卷，并做出你自己的选择。你的回答无对错、好坏之分，要求在每个选择答案上打分。将这些分数相加并校正。获得 6 个总分。由此可绘制成剖析图以反映被试在上述6种基本价值观上的相对强度。

第一部分

说明：下面的每个问题都有a、b两个答案，请在每一个题项后的括号内填上适当的数字（3、2、1、0）。具体方法是：

A. 如果你赞同a答案，不赞同b答案，就在a答案后的括号内填写数字“3”，b答案后的括号内填“0”。

B. 如果你赞同b答案，不赞同a答案，就在b答案后的括号内填写数字“3”，a答案后的括号内填“0”。

C. 如果你只是略偏向a答案，那么你就在a答案后的括号内填“2”，b答案后的括号内填“1”。

D. 如果你只是略偏向b答案，那么你就在b答案后的括号内填“2”，a答案后的括号内填“1”。

1	科学研究的主要目的应该是发现规律而不是规律的实际应用。a. 是（ ） b. 否（ ）
2	从总体看，《圣经》这部书最好从神话和文学的角度去欣赏而不是领会神的启示。a. 是（ ） b. 否（ ）
3	下面2个人，你认为哪一个为人类进步做出了更大的贡献？a. 李政道（ ） b. 雷锋（ ）
4	假如你有必备的能力，你愿意成为哪一个？a. 银行家（ ） b. 政治家（ ）
5	像贝多芬、莎士比亚、拜伦这样伟大的艺术家和诗人，如果他们自私自利，忽视别人的感情，你认为情有可原吗？a. 是（ ） b. 否（ ）
6	下面2门学科，你认为最终哪一门对人类更重要？a. 数学（ ） b. 神学（ ）
7	就当代领导的能力而言，下面哪种更重要？ a. 完成一个实际的目标（ ） b. 鼓励下属更加关心他人的权益（ ）
8	当你目睹一次隆重的仪式时，如运动会开幕式、开国大典、外国元首来访的欢迎仪式等，给你印象最深刻的是：a. 场面的色彩和壮观（ ） b. 人的威力和权势（ ）
9	你喜欢下面哪一组品质？ a. 灵魂的纯洁和对信仰的虔诚（ ） b. 大公无私与富于同情心（ ）
10	假如你是一个大学教授并具有必备的能力，你愿意教： a. 诗歌（ ） b. 物理和化学（ ）
11	假如你在看晚报时，有两个以同样字体刊出的题目，你将专心阅读： a. 宗教启示（ ） b. 市场需求信息（ ）
12	在第11题同样的条件下，你将阅读： a. 最高法院做出的判决（ ） b. 新的科学理论的发表（ ）
13	当你参观一个古寺庙时，给你印象最深的是崇拜、敬仰的心情而不是古色古香的建筑艺术和美的享受。a. 是（ ） b. 否（ ）
14	假如你有足够的闲暇时间，你愿意把它用来： a. 组织社团活动（ ） b. 参加社会义务劳动（ ）
15	去展览馆参观，你主要是看：a. 最新商品（ ） b. 科教仪器（ ）
16	假如你生活的群体中没有什么社团组织，如果有条件许可，你愿意组织一个： a. 自由论坛（ ） b. 管弦乐队（ ）

17	现在修复寺庙、教堂等的意图应该是： a. 倡导利他主义和仁慈观念（ ）　b. 鼓励宗教崇拜和与神的情感交流（ ）
18	假如你在候车室要等待一段时间，只有两本杂志可供你选择阅读，你将选： a.《科学时代》（ ）　b.《艺术世界》（ ）
19	你喜欢听哪一种系列讲座： a. 中美政治体制改革比较（ ）　b. 佛教和伊斯兰教比较（ ）
20	下面两种教育的目的，你认为哪一种更重要？ a. 培养学习者实际应用能力使其能获得经济报酬（ ） b. 培养学习者社会活动能力使其能帮助不幸的人（ ）
21	下面两类人，你喜欢读哪一类人的传记？ a. 秦始皇、刘邦、朱元璋、曹操（ ）b. 孟子、张衡、王充（ ）
22	我们现代的工业和科技发展是否标志当今社会所取得的文明程度比其他以往任何时候（如古希腊时代）都高？a. 是（ ）　b. 否（ ）
23	如果你被分到一个企事业单位，在工资待遇一样的情况下，你愿意做： a. 社会福利工作（ ）　b. 管理工作（ ）
24	给你两本书，让你从中选择读一本，你愿选： a.《中国宗教史》（ ）　b.《中国工业发展史》（ ）
25	现代社会从哪方面获益更多？ a. 公民的权利和社会福利意识的增强（ ）　b. 人类行为基本规律的掌握（ ）
26	假如你在一个既可以提高人们生活水平又可以影响公众观念的职位，你愿： a. 提高人们生活水平（ ）　b. 影响公众观念（ ）
27	你喜欢听哪一种类型的演讲：a. 当地公共事物工作进展（ ）　b. 当代画家评价（ ）
28	凡是能够收集到的证据都表明：宇宙演化到今天这个状态都是合乎自然规律的。因此没有必要给这种演化假定第一推动力或假定是神带来了这种演变。 a. 我赞同这种观点（ ）　b. 我不赞同这种观点（ ）
29	看报时，通常你喜欢读哪一版？a. 经济（ ）　b. 文学艺术（ ）
30	如果你有孩子，你认为对他进行哪方面的教育更重要？a. 宗教（ ）　b. 体能（ ）

第二部分

说明：下面每一个问题都有四个答案，请在每个题项后面的括号内填上相应的数字（4、3、2、1）。仔细阅读每题的四个答案，你最赞同的或者最喜欢的填“4”，次赞同或者次喜欢的填“3”，依次类推。

请每道题内不要填两个相同的数字。

1	你认为一个好的政府应该致力于： a. 为老、弱、病、残群体提供更多的帮助（ ）　b. 发展生产贸易（ ） c. 保证公民信教自由并提供必要的条件（ ）　d. 提高国家在世界上的威信和地位（ ）
2	你认为一个忙碌了一周的商人最好把星期六的时间用来： a. 去听新学科系列讲座（ ）　b. 去听关于形势与政策的报告（ ） c. 去听音乐会（ ）　d. 去参加宗教活动（ ）

3	如果你能改变某些城市公立学校的教育政策，你将： a. 鼓励学习音乐、美术（ ） b. 鼓励研究社会问题（ ） c 添加实验设备（ ） d. 增加实用性课程（ ）
4	你喜欢什么样的同性朋友？ a. 有效的、勤勉的、注重实际的（ ） b. 深信人生是命运注定的（ ） c. 有组织领导才能（ ） d. 对艺术和情感很敏感（ ）
5	如果你生活在一个小城里，有足够的收入，你愿意用钱来： a. 资助工商业的发展（ ） b. 资助当地的宗教活动（ ） c. 资助当地的科技事业（ ） d. 捐给残疾人基金会（ ）
6	当你去影剧院时，你通常喜欢看： a. 有关伟人（政治家、国家元首）生活剧目（ ） b. 像芭蕾舞那样富于想象的剧目（ ） c. 表现人类友爱与痛苦的剧目（ ） d. 根据某些还在争论的观点拍摄的科教片（ ）
7	假如你有必备的能力，下面的各种职业的工资待遇又相同，你愿成为： a. 科学家（ ） b. 商店经理（ ） c. 牧师（ ） d. 政治家（ ）
8	如果你有足够的闲暇时间和资金，你愿用来： a. 收集精美的雕塑和字图（ ） b. 建立一个收养、训练弱智儿童的中心（ ） c. 研究政治家治国策略（ ） d. 经商或建立自己的私人企业（ ）
9	在和一些同性的亲密朋友聚会时，你感兴趣谈的话题是： a. 本民族的宗教教义（ ） b. 科学的发展（ ） c. 文学艺术（ ） d. 社会变革与社会制度完善化（ ）
10	这一个暑假，假如你具有以下能力，其他条件也具备，你准备： a. 撰写一篇有创见性的学术论文（ ） b. 到幽静的地方度假，欣赏美丽的风景（ ） c. 应聘担任市（县）长助理（ ） d. 去新的商业部门锻炼获取经验（ ）
11	像哥伦布、麦哲伦等探险家的冒险活动，对人类意义深远且重大。其原因是： a. 他们表现了人类克服困难战胜自然的力量（ ） b. 他们丰富了我们的地理学、气象学、海洋地理学的知识（ ） c. 他们使全世界人民相互沟通、增进了解、加深了友谊（ ） d. 他们为透彻理解神的旨意做出了一些贡献（ ）
12	一个人应该根据什么来规范自己的行为？ a. 个人的宗教信仰（ ） b. 美的观念（ ） c. 商品观念（ ） d. 仁慈观念（ ）
13	你对下列名人感兴趣的顺序是： a. 南丁格尔（红十字会创始人）（ ） b. 拿破仑（ ） c. 亨利·福特（美国汽车大王）（ ） d. 伽利略（ ）
14 (1)	在选择妻子时，你喜欢怎样的女性（仅供男性做）？ a. 社会地位高，要求别人崇拜她（ ） b. 乐于助人（ ） c. 在生活中十分注重宗教信仰（ ） d. 美丽漂亮（ ）
14 (2)	在选择丈夫时，你喜欢怎样的男性（仅供女性做）？ a. 事业上有所成就，要求别人崇拜他（ ） b. 乐于助人（ ） c. 在生活中十分注重宗教信仰（ ） d. 英俊潇洒（ ）
15	你在参观世界文化遗产大足石刻的时候，你倾向于把它看作： a. 表现人类对神的渴望和情感（ ） b. 很多文物的价值都难以估量（ ） c. 表现了雕刻者渊博的知识和多方面的才能（ ） d. 设计与和谐的典范（ ）

计分法则：以上题项中，每一种选项都代表一种价值观，将以下表格中每一种价值下面的分数求和（每占一项计一分），分数越高，代表自己越倾向该种价值观，由此可以得到自己的价值观倾向。

部分	题目	理论型	经济型	政治型	社会型	艺术型	宗教型
第一部分	1	a	b				
	2					a	b
	3	a			b		
	4		a	b			
	5				b	a	
	6	a					b
	7		a		b		
	8			b		a	
	9				b		a
	10	b				a	
	11		b				a
	12	b		a			
	13					b	a
	14			a	b		
	15	b	a				
	16			a		b	
	17				a		b
	18	a				b	
	19			a			b
	20		a		b		
	21	b		a			
	22		a			b	
	23			b	a		
	24		b				a
	25	b			a		
	26		a	b			
	27				a	b	
	28	a					b
	29		a			b	
	30			b			a

部分	题目	理论型	经济型	政治型	社会型	艺术型	宗教型
第二部分	1		b	d	a		c
	2	a		b		c	d
	3	c	d		b	a	
	4		a	c		d	b
	5	c	a		d		b
	6	d		a	c	b	
	7	a	b	d			c
	8		d	c	b	a	
	9	b			d	c	a
	10	a	d	c		b	
	11	b		a	c		d
	12		c		d	b	a
	13	d	c	b	a		
	14 (1)(2)			a	b	d	c
	15	c	b			d	a

六种价值观类型的内涵：

类型	关注点	特征
经济型	以有效实惠为中心，强调有效和实用	总是以经济的观点看待一切事物，以经济价值为上，根据功利主义来评价人和事物的价值和本质，以获取财产为生活目的
政治型/权力型	以权力地位为中心，重视拥有权力和影响力	重视权力，并努力去获得权力，有强烈的支配和命令别人的欲望，不愿被人支配
宗教型	以信仰教义为中心，关心对宇宙整体的理解和体验的融合	坚信宗教，有信仰，富有同情心，以慈悲为怀
艺术型/审美型	以形式、和谐为中心，强调对审美、对美的追求	以美为最高人生意义，不大关心实际生活，总是从美的角度来评价事物的价值，以自我完善和自我欣赏为生活目的
社会型	以群体他人为中心，强调对人的热爱	重视爱，有献身精神，有志于增进社会和他人的福利
理论型	以知识和真理为中心，强调通过批判和理性的方法寻求真理	以追求真理为目的，能冷静地观察事物，关心理论性问题，力图根据事物的体系来评价事物的价值，碰到实际问题时往往束手无策。他们对实用和功利缺乏兴趣

资料来源：https://www.renrendoc.com/p-22706666.html.

第 8 章　知觉与归因

一、填空题

1. 个体为了对自己所在的环境赋予意义，而组织和解释他们感觉印象的过程被称为______。

2. 影响知觉的形成，甚至是造成知觉歪曲的三个因素包括：知觉者、__________和__________。

3. 基本归因错误是指：我们总是倾向于低估______因素的影响，而高估______因素的影响。

4. 个体和组织倾向于把成功归因于______因素，而把失败归因为______因素，这称为自我服务偏见。

5. ______是指当认知者对一个人的某种特征形成好或坏的印象后，他还倾向于据此推论该人其他方面的特征。这本质上是一种以偏概全的认知上的偏误。

6. 管理者把员工迟到归结为员工昨天在晚会上玩得太晚因而睡过了头，这是__________归因。

7. 维纳的共变归因理论表明，我们观察某一个体行为时，总是试图判断它是由于内部原因还是外部原因引起的，但这种判断在很大程度上取决于三个因素，这三个因素是：__________、一致性和__________。

8. 在归因时，我们总是倾向于低估外部因素的影响，而高估内部或者个人因素的影响，这称为____________。倾向于把成功归因于内部因素，而把失败归因于外部因素，这称为____________。

9. 当我们以个体的某一种特征为基础，从而形成对一个人的总体印象时，我们就受到____________的影响。

10. 我们在判断他人时经常走很多捷径。当基于某人所在的______判断某人时，我们使用的捷径称为刻板印象。

11. ______是指在知觉他人时，将自己的特点归属到其他人身上的倾向。

12. 社会知觉的类型主要包括：对人的知觉、__________、人际知觉和__________。

13. 将自己的特点归因到其他人身上的倾向是________，它会使我们对其他人的知觉产生失真。

二、名词解释

1. 知觉
2. 归因理论
3. 自我服务偏见
4. 选择性知觉

5. 晕轮效应
6. 对比效应
7. 投射作用
8. 刻板印象
9. 锚定偏见
10. 社会知觉
11. 近因效应

三、判断改错题

1. 人们的行为一般是以现实本身为基础的，而不是以其对现实的认知为基础。 （ ）

2. “盲人摸象”说明即便是人们的价值观标准相同，但对于同一现象或事物，人们捕捉到的信息不同，人们的感觉也就不同。 （ ）

3. 对人的知觉是指对人与人之间关系的知觉，这种感知有明显的情感因素在起作用，会使人们相互之间产生友好的、一般的或者对立的情感。 （ ）

4. “风声鹤唳，草木皆兵”说明人的知觉往往不准确，不符合实际情况，甚至产生偏差和错觉。 （ ）

5. 所谓“内行看门道，外行看热闹”讲的是内行人和外行人的知觉有区别，这说明知觉者的个性特征能影响其知觉选择。 （ ）

6. 在群体中，热闹的人总比安静的人更容易受到注意，漂亮的人总比丑陋的人更受人注意，这说明环境也会影响我们的知觉。 （ ）

7. “情人眼里出西施”和“厌恶和尚恨及袈裟”等现象强调的是刻板效应对人们知觉的影响。 （ ）

8. 一般来说，在知觉熟悉的人时，首因效应会起较大的作用；在知觉陌生人时，近因效应会起较大作用。 （ ）

9. “物以类聚，人以群分”就是强调接近性对人际吸引的重要性。 （ ）

10. “欢娱嫌夜短，寂寞恨更长”是人们感受性增强的反映。 （ ）

11. 所有走相同路线上班的员工都迟到了，则这一迟到行为就符合归因一贯性的标准。 （ ）

12. 一般来说，被观察者行为的一贯性越高，观察者越倾向于对其行为做内部归因。 （ ）

13. 在组织活动中，各级领导者要注意树立通过改变人的思想认知来改变人的行为的工作方针，对成功者和失败者的行为加以引导，尽可能将其成功或者失败的原因归因于稳定性因素。 （ ）

14. 如果行为者将其失败归因于智力差、能力低等稳定的内因，则其会增强今后的努力和持续性行为。 （ ）

15. 一名今天迟到的员工如果平时很少迟到，则观察者可对其行为进行外部归因，认为他迟到的可能是由于其走的线路堵塞造成的。 （ ）

四、单选题

1. 知觉这一概念是由心理学家（　　）首次提出。

A. 斯金纳　　B. 布鲁纳　　C. 亚当斯　　D. 马斯洛

2. 从知觉对象看，可以把知觉划分为对物的知觉和对（　　）。

A. 同事的知觉　　B. 人的知觉

C. 下属知觉　　D. 工作对象的知觉

3. 只反映客观事物个别属性的是（　　）。

A. 感觉　　B. 知觉　　C. 社会知觉　　D. 自我知觉

4. 感觉是直接作用于人们感觉器官的客观事物的个别属性或（　　）在人脑中的反映。

A. 各个部分　　B. 个别部分　　C. 整体属性　　D. 全部属性

5. 知觉是直接作用于感觉器官的客观事物的整体属性或（　　）在人脑中的反映。

A. 个别部分　　B. 特殊部分　　C. 各个部分　　D. 特色部分

6. 检验知觉真实性的标准是（　　）。

A. 理论推理　　B. 社会认知　　C. 因果归因　　D. 社会实践

7. 社会知觉就是对人的知觉，就是对人和社会群体的知觉，就是对（　　）的知觉。

A. 工作对象　　B. 服务对象　　C. 社会对象　　D. 公关对象

8. 社会知觉实质上是对人的知觉，而我们在知觉人的过程中，可以从不同的角度和侧面进行，所以就有不同的社会知觉类型，即对人的知觉、人际知觉、自我知觉、（　　）等。

A. 角色扮演　　B. 人际交往　　C. 客体化　　D. 角色知觉

9. 影响知觉准确性的因素可以大致归为三个方面：知觉者的主观因素、知觉对象的特征和知觉的（　　）。

A. 情境因素　　B. 情感因素　　C. 经验　　D. 爱好

10. 在时间、空间上接近的对象，有被知觉为同类的倾向是因为（　　）。

A. 连续律　　B. 接近律　　C. 相似律　　D. 闭锁律

11. 人们能够把分散而又有一定联系的知觉对象的反映综合起来，形成一个整体是因为（　　）。

A. 连续律　　B. 接近律　　C. 相似律　　D. 闭锁律

12. 在空间、时间上有连续性的对象，容易被知觉为一个整体是因为（　　）。

A. 连续律　　B. 接近律　　C. 相似律　　D. 闭锁律

13. 所谓（　　）就是人的感觉灵敏度，人对外界刺激物的感觉能力。

A. 钝化　　B. 感受性　　C. 敏感化　　D. 适应

14. 同一感觉器官接受不同的刺激而使感受性发生变化的现象称为（　　）。

A. 对比　　B. 适应　　C. 定型　　D. 敏感化

15. 在某些因素影响下，感受性暂时提高的现象称为（　　）。

A. 适应　　B. 敏感化　　C. 定型　　D. 从众效应

16. 人脑对客观事物综合整体的反映是（　　）。

A. 感觉　　B. 知觉　　C. 社会知觉　　D. 自我知觉

17. 某人是他父母的儿子，又是他儿子的父亲；是他领导的下属，又是其下的领导；是他学习者的老师，又是其老师的学生，这说明其（　　）不同。

A. 对人的知觉　　B. 人际知觉　　C. 角色知觉　　D. 自我知觉

18. 个体行为是内部原因还是外部原因造成的，取决于三个因素：区别性、一致性和连贯性。区别性是指（　　）。

A. 每个人面对相似情境都会有相同的反应

B. 同一个人无论何时都表现出相同的行为

C. 每个人面对相似情境有不同的反应

D. 个体在不同情境下是否表现出不同的行为

19. 以下（　　）内容不是关于"选择性知觉"的论述。

A. 人们不可能接受其所见的每一件事，而只能接受某些突出的刺激

B. 你不会注意到公路上所有的车，而更可能关注你喜欢的车或者与你相同的车

C. 分离出某个人的某种特征，并使整体评价受到这一单独特征的知觉的影响

D. 当刺激模棱两可时，知觉倾向于更多受到个体解释基础的影响，而不是刺激本身的影响

20. "入芝兰之室，久而不闻其香，入鲍鱼之肆，久而不闻其臭"，说明知觉的（　　）现象。

A. 适应　　B. 对比　　C. 敏感化　　D. 感受性降低

21. 对于一名上班迟到的员工，如果你把迟到归结为他在昨天晚上玩到凌晨因而睡过了头，这就是（　　）。如果你认为迟到的原因是他常走的路线交通堵塞，那么你进行的就是（　　）。

A. 外部归因，外部归因　　B. 内部归因，内部归因

C. 内部归因，外部归因　　D. 外部归因，内部归因

22. 归因理论认为，我们在观察某一个体行为时，下面（　　）不是我们判断的依据。

A. 区别性　　B. 一致性　　C. 相似性　　D. 一贯性

23. 以下内容描述知觉中，哪一项不是描述"刻板印象"的？（　　）

A. 女性不会为了晋升而调动工作

B. 男性对照顾孩子不感兴趣

C. 你根据某个人所在的团体知觉为基础来判断一个人

D. 肥胖者缺乏纪律性

24. 吃了糖之后接着吃广柑，人们一般会觉得广柑更酸，这存在（　　）。

A. 晕轮效应　　B. 对比效应　　C. 投射作用　　D. 刻板印象

25. 组织中的领导者要充分启发下属理解自己的意向，"引而不发"，充分利用（　　），潜移默化地在知觉别人中感应别人。

A. 晕轮效应　　B. 对比效应　　C. 投射作用　　D. 刻板印象

26. 在面试情境中，面试者会连续看到一群求职者。如果排在该求职者之前的是个平庸之人，则可能会有利于对他的评估；如果排在他之前的是个极出色的人，则可能不利于对他的评估。这种现象称为（　　）。

A. 晕轮效应　　B. 对比效应　　C. 投射作用　　D. 刻板印象

27. 在行政系统中，有些领导在干部提升中优先任用自己的同乡、部下、校友，形成官官相护的“腐败窝”，这一现象体现的是（　　）。

A. 晕轮效应　　B. 对比效应

C. 投射作用　　D. 与我相似效应

28. 更多的人都会在足球比赛后一天而不是之前，非常肯定地认为，足球比赛的冠军本来就非××队莫属。这种情况称为（　　）。

A. 赢家诅咒　　B. 锚定偏见

C. 事后聪明偏差　　D. 验证偏见

29. 管理者经常将对一项新产品状况的预测与过去产品的成功联系起来。这是（　　）。

A. 锚定偏见　　B. 验证偏见　　C. 随机错误　　D. 代表性偏见

30. 在生活中，教师总与文质彬彬联系在一起；提起农民，人们就联想到朴素的形象。这就是人们意识中的（　　）

A. 晕轮效应　　B. 对比效应　　C. 投射作用　　D. 定型效应

31. 个体行为是内部原因还是外部原因造成的，取决于三个因素：区别性、一致性和连贯性。连贯性是指（　　）。

A. 每个人面对相似情境都会有相同的反应

B. 同一个人无论何时都表现出相同的行为

C. 每个人面对相似情境有不同的反应

D. 个体在不同情境下是否表现出不同的行为

32. 在社会知觉的偏差中，通过对某人的知觉而留下的最初印象，能以同样的性质，影响着后来对他再次发生的知觉，称之为（　　）。

A. 知觉防御　　B. 晕轮效应　　C. 首因效应　　D. 投射

33. 根据归因理论，通常被看作内因的原因是（　　）。

A. 努力程度　　B. 任务难度　　C. 运气　　D. 机遇

34. 对比效应是指在知觉过程中，如果最近接触到的其他人水平较高，对目前的知觉对象评价就（　　）。

A. 高　　B. 低或高　　C. 不一定　　D. 低

35.（　　）是指人们在头脑中把形成的对某类知觉对象的形象固定下来，并对以后有关该类对象的知觉产生强烈影响的效应。

A. 定型效应　　B. 定势效应　　C. 对比效应　　D. 首因效应

36. 归因理论是在美国心理学家海德的（　　）和人际关系理论的基础上，经过美国斯坦福大学教授罗斯和澳大利亚心理学家安德鲁斯等人的推动而发展壮大起来的。

A. 社会比较理论　　B. 需要层次理论

C. 社会认知理论　　D. 人力资本理论

37. 如果行为者把工作、学习中的失败和挫折归因于智力差、能力低等稳定的内因，则（　　）今后的努力与持续性行为。

A. 不会增强　　B. 会增强　　C. 不会降低　　D. 会降低

38. 假如把失败归因于工作（学习）任务重、难度大等（　　），则可能降低行为者的自信心、成就动机、努力程度和持续性。

A. 波动的外因　　B. 波动的内因

C. 稳定性的外因　　D. 稳定的外因

39. 当我们观察某一个体的行为时，如要更加准确地判断它是由于内部原因还是外部原因造成的就要考虑三个因素：区别性、一致性和（　　）。

A. 普遍性　　B. 开放性　　C. 一贯性　　D. 持久性

40. 工作投入度指的是一个人心理上对工作的认同程度，认为工作绩效对自我价值的重要程度。工作投入度高的人对工作（　　）。

A. 有强烈的认同感　　B. 有基本的认同感

C. 没有强烈的认同感　　D. 没有基本的认同感

五、多选题

1. 行为的（　　）高，观察者很可能对其行为进行外部归因，行为的（　　）高，观察者倾向于对其做内部归因。

A. 一致性　　B. 区别性　　C. 复杂性　　D. 一贯性

2. 感觉与知觉的关系正确的论述有（　　）。

A. 感觉是知觉的成分　　B. 知觉是在感觉之上产生的

C. 感觉是知觉的基础　　D. 没有感觉就没有知觉

E. 知觉是感觉的成分

3. 一般而言，影响知觉准确性的因素有（　　）。

A. 知觉者的主观因素　　B. 知觉对象的特征

C. 知觉环境因素　　D. 知觉者的客观因素

E. 知觉技术因素

4. 知觉者的主观因素有（　　）。

A. 兴趣和爱好　　B. 连续律　　C. 知识和经验　　D. 个性特征

E. 需要和动机

5. 知觉的情境因素有（　　）。

A. 适应　　B. 对比　　C. 敏感化　　D. 感受性提高

E. 感受性降低

6. 首因效应给我们的启示有（　　）。

A. 对人、对事要防止以点代面

B. 对人要避免第一印象的不良影响

C. 要防止把自己的主张强加于人

D. 对己要避免第一印象的不良影响

E. 凡事给领导者/自己的工作对象留下好的第一印象

六、简答题

1. 请简述影响个体知觉的因素。
2. 请简述归因理论的含义及其研究的基本问题。
3. 请简述感觉与知觉的区别与联系。
4. 请简述社会知觉的含义与分类。
5. 判断他人时的知觉捷径（效应）有哪些？使用知觉捷径（效应）会带来哪些积极结果？

七、论述题

1. 组织在进行新员工面试时，经常会出现不同面试考官对某一面试者不同甚至截然相反的判断。请从影响知觉的因素出发，解释为什么两个人看到同样的人或事物却会有不同的理解。

2. 当一名员工被分配到一个新的岗位时，若他的工作完成得不够好，则其新上司会对该员工的工作绩效进行新的判断。请分析该上司可能会进行的归因过程和判断过程。

3. 一般来说，我们在判断他人时常走很多捷径，但这些捷径并不是绝对安全可靠的，请结合实际论述这些捷径的适用范围和优缺点。

4. 组织中的人们常常进行互相的判断，比如管理者必须评价下属的工作绩效，普通员工也要评价自己的同事在工作中付出的努力，这些都要以对同事绩效的知觉为基础。请结合实际论述在组织的哪些管理实践中需要更多地注意知觉形成的有关问题。

八、案例分析

四个大学生的面试

同样都是大学毕业生到就业市场应聘，表现和结果可能截然不同。下面是四个案例。

案例一：小杨是工科名校毕业生，专业对路、成绩优良，在厚厚的应聘材料中脱颖而出，入列预选名单。但她面试时，穿着过于新潮：鲜艳的短上衣、破洞的低腰裤，很夸张地戴着热带风情的大耳环，一进门就让由高级工程师组成的考官们一愣，考官们没问几个问题，就结束了面试。她未能如愿入选。

案例二：毕业生小林是个相貌平平的小男孩，到一个单位参加面试，进考场后，考官只轻描淡写地问了他是哪个学校毕业的、哪个地方的人等几个问题后，就说面试结束了。正当他要离开考场时，主考官又叫住他："你已回答了我们提出的问题，评委觉得不怎么样，你对此怎么看？"小林立刻回答："你们并没有提出可以反映我的水平的问题，所以，你们也并没有真正地了解我！"考官点点头说："好，面试结束了，你出去等通知吧。"后来他收到了录取通知书。

案例三：小陈是班长，他希望班上同学都能尽快地有个好工作，所以每次参加应聘活动，他都会成为热情的组织者，在应聘场上，帮助同学出谋划策，并让男同学为女同学在热门单位拥挤的招聘台前开路，一起递上简历等。他的简历还没递出，就有几个单位主动来询问他的情况，有一个单位发现他和自己单位的用人需求对口，立刻就问他有没有意向到他们单位应聘。

案例四：小蒋是学校里有名的学霸，专业素质过硬，但是性格内向，再加上平时不太锻炼，在面试官面前表现得相当慌张，手脚发抖，回答问题像蚊子叫，下意识地做很多小动作来掩饰内心的紧张（比如双手交叉），从头到尾根本没有正眼看过面试官。这导致其面试屡屡失败。

案例来源：http://www.5jjk.com/.（有改编）

结合案例回答以下问题：

1. 请从社会知觉的角度分别分析小杨、小蒋面试失败的原因；小林、小陈面试成功的原因。

2. 请结合案例，从社会知觉的角度，给面试双方一些建议。

九、延伸阅读

班杜拉的自我效能感归因研究

1977年，美国心理学家班杜拉首次提出自我效能理论，之后认知心理学家对该理论进行了进一步的研究与发展，最终形成自我效能感归因理论。自我效能指个体在决定采取某行为之前，会对自己能够完成该行为的程度和信念进行衡量和判断，从本质上来讲，是个体对自我能力的主观判断。该理论的核心是：个体的自我效能感对其在成就情境中的行为动机具有决定作用。

具体来说，具有高自我效能感的个体，行为表现为较高的行动积极性，愿意付出更多努力来应付可能遇到的问题。当遇到的问题或困难得到有效解决时，该个体之前的效能感会进一步得到证实，于是其动机得到维持，将来个体如果遇到更大的困难，会更有信心去克服困难，进而动机行为会被启动。相反，具有低自我效能感的个体，行为多表现为较低的积极性，愿意付出努力应对困难的信念水平较低，这会导致活动结果的差强人意，使其效能感进一步降低。

有关研究表明，自我效能感与归因之间是相互影响的关系。一方面，个体的自我效能感会对其归因造成影响，具有强自我效能感的个体倾向于对成功进行稳定归因、内部归因，而将失败进行不稳定归因，相信努力可以实现未来的成功；而具有低自我效能感的个体则更加倾向于对失败进行内部归因、不可控归因，对成功则进行外部归因、不可控归因，进而影响对未来的成功的预期。另一方面，归因也会影响个体的自我效能感。如果个体对成功进行稳定归因、内部的归因，其自我效能感会得到提高；而如果个体对失败进行内部归因、稳定归因、不可控归因，则会减低自我效能感的水平，继而影响其未来的成就动机水平。

资料来源：王德华．班杜拉的自我效能理论述评［J］．湖北师范学院学报（哲学社会科学版），1992（5）：98-101.

塞利格曼的习得无助与幸福感归因研究

塞利格曼在1967年最早提出习得无助概念。这一概念的提出是基于一系列对动物的实验。塞利格曼等人在实验过程中，将狗放进一个无法逃避的电击范围内，在实验初始阶段，被电击的狗表现出极力逃避等行为，但是伴随时间的推移，狗的逃避行为开始明显减弱，甚至消失了，表明其动机的缺乏。这种现象被科学家称为“习得无助”。研究者认为，该行为产生的原因并非出于消极事件本身，而是由于个体无助感的出现，认为自身无法摆脱消极事件，因此出现抵抗行为的降低甚至消失。另外，研究学者还发现习得无助具有扩散性，表现为这种情绪会延续到新的情境中去。塞利格曼指出，消极事件或其结果本身并不一定会导致个体产生无助感，只有当个体认识到自身难以控制消极事件或其结果发生的时候，无助感才会产生。

习得无助概念被提出之后，引起了其他学者的极大兴趣，研究者逐渐将其推广到人类类似行为的相关研究中。

基于塞利格曼的研究成果，阿布拉姆森1978年将习得无助理论应用到对人类行为的研究中，并将归因的概念和原则引入其中。他认为，与动物实验结果不同的是，仅仅有不可控的消极事件或知觉到消极事件原因的不可控，并不足以使人产生具有扩散性的无助感。事实上，决定个体在经历不可控的消极事件后动机缺失程度的是个体对消极事件结果分析时更为复杂的归因过程。另外，阿布拉姆森还提出了互相独立的归因三维度，它们分别是：稳定性、内外部以及整体性。具体来说，内外部、稳定性源于韦纳的内外部、稳定性维度，而整体性是指互相独立的归因具有跨情境性。他认为，如果个体将具有不可控性的消极事件进行内部、稳定、普遍的归因，那么就会出现习得无助现象，其自我评价水平也会相应降低，进而降低其动机水平；如果个体将消极事件进行不稳定、外部、不普遍的归因，那么就不会出现习得无助现象，也不会降低个体的自我评价水平，个体的动机也不会得到弱化，甚至有可能使未来行为的动机得到加强。简单来讲，个体对消极事件归因的内外部、稳定性、整体性的程度，共同决定了习得无助感的产生以及对未来行为的动机。

提出习得无助之后，1998年塞利格曼又对幸福感和归因进行了研究，并提出了PERMA方法。他认为人们可以从五种行为中获得幸福感，分别是：积极情绪（positive emotion）、投入行为（engagement）、和谐关系（relationships）、意义（meaning）以及目标（achievement）。该方法与归因理论相结合为人们提供了获得快乐的方式，由此丰富了积极心理学的相关研究。

资料来源：https://zhuanlan.zhihu.com/p/33421758.

责任归因研究

以往归因理论的研究主要聚焦于有关成败的自我归因以及个人动机等方面。随着时间的推移，相关理论研究逐渐得到进一步的发展和完善，并扩展到了人际归因和社会动机领域，即对他人的归因领域。例如，归因理论的扩展研究已经涉及行为责任推断、攻击性行为、利他行为、艾滋病、同性恋等研究领域，并出现了学科交叉的跨领域研究趋势。

作为现代归因理论的奠基人，韦纳（2000）将归因分为两类：自我归因（或称为个人归因）和人际归因（或称为他人归因）。具体来说，自我归因表示个体对自身行为结果原因的感知；人际归因表示个体对他人行为结果原因的感知。

责任归因、责任推断主要研究个体对他人行为结果的感知，并推断有关行为的责任。从已有的研究成果来看，归因的不同会产生不同的责任推断。例如，个体面对行为的失败，如果将失败归因于努力的缺乏，那么个体应对其失败行为负责；如果将失败归因于能力低或运气差，那么由此造成的失败则不需个体承担责任。有关归因早期的量化研究表明，学者通常将“责任推断”与“可控性”等同使用，责任推断被可控性代替使用，而没有将责任推断作为独立变量进行单独的研究。这一问题，在后来的研究中逐渐被学者意识到，他们认为，不应当将“责任推断”与“可控性”相提并论，应将二者区分开来。

之后的研究中，责任归因逐渐成为管理、教育等领域中决定惩罚与否的前提条件。尤其在失败行为中，个体对有关责任的归因判断会对其行为责任的推断以及惩罚水平的高低程度产生影响。有学者的研究表明，由缺乏努力等类似的个体可以控制的原因所导致的失败，会对行为者进行较高的责任推断，以及较严重惩罚的判断。

资料来源：https://www.zzqklm.com/w/yl/18400.html.

第 9 章　个体决策

一、填空题

1. 有关决策风格的研究确认了个体在做出决策时有四种不同风格，分别是__________、分析型、概念型和__________。

2. 个体在决策的讨论中进行大的选择时，个体可以使用三种不同的标准，包括__________、注重人权和__________。

3. 个体决策中常见的三种决策方法有：理性决策、__________和__________。

4. 个体创造性主要需要三个要素：________、内在任务动机和创造性思维动机。

5. 直觉决策是指从______中提取精华的无意识过程。

6. 决策是针对______做出的反应，任何决策都需要针对信息进行____________。

7. 创造性的三要素模型中，________是所有创造性工作的基础。

8. 创造性的三要素模型中的创造性的思维技能这一要素主要包括：与创造性有关的人格特点、____________和从不同角度看待熟悉事物的才能。

9. 在组织决策中，决策者希望表现出自己对工作的____________和对问题的驾驭力，这也就促使他们对别人可以看到的问题给予更多关注。

10. 为了避免信息的过度超载，决策者一般采用启发法，主要包括：易获性启发法和__________。

11. 决策风格模型的基础是认为人们在两个维度上存在差异，一是________，二是对模糊性的容忍力。

12. 决策者的文化背景可能对其问题的选择、__________、对逻辑和理性重要性的强调以及确定组织决策是由管理者个体独裁做出还是群体共同做出等方面具有显著影响。

13. 决策者在进行道德选择时，个体会使用________、注重人权和注重公正等三种不同的标准。

14. 实践中，决策者在组织中做出的决策一般有______决策和直觉决策两个模型。

二、名词解释

1. 易获性启发法
2. 代表性启发法
3. 承诺的升级
4. 直觉决策
5. 最优化决策（理性决策）
6. 满意决策（有限理性决策）
7. 隐含偏爱决策

三、判断改错题

1. 决策者是理性的，会在具体限定条件下做出最稳定的、价值最大化的选择。 （　　）

2. 决策者在确定决策标准中没有选对的任何因素都被认为是无关因素。 （　　）

3. 决策者的创造性最明显的价值在于帮助其找出所有可行的备选方案。 （　　）

4. 创造性的三要素模型中的三个要素，只要提高其中任何一项，则个体的创造性都会提高。 （　　）

5. 通常来讲，人们的决策一般都不是全面展开的，而是逐步递进的。 （　　）

6. 隐含偏爱决策是指，当组织成员感到自己要对失败负责时，一般就会对这一失败活动减少投入。 （　　）

7. 个体采取具体的行为方式是以外界的真实环境为基础的。 （　　）

8. 理性决策中的决策者可以获得有关的标准和备选方案方面的信息，因为它的假定是有一定的时间和费用限制的。 （　　）

9. 根据创造性的三要素模型，决策者要想提高自身决策的创造性，必须同时提高自身的专业知识、创造性的思维技能和内在的任务动机。 （　　）

10. 当人们思考选择哪所大学时，一般采用完全理性决策模型。 （　　）

11. 有限理性的最终选择是决策者遇到以往有类似成功经验的方案。 （　　）

12. 一般来说，当人们在一个对组织来说重要的问题和一个对自己来说重要的问题这两者间做出选择时，此时符合组织利益的方案就会胜出。 （　　）

13. 实践证明，人们的决策是逐步递进的，而不是全面开展的。 （　　）

14. 管理者为了证明自己的最初决策是正确的，因而继续投入大量的资源给那个从一开始就注定失败的决策，这警示我们要注意承诺升级对组织的影响。 （　　）

15. 决策影响因素没有文化因素，因此其文化背景对其理性决策没有影响。 （　　）

四、单选题

1. 在管理决策中，许多管理人员认为只要选取满意的方案即可，而无须刻意追求最优的方案。对于这种观点，以下（　　）解释最有说服力。

A. 现实中不存在所谓的最优方案，所以选中的都只是满意方案

B. 现实管理决策中常常由于时间太紧而来不及寻找最优方案

C. 由于管理者对什么是最优决策无法达成共识，只有退而求其次

D. 刻意追求最优方案，常常会由于代价太高而最终得不偿失

2. 关于决策，正确的说法是（　　）。

A. 决策是管理的基础　　B. 管理是决策的基础

C. 决策是调查的基础　　D. 计划是决策的基础

3. 根据理性决策模型，决策者把自己兴趣、价值观和类似的个人偏好带到决策中去，这影响理性决策步骤的（　　）。

A. 界定问题所在　　B. 确定决策标准

C. 分配标准权重　　D. 开发备选方案

4. 决策者列出所有可能的解决问题的方案，是理性决策中的（　　）。

A. 确定决策标准　　B. 分配标准权重

C. 开发备选方案　　D. 评估备选方案

5. 创造性的三要素模型提出了个体的创造性主要需要的三个要素，以下（　　）不属于这三个要素。

A. 良好的人际关系　　B. 专业知识

C. 创造性的思维技能　　D. 内在的任务动机

6. 决策中的创造性最明显的价值在于（　　）。

A. 更加全面地评定问题　　B. 更加全面地理解问题

C. 找出所有的备选方案　　D. 挑选出最科学的方案

7. 根据创造性三要素模型，（　　）是所有创造性工作的基础。

A. 专业知识　　B. 良好的人际关系

C. 创造性的思维技能　　D. 内在的任务动机

8. 人们愿意从事某项工作的渴望，也就是创造性三要素模型中的（　　）。

A. 专业知识　　B. 良好的人际关系

C. 创造性的思维技能　　D. 内在的任务动机

9. 以下（　　）是最优化（理性）决策模型的步骤。

A. 弄清楚决策需要；确定决策标准；给标准分配权重；开发被选方案；评估被选方案；选择最佳方案

B. 确定决策标准；弄清楚决策需要；给标准分配权重；开发被选方案；评估被选方案；选择最佳方案

C. 弄清楚决策需要；开发被选方案；确定决策标准；给标准分配权重；评估被选方案；选择最佳方案

D. 弄清楚决策需要；开发被选方案；评估被选方案；确定决策标准；给标准分配权重；选择最佳方案

10. 有限理性的最终选择是决策者遇到的（　　）方案。

A. 最优的　　B. 最可接受的

C. 以往有类似成功经验的　　D. 第一个符合要求和可以接受的

11. 相对于建构和处理复杂问题的能力，人脑容量远远达不到完全理性的要求，因此，个体只能在（　　）的范围内活动。

A. 完全理性　　B. 有限理性　　C. 部分理性　　D. 直觉

12. 决策者从经验中提取精华的无意识过程的决策方式是（　　）。

A. 有限理性决策　　B. 偏爱决策　　C. 直觉决策　　D. 道德决策

13.（　　）可以在信息非常有限的条件下迅速做出决策。

A. 有限理性决策　　B. 偏爱决策　　C. 直觉决策　　D. 道德决策

14. 人们往往倾向于根据那些生动的、最近发生的事件做出判断，这种决策方式是（　　）。

A. 易获性启发法决策　　B. 代表性启发法决策
C. 偏爱决策　　D. 直觉决策

15. 人们往往倾向于根据一个业已存在的分类来评估一件事的可能性，从而做出判断，这种决策方式是（　　）。

A. 易获性启发法决策　　B. 代表性启发法决策
C. 偏爱决策　　D. 直觉决策

16. 以下论述（　　）不是关于“承诺升级”的事例。

A. 打牌输了一局，下一局赶紧减少赌注或者不再下赌
B. 因为和女朋友恋爱已经投入得太多太多，尽管两人并不十分和谐，最后还是一起结了婚
C. 当个体认为要对自己的失败负责时，会继续对这一失败活动增加投入
D. 管理者为了证明自己最初的决策是正确的，常常继续投入大量资源给那个一开始就注定失败的决策

17. 以下（　　）不是决策风格模型中的决策风格。

A. 分析型　　B. 指示型　　C. 思考型　　D. 行为型

18. （　　）决策风格的人格往往难以容忍模糊性，并寻求理性。

A. 分析型　　B. 指示型　　C. 概念型　　D. 行为型

19. （　　）决策风格刻画的是那些在组织中强烈关注人和人的发展的个体。

A. 分析型　　B. 指示型　　C. 概念型　　D. 行为型

20. （　　）决策风格的个体倾向于使用多渠道的数据，并会考虑很多种备选方案。

A. 分析型　　B. 指示型　　C. 概念型　　D. 行为型

21. （　　）不是道德决策的标准。

A. 功利主义　　B. 拜金主义　　C. 注重人权　　D. 注重公正

22. 以下（　　）论述适用于满意解决决策模型。

A. 决策者能够完全客观并符合逻辑，在对所有的方案评估后，选择得分最高的备选方案
B. 由于根据逻辑和稳定的方式获得并评估了所有信息，因而决策者不会遗憾
C. 个体在有限理性的范围内活动。决策者确定有限方案，开始考察，当找到第一个“足够好”的解决办法时，就不再继续搜索最优选项
D. 决策者不是理性而直观的，方案的选择过程是决策证明过程

五、多选题

1. 创造性的三要素模型的三个要素是（　　）。

A. 专业知识　　B. 创造性的思维技能
C. 内在的任务动机　　D. 良好的人际关系

2. 决策研究包括三方面的问题：（　　）。

A. 做出什么决策　　B. 如何做出决策
C. 决策主体是谁　　D. 决策做得如何

3. 根据决策者在决策中可获取的信息量的不同，我们可将决策分为（　　）。

A. 确定型　　B. 不确定型　　C. 风险型　　D. 模糊型

4. 满足以下（　　）条件的决策属于确定型决策。

A. 存在着一个明确的决策目标

B. 存在着两个或两个以上随机的自然状态

C. 存在着可供决策者选择的两个或两个以上的行动方案

D. 可求得各方案在各状态下的益损矩阵

E. 能获得各个自然状态发生的概率

5. 决策过程包括提出决策问题阶段、确定决策目标阶段以及（　　）。

A. 拟订备选方案阶段　　B. 选择行动方案阶段

C. 评价阶段　　D. 决策实施阶段

E. 反馈阶段

6. 决策中采用启发法进行决策，其主要包括（　　）。

A. 易获性启发法　　B. 易懂性启发法

C. 代表性启发法　　D. 联系性启发法

7. 决策风格模型主要包括（　　）。

A. 分析型　　B. 指示型　　C. 概念型　　D. 行为型

8. 决策的道德标准主要包括（　　）。

A. 功利主义　　B. 拜金主义　　C. 注重人权　　D. 注重公正

9. 下列（　　）选项属于决策中常见偏见和错误。

A. 过分自信　　B. 承诺升级　　C. 易获性偏见　　D. 赢家诅咒

E. 事后聪明

六、简答题

1. 简述理性决策模型的一般步骤。
2. 理性决策模型切实可行的前提条件是什么？
3. 在什么条件下个体决策者最有可能运用直觉做出决策？
4. 哪些组织因素可能会限制决策者做出决策？
5. 请简述个体决策风格模型。
6. 从个体决策的角度简述管理者可以从哪些方面来改进他们的决策。
7. 个体在进行道德选择时，可以选择的道德标准有哪些？
8. 简述知觉与个体决策之间的联系。
9. 简单描述创造力三要素模型。

七、论述题

1. 你认为管理者应该如何提高其决策的科学性、合理性？

2. “在大多数的情况下，组织中的个人决策是一个非完全理性的过程。”你是否同意这一观点？

3. 你认为不道德的决策更多来自决策者个体的影响，还是来自决策者所在工作环境的影响？

八、案例分析

决策的逻辑与直觉

在商业决策中，是逻辑说了算，还是直觉说了算？虽然众议纷繁，但在商业生活中，纯逻辑式的决策与纯直觉式的决策实际上都不存在。为什么？因为所谓决策，就是以已知决断未知——已知部分靠逻辑，未知部分靠直觉。完全的“从已知到已知”，这叫运算，不叫决策；完全的“从未知到未知”，这叫冒险，也不叫决策。

那么，一个成功的决策，逻辑应该占多少，直觉应该占多少？这个问题实际上没有答案。有时候逻辑多些，有时候直觉多些。但我觉得，比较稳妥的决策模式应该是：逻辑控股，直觉补充。或者说：稳妥决策=51%以上的逻辑+49%以下的直觉。

如果已知较少，而未知较多，那么，是等待，还是决断？猛虎突然向你扑来，你不需要逻辑论证“我是否是武松”，唯一正确的选择就是：打！在一定的事态下，有把握要行动，没把握也要行动。直觉的冒险，胜过逻辑的迟疑！

然而，直觉不是撞大运。直觉是从起点直达终点的跳跃，是一种顿悟；顿悟只发生在有准备的人的身上。一位象棋大师的直觉可以把棋局导向胜利，而一位象棋爱好者的直觉却可能把棋局引入死地。苹果落地，物理学家牛顿可以直觉到“万有引力”，放羊娃“羊顿”大概只能直觉到该为牲畜过冬备草备料了。

直觉是伟大的，因为这世界先知先觉的人毕竟只是少数；直觉也是渺小的，因为它居然只是某人大脑中飘出的一根“游思”。

慎用直觉！敢用直觉！善用直觉！

案例来源：牛根生. 决策的逻辑与直觉［J］. 领导文萃，2008（8）：121-122.

思考题目：你是否赞同牛根生对直觉的论述？说说你的理由和你对如何有效运用直觉进行决策的建议。

九、延伸阅读

超级决策，“直觉”和“逻辑”的完美混搭

我们每天都在做决策，可是决策到底该如何做？是依赖直觉情绪还是逻辑思考？领导者需要成为优秀的决策设计师，运用决策环境设计可以有效提升决策质量。

这套高效决策系统方法，由五个基本步骤组成：①了解决策过程中可能出现的系统性错误；②判明人的行为是不是糟糕决策的核心原因；③找出决策失误的具体原因；④重新设计决策环境，减少认知偏差的负面作用，增强个体行为动机；⑤严格检验解决方案。

这套决策设计流程适用于管理中一些难题：人才流失严重、错过最终期限和糟糕战略决策。

决策原理：两个系统

行为决策理论和心理学研究者认为，人类主要有两种信息处理和决策模式。其中系统 1 依赖直觉和情感，具有快速、自发的特征。在此模式下，主体通过一系列认知捷径自动获得解决方案。系统 2 则要求主体审慎地进行逻辑分析，相比系统 1，属于慢

速思考（诺贝尔经济学奖获得者丹尼尔·卡尼曼在《思考，快与慢》一书中普及了这组概念）。

这两种认知模式各有鲜明的优势和劣势。很多情况下，系统 1 用直觉和经验就可以轻松处理信息、做出正确决策。但认知捷径也可能成为陷阱，因此主体通过系统 2 进行理性思考，拒绝错误的直觉，修正情绪化、草率的决策。然而，直觉和情绪还是经常逃过理性分析，导致决策失误。

此外，系统 1 更关注具体、立即可见的结果，使主体难以通过抽象思考看清决策的长期效果。因此，如果过于依赖系统 1，即便我们再积极努力，也无助于计划的落实。

这并不是说系统 1 对明智决策百无一用。系统 1 的直觉反应是行为决策过程的重要组成部分。例如，假设一项投资决策让你感到害怕，你就该停下来仔细分析风险。系统 2 则会考量被系统 1 低估的因素，如该投资的长期战略价值，并做出综合判断。

系统 2 需调动主体的认知能力，而认知能力是一种稀缺资源，无法满足所有决策活动的需求。当认知能力削弱，系统 2 运转失灵，主体就可能受制于认知偏差和惰性。

判明问题

在使用这些工具前，管理者应判明：①问题的关键是否跟人的行为相关？通过改变人们对事件、环境的认知和反应，管理者能够解决某些问题，例如员工士气低落。②能否找出具体问题？为盘活组织，有时需要全局性变革。但更多情况下，复杂的整体问题可被拆解为更易上手解决的具体问题。

诊断原因

决策失误通常有两个原因：行为动机不足和认知偏差。为判断其中哪个原因导致了行为偏误，管理者应问两个问题。第一，问题是否应归咎于惰性和消极行为？如果是，那么原因在于动机不足。第二，采取的措施是否反而将系统性错误引入决策过程？如果是，那么原因在于认知偏差。这两类原因可能同时存在，但有必要先了解清二者的区别。

当系统 2 未能发挥作用时，认知偏差和动机不足的情况经常发生。因此接下来要具体分析，哪些因素导致系统 1 在权衡各种决策选项时出现偏差，哪些因素导致系统 2 未能纠正错误。常识能在诊断决策失误中发挥重要作用。管理者应站在当事人的立场上思考："如果是我会怎么做？为什么？"

设计解决方案

判明决策失误和行为失当的原因后，管理者可以开始设计解决方案。我们推荐管理者参考理查德·泰勒和卡斯·桑斯坦在《助推》一书中提出的助推概念和决策环境设计方法。决策环境设计者通过精心安排信息和决策选项的呈现方式，引导人们做出更优决策。如此，管理者可将员工的行为决策推向有利方向，同时不损害其自主权。

企业决策设计者正加大决策环境设计力度。例如，谷歌使用决策环境设计方法，引导员工培养健康饮食习惯：谷歌在餐厅取餐盘处提示员工，用大餐盘的人吃得更多，这个简单措施使选择小餐盘的人数增加了 50%。

对决策环境稍加调整，就可能以低代价甚至零代价获得显著改进。决策环境设计方法包括调整决策选项排序、改变文字描述方式、重新设计提交决策的方式和流程，以及修改默认选项等。

相比说服教育或物质激励等传统手段，决策环境设计能更有效优化员工的行为决策。原因在于，人们常常不自觉地做出损害自身利益的行为，而决策环境设计能够改善这一点。决策环境设计尝试完成一个艰难的任务，即从根本上改变人们处理信息和做决定的方式。为挖掘决策环境设计的巨大潜能、优化员工的行为决策，管理者可使用以下工具和方法。

激活系统1。当系统1主导认知活动时，情绪和认知偏差常常阻碍明智决策；但如果运用得当，系统1也能起到积极作用。管理者可尝试用以下方法激活系统1：

（1）激发情感。在一个研究员工对组织认同感的分组对照实验中，一组要求第一天到岗的新员工思考自己有哪些长处，以及如何在工作中发挥长处；另一组新员工则没有这样做。结果，前一组员工感到可以在工作中“做自己”，由此加强了与组织的情感联系。

（2）利用认知偏差。管理者也可以将认知偏差为己所用，如损失厌恶（指损失带来的痛苦比相同数量获益带来的幸福感强一倍）和具象性偏差（指生动信息更易吸引注意力）。行为洞察小组的实践也证明了这点。

管理者还可强调失败的后果，以此鞭策表现较差的员工。例如，如果销售部门建立稳定的人才储备，低绩效销售员由于担心拿不到奖金或被辞退，会更加努力提升业绩，这称为“候补效应”。研究表明，相比没有候补者的片区，有候补者的片区的销售业绩高出5%。

（3）简化流程。组织中不必要的流程步骤常常会降低员工积极性、增大认知偏差出现的概率，管理者可通过精简流程化解这类问题。比如医院建立统一信息平台后，医生可以浏览各科室所有患者档案，这提高了他们使用平台并及时更新信息的积极性。

调动系统2。管理者可运用一系列方法，调动系统2的逻辑思考能力，让决策过程更加审慎和理性。

（1）同步评估。同时而非分开评估决策选项，将减少认知偏差。例如，研究证明，遴选求职者时，管理者如果将候选人放在一起比较，而非单独评估每个人，将更能集中精力分析候选人的履历，避免陷入对性别等外在特征的刻板印象，从而更准确地预判其未来表现。此外，在研发品种选择、投资决策、战略定向等多种决策情境下，同步评估方法都能发挥作用。

（2）开辟反思空间。单纯为思考问题而从繁忙的日常工作中抽身，听上去很奢侈，但这能有效开启系统2。鼓励员工进行深度思考有助于提升工作效果，总结和反思对员工的日常生活也会起到类似积极效果。

（3）设置计划提醒。我们经常决心满满地做计划，之后却丢到一边。管理者可以设置计划提醒，帮助员工坚持完成计划。

有一个技巧，可以提升团队工作表现。团队项目以失败告终时，人们总说“下次努力”，但这种空洞口号无法保证团队不再犯同样错误。在员工表决心时，领导者应趁热打铁，督促团队拿出具体路线图和时间表。

（4）拓宽决策思路。遇到问题时，我们经常自问“我该怎么做”。把这个问题换成

"我能怎么做"，能使我们更客观全面地分析问题.看到更多决策选项，从而做出明智决策。可惜企业管理者大多做不到这点。管理学研究者保罗·纳特对160多项企业决策做了详细分析，发现其中71%都是在二选一的情境下做出的，即决定组织或个人是否应采取某项行动。在这种非此即彼的思维方式下，决策者的注意力实际被限定在单一选项上。从"该怎么做"到"能怎么做"，换个角度看问题，我们将有机会探索绝对肯定和绝对否定之间的多重可能性。在伦理困境中，我们也亟须摆脱非黑即白的思维定式。

(5) 明确责任。如果明确要对自己的判断和行动负责，员工会更注意消除决策过程中的认知偏差。研究发现，内部培训和讨论无助于提升女性高管比例；更有效的手段是创建机构和岗位，专门负责推进性别多元化。

(6) 鼓励提出反证。人们得出一项结论后，往往会将得到的所有信息都解释为支持自己的结论，这称为确认偏差。由此还可能导致承诺升级：一旦开始投入某项行动，即便出现不好的征兆，人们也会为证明自己正确而一条道走到黑。这些认知偏差让我们在做决策时轻视否定性证据、拒绝寻找更好的替代方案。为解决这个问题，组织应鼓励逆向思维，并要求员工关注否定性证据、提出反证。在团体决策情境中，领导者应安排一个"挑战者"角色来检验计划有无漏洞。

(7) 提示和备忘。有时一个简单的提示就能开启系统2，帮助我们减少对系统1的依赖、避免认知偏差；提示能够增强我们完成某项任务（如控制演讲时间）的动机。

一个用提示的方法开启系统2的例子来自外科医生、记者阿图·葛文德。在《清单宣言》一书中，葛文德回顾了2008年他在8家医院推行外科手术备忘清单的经历。这些医院的医护人员每次手术前都使用这份清单，在心里过一遍手术步骤。统计表明，医护人员使用备忘清单后，患者发生严重并发症比例降低36%，死亡率降低47%。

设置系统规则。为减少认知偏差和动机不足对决策的不良影响，除上述两类决策环境设计方法外，组织还可设置一些系统规则。

(1) 设置默认选项或强制规则。调整默认选项能显著影响个体的最终决策，在复杂困难的决策情境中尤其如此，组织可设置一些强制规则。

(2) 设置自动调整机制。另一种克服认知偏差的方法是设置自动调整机制，弥补系统1和系统2的疏漏。例如，微软发现，工程师总受制于规划偏差，大幅低估完成项目所需时间。解决办法是，管理者根据以往项目完成情况，建立进度自动调整机制。

选择合适的工具

我们建议企业优先考虑设置系统规则，最大限度地降低个体行为带来的不确定性，使行为决策达到最优效果。如果设置系统规则不可行，企业就必须利用系统1和系统2的特点进行决策环境设计，引导个体做出最优决策。系统2的理性思考能力可以弥补系统1的漏洞，但由于个体认知能力有限，系统2无法覆盖所有决策过程。

测试解决方案

最后，组织应对解决方案进行严格的可行性测试，这能使管理者避免严重失误，并有机会优化现有方案。方案测试包括三个关键环节：

(1) 明确目标。管理者应设定具体、可量化的目标。

（2）控制变量。如果同时推进多项措施，管理者将很难判断哪项措施真正发挥了作用。

（3）对照实验。如果可能，组织可将相关个人、团队和部门随机分为两组，进行对照实验。这种随机性可最大限度地减小外在因素对实验结果的影响。如果由于物质条件、伦理、成本或规模限制无法随机分组，管理者还可使用更精细的分析方法。

潜在的认知偏差和行为动机不足，往往是重大组织问题背后的原因。改变大脑的活动模式难度太大；但管理者可以使用决策环境设计方法，引导个体做出明智决策。只需简单调整决策环境，管理者就可使员工和组织都获益巨大。

资料来源：约翰·贝西尔斯，弗兰西斯卡·吉诺. 好设计造就好决策［J］. 哈佛商业评论，2015（5）：52-55.（有删改）

附　决策风格问卷

决策风格问卷

第一部分

圈出与你平时的感觉或活动最接近的答案。每个项目无对错之分。每个答案无对错之分。

1. 我更重视：a. 人们的感觉　b. 人们的权力

2. 我常和____合得来：a. 有想象力的人　b. 现实的人

3. 我更乐意被别人称为：a. 真情实感的人　b. 一贯理性的人

4. 和别人共同做事时，对我最有吸引力的是：a. 按照他人接受的方式活动　b. 自己发明一种新方法活动

5. 最令我烦恼的是：a. 别出心裁的理论　b. 那些不喜欢理论的人

6. 把某人称为____，是对他更高的赞扬：a. 有想象力的人　b. 按部就班的人

7. 我常常让：a. 我的心统领我的脑　b. 我的脑统领我的心

8. 我认为更糟糕的错误是：a. 表现出过度的关怀　b. 缺乏同情心

9. 如果我是老师，我宁可教：a. 理论性课程　b. 事实性课程

第二部分

下面每组配对词中哪个词对你更有吸引力？圈出 a 或 b：

10. a. 同情　b. 远见

11. a. 公正　b. 仁慈

12. a. 生产　b. 设计

13. a. 谦和　b. 坚定

14. a. 随和的　b. 挑剔的

15. a. 文字的　b. 图形的

16. a. 想象的　b. 实事求是的

在上述题目中选出你的第一个反应，然后利用赋分栏汇总你的得分。把每一栏的得分加起来之后，就是你在每个因素上的实际得分。

感知型	得分	直觉型	得分	思考型	得分	感情型	得分
2b	1	2a	2	1b	1	1a	0
4a	1	4b	2	3b	2	3a	1
5a	1	5b	2	7b	1	7a	1
6b	1	6a	0	8a	0	8b	1
9b	2	9a	2	10b	2	10a	1
12a	1	12b	0	11a	2	11b	1
15a	1	15b	1	13b	1	13a	1
16b	2	16a	0	14b	0	14a	1
得分		得分		得分		得分	

如果你的直觉型得分大于或等于感知型，则定为直觉型，反之则是感知型；若感情型得分大于思考型则定为感情型，反之则是思考型。

直觉型得分较高说明你以一种整体的眼光看待这个世界，富有创造力；感知型得分较高说明你比较现实，用事实来看待世界；感情型得分较高意味着你的决策多半是基于感情因素；思考型得分较高表明你具有很强的逻辑思维能力，决策建立在缜密的分析基础之上。

第三篇　群体

第10章　群体心理及行为

一、填空题

1. 两人或两人以上的集合体，内部成员遵守共同的行为规范，在情感上互相依赖，在思想上相互影响，而且有着共同的奋斗目标的人群集合体被称为______。

2. 人们加入群体是要完成某项任务或是要满足自己的社会需要，具体来说人们在群体中可以得到安全需要、______需要、________需要和______需要。

3. 根据构成群体的原则和方式不同，我们可以把群体划分为______和______；根据群体的开放程度的原则，我们可以把群体划分为________和______。

4. 从20世纪60年代中期起，人们都认为群体的发展要经过5个阶段的标准程序，这5个阶段分别是______阶段、______阶段、规范化阶段、______阶段和______阶段。

5. 群体长期以来依据惯性运行，其中只有一次短暂的变革时期，这是__________的特点。

6. 企业通过评估群体成员个体的知识、______和能力，可以部分地预测出群体绩效。

7. 群体的结构变量主要包括：正式领导、角色、规范、地位、______、群体构成以及________的程度。

8. 莎士比亚说："世界是个大舞台，所有人不过是这个舞台上的演员。"借用这个比喻，我们可以说明每个群体成员都在群体中扮演着一种__________。

9. ________________模拟实验说明了人格正常，没经过新角色要求训练的人，也会非常极端地表现出与他们所扮演的角色一致的行为方式。

10. 研究表明：与任务角色和维护角色相比，______________角色会对群体绩效带来消极作用，造成绩效下降。

11. 每一成员在群体中都表现出自己特定的行为模式，可称之为角色，几乎在任意群体中都可以看到成员有三种典型的角色表现，分别为自我中心角色、___________和___________。

12. 如果以任务角色的表现为横轴，以维护角色的表现为纵轴，我们可以把群体分为：无序群体、________、团队群体和________。

13. 所罗门·阿希的经典实验证明：群体规范对成员的___________对于群体成员个人判断和态度的影响。

14. 美国学者皮尔尼克提出的“规范分析法”主要包括：明确规范内容、_____________和_____________等三项内容。

15. ______是指个人在群体中所占有的社会位置。

16. 一般来说，群体规范具有以下四个方面的功能，包括：群体支柱功能、评价标准功能、________功能和________功能。

17. 群体凝聚力是指群体成员之间________，并________留在群体中的愿望或者愿意为群体承担责任或义务的程度。

18. 群体协同效应：指两种或两种以上的物质相互作用后所产生的效果，不同于单个物质产生的作用之和。其可分为：__________，即群体互动的结果大于个体作用之和；__________，即群体互动的结果小于个体作用之和，如社会惰化现象。

19. 个体决策和群体决策比较，就决策效果的准确性而言：________可能更准确；就决策速度而言，________更占优势。

20. 处在组织中的人们由于种种原因常常会产生意见分歧、争论、冲突和对抗，使彼此间关系出现紧张状态。冲突的来源主要有三个方面，分别是________、________和个体行为因素。

21. 为了减少群体中的冲突可以使用的三种策略包括___________、采取行政手段和采用处理冲突二维模式。

22. 按照团队存在目的和形态可以将团队分为问题解决型团队、自我管理团队和___________三种类型。

23. 团队情商是指一个团队的综合情绪控制调节能力，其高低取决于以下三方面因素：团队成员的情商水平、领导者的情商水平和___________的协调水平。

二、名词解释

1. 群体
2. 角色认同
3. 角色知觉
4. 角色期待
5. 角色冲突
6. 群体思维
7. 群体偏移
8. 群体角色
9. 群体规范

10. 凝聚力
11. 名义群体技术
12. 方案前提分析法
13. 头脑风暴法
14. 德尔菲法

三、判断改错题

1. 工厂里的车间、班组、科室，学校里的班级、教研室等都是正式群体，工厂里的足球队、篮球队也是正式群体。（　）

2. 对于长期规划，封闭群体更有效；对于发展新思想和新产品，开放群体更有效。封闭群体具有历史的眼光，而开放群体则是着眼于现在。（　）

3. 在群体发展的震荡阶段，群体成员会形成强烈的群体身份感和友谊关系，当群体结构趋于稳定时，群体内成员也就对于成员行为达成共识。（　）

4. 在群体发展的规范阶段，一些人会为群体所取得成就而兴奋不已、心满意足；也有一些人会感到闷闷不乐、郁郁寡欢。（　）

5. 麦当劳公司对填菜单的格式、做汉堡和炸薯条的方法都有严格的、标准的工作程序，说明公司的规模越大，其群体成员的行为就越一致，越容易预测。（　）

6. 通常，美国联邦法官的角色被视为地位优越、举止高贵；而橄榄球运动队的教练员则被视为富有进取精神、灵活机动以及善于激励自己的球员。这说明角色知觉对群体成员角色行为具有重大影响。（　）

7. 实践证明：与个体主义的文化相比，在集体主义文化下人们对社会规范的遵从水平更低。（　）

8. 大量事实表明，群体能够对其成员施加巨大压力，使他们改变自己的态度和行为，以符合群体的标准。（　）

9. 小群体比大群体有更高的凝聚力，因为小群体为成员们提供了更多的相互交往的机会；群体越大，异质越多，态度和价值观的差异也增大，所以大群体凝聚力低。（　）

10. 在群体凝聚力过强的群体中，是不能容忍异议的，对这样的群体来说，最有价值的是做出高绩效。（　）

11. 群体决策由于集思广益，博采众长，一定比个人决策更为合理、更为有效，也能降低决策的冒险倾向。（　）

12. 在20世纪80年代，应用最广的一种自我管理团队是质量圈。（　）

四、单选题

1. 由两人或两人以上组成，遵守共同的行为规范，在情感上互相依赖，在思想上互相影响，而且有着共同的奋斗目标的集合体是（　）。
A. 群体　B. 团队　C. 组织　D. 学习型组织

2. 根据群体的（　），我们可以把群体划分为开放群体和封闭群体。
A. 群体规模　B. 构成原则　C. 构成方式　D. 开放程度

3. 自然或者自发形成的、以共同的兴趣或者爱好为基础而建立的群体是（　　）。

A. 正式群体　　B. 非正式群体　　C. 工作群体　　D. 业余群体

4. 群体的目的、结构、领导都不确定，群体成员各自摸索群体可以接受的行为规范。此时群体处于（　　）。

A. 形成阶段　　B. 震荡阶段　　C. 规范化阶段　　D. 执行任务阶段

5. 群体内部成员之间开始形成亲密的关系，群体表现出一定的凝聚力。这时会产生强烈的群体身份感和友谊关系。此时群体处于（　　）。

A. 形成阶段　　B. 震荡阶段　　C. 规范化阶段　　D. 执行任务阶段

6. 每一成员在群体中都表现出自己特定的行为模式，可称之为（　　）。

A. 角色　　B. 角色期望　　C. 角色认知　　D. 角色扮演

7. 根据群体形成的五阶段模型，在（　　）结束时，群体的领导层次相对明确了。

A. 形成阶段　　B. 震荡阶段　　C. 规范化阶段　　D. 有所作为阶段

8. 在群体的凝聚力较高、绩效规范低的情况下，群体的生产率（　　）。

A. 高　　B. 低　　C. 水平中等　　D. 低到中等

9. 进入群体的任何一个人，首先应建立和适应群体的（　　）。

A. 规范　　B. 角色期望　　C. 角色意识　　D. 行为模式

10. 以下关于群体规模的叙述中不正确的是（　　）。

A. 群体规模能够影响群体的整体行为

B. 研究表明，成员为偶数的群体似乎比成员为奇数的群体更受欢迎

C. 相对而言，5 至 7 人的群体在执行任务时较有效

D. 如果群体的目标是调查事情的真相，那么应该是大群体比小群体更有效

11. “物以类聚，人以群分”就是强调（　　）对人际吸引的重要性。

A. 接近性　　B. 熟悉性　　C. 相似性　　D. 互补性

12. 从个体的角度看，群体规范意味着在某种情况下群体对一个人的行为方式的（　　）。

A. 规定　　B. 看法　　C. 期望　　D. 依赖

13. 组织行为学中把在群体压力的作用下，个体有时会表现出与群体行为一致的行为倾向称为（　　）。

A. 遵从行为　　B. 服从行为　　C. 从众行为　　D. 响应行为

14. 最早用实验证明群体成员的从众行为的是（　　）。

A. 勒温　　B. 阿希　　C. 莱维特　　D. 豪斯

15. 一个人的活动由于有别人同时参加或在场旁观，活动效率提高或降低的倾向被称为（　　）。

A. 群体促进效应　　B. 社会惰化效应　　C. 协同效应　　D. 从众效应

16. 群体决策有多种方法，其中决策速度最慢的决策方法是（　　）。

A. 头脑风暴法　　B. 名义小组法　　C. 德尔菲法　　D. 电子会议法

17. 关于从众行为，下列说法中正确的是（　　）。

A. 情绪比较稳定的人容易从众　　B. 服从性和受暗示性弱的人容易从众

C. 自信心强的人容易从众　　D. 人际关系比较好的人容易从众

18. 群体规范可以规划一个人在群体中的行为方式，这是群体规范的（　　）。

A. 标准功能　　B. 导向功能　　C. 评价功能　　D. 动力功能

19. 头脑振荡法也称头脑风暴法，最早由奥斯本于20世纪50年代提出。头脑振荡的原意是指（　　），用于群体决策时则是指让人敞开思想、畅所欲言的一种方法。

A. 一般人的正常表达　　B. 管理者的经验

C. 精神病人的胡言乱语　　D. 专家的精辟分析

20. 德尔菲法是一种集中各方面专家的意见预测未来事件的方法，又称为（　　）。

A. 有控制的反馈法　　B. 提喻法

C. 哥顿法　　D. 前提分析法

21. 不去直接讨论有待决策的备选方案本身，而是讨论这些方案所依据的前提，这种方法被称为（　　）。

A. 德尔菲法　　B. 提喻法

C. 方案前提分析法　　D. 哥顿法

22. 关于冲突观念的现代观点认为（　　）。

A. 冲突有害无益　　B. 冲突应当避免

C. 冲突有益无害　　D. 冲突保持在适度水平是有益的

23. 梅雷迪思·贝尔宾把个人的个性特征同群体的角色行为相联系，提出的理论是（　　）。

A. 功能角色理论　　B. 团队角色理论

C. 社会角色理论　　D. 相关角色理论

24. 支持群体的目标、能够提高群体的工作绩效、具有建设性的冲突，这是一种有益的冲突，通常被称为（　　）。

A. 功能失调的冲突　　B. 功能正常的冲突

C. 群体冲突　　D. 部门冲突

25. 冲突双方都希望满足两方利益，并寻求相互受益的结果，这属于处理冲突行为意向中的（　　）。

A. 竞争　　B. 回避　　C. 合作　　D. 迁就

26. 组织行为学研究表明，在大多数情况下，当群体受到外部威胁时，群体的凝聚力会（　　）。

A. 降低　　B. 增强

C. 不变　　D. 有时降低，有时增强

27. 个体在冲突中只寻求自我利益的满足，而不考虑对他人的影响，这属于处理冲突行为意向中的（　　）。

A. 回避　　B. 迁就　　C. 折中　　D. 竞争

28. 下列冲突中，属于群体冲突的是（　　）。

A. 厂长同科长之间的冲突

B. 直线管理人员同职能专家之间的冲突

C. 工会与管理层之间的冲突

D. 科长同科员之间的冲突

29. 凝聚力与群体生产率的关系取决于群体的（　　）。

A. 绩效　　B. 合作关系　　C. 规范　　D. 绩效规范

30. 群体互动表现为建设性的时候，群体之间的状况是（　　）。

A. 冲突　　B. 迁就　　C. 合作　　D. 依从

31. 小群体与大群体相比，其优势主要在于（　　）。

A. 完成任务速度快　　B. 易解决复杂问题

C. 绩效水平高　　D. 凝聚力强

32. 间断-平衡模型指出，群体在第一阶段结束时，群体发生一次转变，这个转变正好发生在群体寿命周期的（　　）。

A. 初期阶段　　B. 第二阶段　　C. 中间阶段　　D. 最后阶段

33. 冲突较多，不太容易随机应变的群体是（　　）。

A. 正式群体　　B. 非正式群体　　C. 同质群体　　D. 异质群体

34. 为冲突情境中的各方提供总体的行为指南的是（　　）。

A. 行为意向　　B. 决策　　C. 价值观系统　　D. 个体特征

35. 一般地，人们把冲突源概括为沟通变量、个人变量与（　　）。

A. 层次变量　　B. 结构变量　　C. 类型变量　　D. 行为变量

36. 当情况紧急、果断的活动极其重要时，应采用的处理冲突的策略是（　　）。

A. 竞争策略　　B. 回避策略　　C. 迁就策略　　D. 合作策略

37. 在群体的凝聚力低、群体的绩效规范高的时候，群体会产生（　　）。

A. 高生产率　　B. 中等水平的生产率

C. 低生产率　　D. 低于一般水平的生产率

38. 群体发展阶段理论认为，群体发展了凝聚感，成员们互相产生了好感，并与群体取得认同时，这时群体处在（　　）阶段。

A. 规范化　　B. 震荡　　C. 形成　　D. 有所作为

39. 由价值观的差异而导致的冲突，其冲突源属于（　　）。

A. 沟通因素　　B. 结构因素　　C. 领导因素　　D. 个人因素

40. 冲突的来源有三方面：沟通因素、结构因素和（　　）。

A. 个体行为因素　　B. 个体身体因素

C. 个体心理因素　　D. 个体性格因素

41. 罗宾斯总结了那些有关冲突和组织规模之间关系的研究，发现一致的结果是，组织规模越大，（　　）。

A. 冲突却越小　　B. 冲突也越大　　C. 冲突不变　　D. 冲突变化不定

42. 群体开始准备解散，高绩效不再是压倒一切的首要任务，注意力放到了群体的收尾工作。此时群体处于（　　）。

A. 中止阶段　　B. 震荡阶段　　C. 规范化阶段　　D. 执行任务阶段

43. 从人际关系的角度来看，邀请下级参与可以满足下级尊重和友爱的需要，因此可以使上下级之间的关系更融洽。这样，下级参与越多，（　　）。

A. 冲突越少　　B. 冲突越多　　C. 冲突不变　　D. 冲突变化不定

44. 如果发现人员流动率低、缺乏新思想、缺乏竞争意识、对改革进行阻挠等情况时，管理人员就需要（　　）。

A. 反对冲突　　B. 挑起冲突　　C. 鼓励冲突　　D. 压制冲突

45. 下列方法中属于减少冲突的是（　　）。

A. 委任态度开明的管理者　　B. 鼓励竞争

C. 重新编组　　D. 设置超级目标

46. 下列方法中属于引起冲突的是（　　）。

A. 设置综合领导　　B. 鼓励竞争

C. 设置超级目标　　D. 向上级申诉，由上级仲裁

47. 下列团队属于行动/磋商团队的是（　　）。

A. 生产线上的装配团队　　B. 董事会

C. 谈判团队　　D. 科研团队

48. 自我管理型团队能够很好地提高员工的工作满意度，但是有人发现与传统组织比较起来，自我管理型团队的（　　）。

A. 离职率偏高，流动率偏低　　B. 离职率和流动率偏高

C. 离职率偏低，流动率偏高　　D. 离职率和流动率偏低

49. 大多数（　　）的工作范围都比较窄，不占用大量的工作时间，成员在该组织中还有其他任务。

A. 建议/参与团队　　B. 自我管理型团队

C. 行动/磋商团队　　D. 问题解决型团队

50. 下列团队属于问题解决型团队的是（　　）。

A. 危机公关小组　　B. 矩阵组织　　C. 销售小组　　D. 董事会

51. 20 世纪 80 年代，企业中非常流行的质量圈，就是典型的（　　）。

A. 建议/参与团队　　B. 自我管理型团队

C. 行动/磋商团队　　D. 问题解决型团队

五、多选题

1. 按照群体规模可以将群体划分为（　　）。

A. 开放群体　　B. 大型群体　　C. 非正式群体　　D. 小型群体

E. 正式群体

2. 根据构成群体的原则与方式不同，群体可以分为（　　）。

A. 正式群体　　B. 非正式群体　　C. 特殊群体　　D. 常规群体

E. 小型群体

3. 依据群体的开放程度不同，我们可以将群体划分为（　　）。

A. 开放群体　　B. 正式群体　　C. 非正式群体　　D. 封闭群体

E. 特殊群体

4. 群体的发展有五个阶段，包括（　　）。

A. 形成阶段　　B. 震荡阶段　　C. 规范化阶段　　D. 执行任务阶段

E. 合作发展阶段

5. 每一个成员在群体中都扮演相应的角色，这包括（　　）。

A. 自我中心角色　B. 任务角色　C. 维护角色　D. 领导者角色

E. 被领导者角色

6. 依据群体角色构成，群体模型有（　　）。

A. 任务群体　B. 团队群体　C. 维护群体　D. 领导群体

E. 无序群体

7. 群体规范的建立和发展受（　　）等因素的影响。

A. 个体的特征　B. 群体的构成　C. 地理环境　D. 组织规范

E. 群体发展阶段

8. 群体规范的功能主要有（　　）。

A. 群体行为导向的功能　B. 群体行为的评价功能

C. 群体行为的标准功能　D. 群体行为的约束功能

E. 群体行为的动力功能

9. 群体规范可以通过哪些方式建立（　　）。

A. 自主成立　B. 主管或同事的明确声明

C. 从以前延续下来的行为　D. 群体历史特殊事件

E. 组织规范

10. 美国学者皮尔尼克的“规范分析法”包含（　　）。

A. 明确规范内容　B. 编制规范剖面图

C. 进行改革　D. 做好监督工作

E. 反馈

11. 以下影响群体凝聚力的因素中，正确的有（　　）。

A. 态度和目标的一致性　B. 群体规模

C. 班组的组合　D. 领导作风

E. 群体发展阶段

12. 凝聚力作为组织必需的要素，其主要作用与（　　）有关。

A. 满意度　B. 生产率　C. 群体意识　D. 组织规模

E. 组织承诺

13. 群体决策要求互补性原则，具体地说，互补包括（　　）。

A. 知识结构的互补　B. 性格、气质和决策风格上的互补

C. 决策群体的人数　D. 决策对象一致

E. 合作发展阶段

14. 关于冒险转移的原因，以下假设正确的有（　　）。

A. 责任分摊假设　B. 领导人物作用假设

C.“文化缩放”假设　D. 效用改变假设

E. 群体无所不能假设

15. 激发群体创新的主要方法包括（　　）。

A. 头脑振荡法　B. 德尔菲法　C. 提喻法　D. 方案前提分析法

E. 问卷法

16. 群体思维有哪些特点？（　　）

A. 盲目乐观情绪　B. 顺从性思维　C. 逆反性思维　D. 小集团思想

E. 创新思维

17. 结构因素是导致冲突的重要来源，其中又包括（　　）。

A. 奖酬制度　B. 权力　C. 资源依赖性　D. 部门设置

E. 人员组合

18. 冲突的来源有（　　）。

A. 沟通因素　B. 结构因素　C. 个体行为因素　D. 领导者因素

E. 员工因素

19. 减少冲突的策略有（　　）。

A. 设置超级目标　B. 采取行政手段

C. 上级领导的协调　D. 个人的协商

E. 团队讨论

20. 处理冲突的策略方式包括（　　）。

A. 竞争型　B. 回避型　C. 妥协型　D. 合作型

E. 体谅型

21. 群体的一般类型有（　　）。

A. 大型群体和小型群体　B. 正式群体和非正式群

C. 开放群体和封闭群体　D. 弱势群体和强势群体

E. 规范群体和非正式群体

22. 以下措施能激发员工冲突的有（　　）。

A. 委任态度开明的管理者　B. 鼓励竞争

C. 重新编组　D. 鼓励改革与创新

E. 鼓励合作

23. 人们在群体中可获得（　　）的满足。

A. 安全需要　B. 情感需要

C. 尊重和认同需要　D. 完成任务需要

E. 跨职能团队需要

24. 关于凝聚力的作用，表述正确的有（　　）。

A. 增强满意度　B. 改善沟通　C. 提高生产率　D. 增强群体意识

E. 强化团队

25. 以下属于群体中自我中心角色的有（　　）。

A. 阻碍者　B. 寻求认可者　C. 支配者　D. 逃避者

E. 领导者

26. 以下属于维护角色的有（　　）。

A. 鼓励者　B. 协调者　C. 折中者　D. 监督者

E. 支配者

27. 影响从众行为的个人因素有（　　）。

A. 智力因素　　B. 人际关系　　C. 自信心　　D. 群体气氛
E. 个性特点

28. 个体与群体的目标冲突主要有（　　）。
A. 个体对于群体目标认识上的差异　　B. 个体对于群体目标存有偏见
C. 个体与群体目标内容上的差异　　D. 群体的目标过高，个体难以完成
E. 个体与群体目标形式上的差异

29. 凝聚力的高低，在很大程度上决定着群体行为的（　　）。
A. 效用　　B. 效率　　C. 效果　　D. 效能
E. 效价

30. 下列选项属于群体发展的五阶段的有（　　）。
A. 形成阶段　　B. 震荡阶段　　C. 规范化阶段　　D. 执行任务阶段
E. 终止阶段

31. 在下列哪些情况下，个体较易产生与群体保持一致的从众行为倾向？（　　）
A. 群体的竞争程度较低　　B. 群体成员的共同性较少
C. 群体凝聚力较高　　D. 群体目标较明确一致
E. 群体规模较小

32. 在下列（　　）情况下使用合作策略来处理冲突效果较好。
A. 当发现冲突双方都十分重要并且不能进行妥协或折中时
B. 当处理者的目的是学习时
C. 当处理者需要融合不同人的不同观点时
D. 当处理者需要把各方意见合并到一起而达到承诺时
E. 当发现问题解决后带来的潜在破坏性将超过它能获得的利益时

33. 冲突定义有很多，但都包含一些共同的主题，这些共同主题是（　　）。
A. 冲突必须是双方感知到的
B. 冲突过程的起点是意见的对立或不一致
C. 冲突必须为双方和其他人所感知
D. 冲突过程的起点是行为的对立或不一致
E. 冲突过程的起点是性格的对立或不一致

34. 研究群体发展阶段的模型有（　　）。
A. 五阶段模型　　B. 群体行为模型
C. 生命周期模型　　D. 间断-平衡模型
E. 激励模型

35. 影响群体间协作程度的主要因素有（　　）。
A. 群体间的互相依赖性　　B. 群体所从事任务的不确定性
C. 群体工作的时间　　D. 群体的目标取向
E. 群体间的一致性

36. 群体结构变量主要包括（　　）。
A. 正式领导　　B. 群体规模　　C. 群体任务　　D. 群体构成
E. 群体能力

37. 影响合作与竞争的因素有（　　）。

A. 个性特征　　B. 动机　　C. 信息沟通　　D. 群体规模

E. 领导水平

38. 按照团队存在的目的和形态分类，我们可以将团队划分为（　　）。

A. 生产服务型团队　　B. 问题解决型团队

C. 自我管理型团队　　D. 跨职能团队

E. 行动磋商团队

六、简答题

1. 什么是群体？个体为什么要加入群体？
2. 组织成员一般扮演哪些角色？
3. 影响群体凝聚力的因素有哪些？
4. 根据决策风格特征，人可以划分为哪几类？
5. 群体决策中的冒险转移现象产生的原因有哪些？
6. 组织中产生冲突的根源有哪些？
7. 什么是团队？团队和群体有哪些主要区别？
8. 适当的绩效标准具有哪些特征？
9. 阻碍团队成功的潜在因素有哪些？
10. 高效团队具有哪些主要特征？
11. 群体发展包括哪五个阶段？
12. 提高群体凝聚力的方法有哪些？
13. 创建成功团队需要注意的问题有哪些？
14. 如何区分正式群体和非正式群体？
15. 影响群体行为的组织环境条件有哪些？
16. 影响群体绩效的群体成员资源包括哪些？
17. 解决群体角色冲突的原则有哪些？
18. 群体规范的主要类型有哪些？
19. 群体规范的影响因素有哪些？
20. 群体规范的功能有哪些？
21. 群体规范建立的方式主要有哪些？
22. 决策群体的组成原则有哪些？
23. 导致“冒险转移”现象的假设有哪些？
24. 群体思维（小集团思想）的特点有哪些？
25. 团队建设的一般途径是什么？

七、论述题

1. 你认为从众行为在组织中的作用是什么？请予以解释。

2. 试评析“冲突不利于组织发展，应尽量予以消除”这一论断，你认为应如何正确对待冲突？

3. 请论述群体决策的优缺点，并说明其与个体决策的区别。

4. 请结合实际情况，论述“头脑风暴法”“名义群体技术”“辩证思维决策方法”“阶梯决策法”“德尔菲法”等群体决策技术的适用范围和优缺点。

八、案例分析

X 跨国公司群体冲突处理

南京的X独资有限公司来自日本大阪，是全球液晶产品的主要生产制造基地，其液晶电视信誉在中国首屈一指。截止到2009年10月份，其已大批量生产了60寸液晶电视，尺寸已做到中国最大，2009年盈利104亿人民币。

X独资有限公司与熊猫集团分解后打算离开南京，南京市委为了留住X独资有限公司在南京办厂，同意把南京东面的一块2 000亩左右的菜地征收给X独资有限公司做厂地，并由政府帮助安排撤迁当地居住的菜农。这块地位置优越，并紧挨着附近十几所高校。作为回报条件之一，X独资有限公司需把一些年轻菜农招进该公司工作。X独资有限公司一共招募了40多名菜农及村民，大部分被安排在后勤岗位，负责厂区的绿化、卫生、食堂及门卫的工作。在这一批招进来的人员中，有5名员工工作责任心不强，工作懒散，劳动纪律性不强，最近两年还出现了“顺手牵羊”行为，不时把公司的消毒用品、绿化用品、食堂食品、厕所卫生纸、清洁剂等带回家。公司管理者多次对当事者进行教育、给予纪律惩罚和罚款，但收效甚微，于是公司开除了这5名员工。被开除的这5名员工失去了工作，心生不满，联络了本村的一些亲戚与邻居来到工厂控诉公司对他们土地和工作的剥夺，呼喊口号“小日本滚回去”，还准备邀约附近的学者写标语贴在公司的大门口，引来了不少当地村民。

怎么办？现在有三种策略：

（一）将5名员工的偷盗行为报警，由警方来处理。

（二）报告政府，请求政府帮助解决。

（三）由公司协调与5位被开除员工的关系：请求总裁改变并收回开除这5名员工的决定，但原来的终身雇佣合同调整为两年，如在这两年期间，员工不再有任何不良行为发生，可以恢复到原先约定的终身雇佣。

对第三种策略，管理者意见不一致，反对者称，这样会破坏组织管理风气。他们认为，奖罚不到位，制度落实就得不到保障；公司章程面前人人平等，任何人不可以有“特权”。

赞同者认为，这样能快速处理这件事情，避免周围不明真相的村民和周围大学的学生加入进来，导致势态不可收拾，从而把问题控制在最小的范围内。同时他们建议：①5名起事者立即解散聚集者；②5名起事者把最近“带回家”的东西返还给公司；③5名起事者接受半年不发放奖金的处罚；④通过公司内部广播，5名起事者向全体员工宣读检讨与保证书，并建议，检讨者不在公开大会上与全体员工见面，检讨书只张贴在公司的相关部门，让当事者不尴尬；⑤为5位员工建立员工个人信用档案。

X公司采纳了第三种策略。2年后，5名员工已今非昔比。一个被提升为门卫管理的班长，一个被提升为餐饮管理的负责人，还有一个被破格提升为仓库保管员，其他2

个信用档案里也没有不良记录，公司恢复了他们的终身雇佣合同。

案例来源：马吟秋. 制衡与分享：X 跨国公司群体冲突中意见领袖的影响作用［EB/OL］.（2017-07-21）［2019-11-20］. http://www.cmcc-dut.cn/Cases/Detail/1566.

思考问题：你如何看待 X 公司的这一冲突处理方式？

九、延伸阅读

群体的易受暗示和轻信

我们在定义群体的时候，曾经说过，它们最为普遍的特点之一就是非常容易受到别人的暗示，我们还指出了在所有的人类群聚中暗示的传染性到底能达到什么样的程度；这个事实解释了一个群体在确定的方向上情感的快速转变。然而，一个群体或许会认为这无关紧要，群体通常都会处在一种渴望被其他人注意的状态之中，这会致使它很容易被暗示。最初被指定出来的暗示，在传染的过程当中，迅速地进入群体所有成员的大脑之中，群体情感的相同倾向会很快成为一个既成事实。

正如所有处于暗示影响下的人的例子那样，那些进入大脑的想法很容易转化为行动。无论这种行动是放火烧掉宫殿还是自我牺牲，群体都会为此赴汤蹈火。这全都要取决于刺激因素的特性，而不再像孤立的个人那样，取决于被暗示驱使的行动和所有理由之间的关联（这或许会极力阻止这一行动的实现）。于是，群体会永久地漫游在无意识的领地，随时准备服从于所有的暗示，表现出对理性的影响毫不感兴趣的生物所特有的激情，它们被剥夺了批判能力，除了极端轻信于别人之外再无其他的可能。

一些可以在群体里轻易传播的传说之所以能够产生，不仅仅是因为它们极易被轻信，还因为事件在人群想象中，发生了非凡的曲解的结果。在群体的观察之下，最简单的事件也会很快得到彻底的改变。群体是用形象来进行思考的，这些形象本身立刻就会产生一系列跟第一个形象之间没有任何逻辑关联的形象。我们能够通过在脑海中思考任何事物所产生的连续的幻觉，来感知这一思想状态。我们的理性告诉我们，在这些形象之间不存在任何关系。但是群体却会完全忽视这一事实，将由曲解的想象力所引发的幻觉同真实事件混淆在一起。群体很少能够将主观和客观区分开来。它会把从脑海中被唤起的景象也当作现实，尽管这些景象同被观察到的事实之间往往只有微不足道的关系。

下面的事例是它们当中最为特殊的一个，因为它是从使群体成为受害者的集体幻觉中被挑选出来的，其中既有最无知的人，也有最有学识的人。海军上尉朱利安·费利克斯在他的著作《海流》一书中提到了这件事，事后他们发现这个所谓的失事船只不过就是一些覆盖着树叶的树枝而已，这些树叶都是从附近的海岸上冲刷过来的。当这一迹象被察觉时，幻觉才消失了。

在这一例子当中，我们解释过的关于集体幻觉的机制是完全行得通的。一方面，我们看见一个在期待中观望的群体。另一方面，是巡逻的海员发出海上有失事船只信号的暗示。在相互传染的过程中，这一暗示被所有船员接受。

只要少数的个人聚集在一起就能组成一个群体，即使他们都是非常有学识的人，在他们的特长之外一样会呈现出群体的特征。在每个人独立存在的时候才有的观察的能力和批判精神很快就会消失。一个有独创性的心理学家达维先生，为我们提供了一个同我们现在所谈论的问题相关的非常奇妙的例子，近期的《心理学年鉴》援引了这一事例。达维先生将一群非常出众的观察家聚到了一起，他们当中有最杰出的英国科学家之一华莱士先生。在允许他们检查了物体，并且依照他们的意愿做上标记之后，达维先生在这些人的面前演示格式化的精神现象：显灵，并且让他们记录下来。在这些杰出的观察家陆陆续续写下记录之后，他们一致承认这些所展示的现象只能通过超自然的方法获得，然后，达维先生告诉他们，这些现象不过都是一些超级简单的小把戏造成的结果。

资料来源：节选自古斯塔夫·勒庞. 乌合之众：大众心理研究［M］. 泰传安，译. 北京：现代出版社，2016.（有删减）

团队人格特质组合对团队结果的影响研究

Hoffman 早在 1959 年就注意到了团队成员的人格特征与团队结果的关系。他发现，多元性群体能采用更有创造性的问题解决方案，其问题的解决质量优于同质性群体。但是，在相当长的时间里，这方面的研究并没有更多的进展。20 世纪 80 年代后，关于团队人格特质组合与团队结果关系的实证研究逐渐增多。

Barrick 等（1998）以 652 名员工组成的 51 个工作团队为对象，实证研究了在实际组织环境中团队成员构成（一般心理能力和人格特征）对团队凝聚力、团队效能（团队绩效和团队生命力）的影响

Neuman 等（1999）以 82 个团队中 328 名零售助理为研究对象，探讨了团队人格特质平均水平和团队人格特质方差对团队绩效的影响。结果发现，对于尽责性、宜人性和经验开放性，人格特质的平均水平对团队绩效有正向影响；而对于外向性和情绪稳定性而言，人格特质的方差对团队绩效有正向影响。

Neuman & Wright（1999）选择了 79 个四人工作小组，研究“大五”人格在个体水平和团体水平对职务绩效的预测。这些小组中的成员需要互相协助才能完成工作。研究者采用人际技能作为主观绩效指标，小组工作准确性和完成任务量作为客观绩效指标，结果发现：团队成员中的宜人性和尽责性的最低得分都是个体和团体职务绩效的有效预测源；团队成员在宜人性、尽责性、经验开放性三个特性的平均分数越高，并且在外向性、情绪稳定性方面差异越大的，其团队绩效表现越好。

Lim（2003）研究发现，团队神经质和经验开放性对团队绩效有显著的影响。神经质水平高的会导致团队关系冲突水平上升，一个成员对另一成员的看似无害的行为或评论可能导致一连串的负面情绪反应。拥有较多开放性个体的团队创造力更强，能产生不同的看法与问题解决方案，从而提升团队绩效。开放性高的成员有较高的行动力，有助于团队成员的互动，促进彼此的沟通与合作，同时因为个体具有更开放的心态，愿意采纳他人的提议，关系冲突也将减少。

Halfhill 等（2005）以美国东南部空军国家警备基地中的 422 名成员共有 47 个军队服务团队（团队人数为 3~14 人）为对象展开了实证研究，并通过团队成员个人绩效等级（由其上司评定）的加总平均来测量团队绩效。结果发现，团队宜人性和尽责性

的平均水平及最小值对团队绩效等级有正向关联性，而团队宜人性的方差对团队绩效有负向影响。和其他团队相比，尽责性和宜人性得分都高的团队有更高的绩效等级，这表明了工作团队中互补、共有的人格特质之间可能的协同作用。

Wang 等（2010）研究了我国合作目标和团队宜人性特质组合对团队建设性争论的影响。研究以中国一家大型移动通信服务商的呼叫中心的 60 个客户服务团队为研究对象。结果表明，合作目标对建设性争论具有预测效应，团队宜人性方差是建设性争论的一个前因，并受到团队宜人性特质水平的调节：团队宜人性平均水平越高，宜人性方差和建设性争论的正向关系越强。

资料来源：刘宁. 团队人格特质组合对团队结果的影响研究［J］. 经济管理，2011（12）：102-103.

附　自评量表

评价你作为团队成员的行为

指导语：选择你工作过的团队，用下面的尺度评价你在每个项目上的行为。
任务倾向行为：在这个团队中，我 (　　) 1. 创造新观点或行为。 1-完全不是　2-很少这样　3-有时　4-经常　5-完全是 (　　) 2. 促进事实和信息的引进。1-完全不是　2-很少这样　3-有时　4-经常　5-完全是 (　　) 3. 总结各种观点。1-完全不是　2-很少这样　3-有时　4-经常　5-完全是 (　　) 4. 专注于完成团队任务。1-完全不是　2-很少这样　3-有时　4-经常　5-完全是 (　　) 5. 关心团队是否要进行决策。1-完全不是　2-很少这样　3-有时　4-经常　5-完全是
关系倾向行为：在这个团队中，我 (　　) 6. 支持和鼓励他人。1-完全不是　2-很少这样　3-有时　4-经常　5-完全是 (　　) 7. 保持和谐。1-完全不是　2-很少这样　3-有时　4-经常　5-完全是 (　　) 8. 试图发现共同点。1-完全不是　2-很少这样　3-有时　4-经常　5-完全是 (　　) 9. 鼓励参与。1-完全不是　2-很少这样　3-有时　4-经常　5-完全是 (　　) 10. 积极倾听。1-完全不是　2-很少这样　3-有时　4-经常　5-完全是
自我倾向行为：在这个团队中，我 (　　) 11. 表示敌意。1-完全不是　2-很少这样　3-有时　4-经常　5-完全是 (　　) 12. 避免卷入。1-完全不是　2-很少这样　3-有时　4-经常　5-完全是 (　　) 13. 控制团队。1-完全不是　2-很少这样　3-有时　4-经常　5-完全是 (　　) 14. 随意压制他人。1-完全不是　2-很少这样　3-有时　4-经常　5-完全是 (　　) 15. 将团队成果用作个人荣誉。1-完全不是　2-很少这样　3-有时　4-经常　5-完全是

资料来源：赫尔雷格尔，斯洛克姆，伍德曼. 组织行为学：第 9 版［M］. 俞文钊，丁彪，等译. 上海：华东师范大学出版社，2001：396.

该问卷用来评估你作为团队成员的任务倾向、关系倾向或自我倾向行为。问卷将评估你致力于每种角色的趋势。成员的构成和角色极大地影响团队行为。某种成员行为太多或太少都会对团队绩效和成员满意感产生反面影响。

如果团队成员的平均得分情况：在任务倾向行为上得分 20~25 分，在关系倾向行为上得分 20~25 分，在自我倾向行为上得分 5~10 分，这将是一个有效的团队。

第11章　非正式群体及其行为

一、填空题

1. 20世纪30年代，________实验开创了人际关系学说的先河。

2. 相对于非正式组织，正式组织的基本特点表现为组织目标的具体性、权力的____________、组织结构的等级性和信息沟通渠道的________。

3. 非正式组织是人们在共同的工作过程中自然形成的以感情、喜好等情绪为基础的________、______________的群体。

4. 非正式组织对组织的________、______等工作绩效有着不可忽视的影响。

5. 按照非正式组织的作用和性质，我们可以将其分为积极型、______、中立型和______。

6. 正式沟通通常指命令和指示经______向下传达，意见和建议向上汇报。

7. 非正式沟通的主要方式有________和________。

8. 非正式沟通主要以四种类型的传播链进行传播，主要包括链式、________、________、组串型。

9. 相对于正式组织侧重于人们社会关系的理性侧面、意识侧面、行为侧面，非正式组织中起作用的更多的是______、______心理的因素。

10. 权力是指对他人价值和资源的控制或影响能力。组织中的权力一般可以分为________和________。

二、名词解释

1. 非正式组织
2. 正式组织
3. 正式权力
4. 非正式权力
5. 学习型组织
6. 正式沟通
7. 非正式沟通

三、判断改错题

1. 正式组织和非正式组织在组织目标、组织结构以及组织职位、职责和职权的对应程度上都是不同的。（　　）

2. 霍桑实验开创了组织行为学的先河，管理学从此进入了行为科学时代。（　　）

3. 管理心理学家道尔顿按照非正式群体成员间的关系将非正式群体分为三类：垂直型、水平型和冷淡型。（　　）

4. 非正式沟通是非正式组织的副产品，它一方面满足了员工的需求，另一方面也补充了正式沟通系统的不足，是正式沟通系统的有机补充。（　　）

5. 从本质上来讲，非正式组织是为了满足人们的组织沟通需要而在工作环境中出现的一种自发形式，通常是在友谊和共同爱好的基础上产生的，有较强的亲和力。（　　）

6. 正式沟通通常指命令和指示经指挥链条向下传达，意见和建议经指挥链条向上汇报。（　　）

7. 非正式组织的情绪表达功能会导致成员的从众行为。（　　）

8. 正式权力主要依靠组织的规整制度或组织共有行为来强制实施。正式权力具有上级委任、成员授予、强制实施、不稳定性、等级式的特点。（　　）

9. 越级报告的实质是组织成员未按照正式上行沟通渠道逐级向领导者表达意见，而是越过直属上级直接向更上级领导者以口头或书面形式汇报的沟通。（　　）

10. 非正式组织作为存在于正式组织中的一种非正式的社会交往关系，之所以长盛不衰，是因为其具有加强组织成员工作满足感和稳定性等积极作用。（　　）

四、单选题

20 世纪 30 年代，梅奥的霍桑实验发现了存在于一切组织中的（　　）。

A. 群体　B. 团队　C. 正式组织　D. 非正式组织

2. 霍桑实验开创了（　　）的先河，管理学从此进入了行为科学时代。

A. 人际关系学　B. 组织行为学　C. 管理心理学　D. 管理学

3. 现代管理学大师（　　）认为，组织成员之间的相互影响存在着两种不同的基础，一种是为了共同的组织目标，另一种则是为了私人的目的。

A. 韦伯　B. 泰勒　C. 巴纳德　D. 法约尔

4. 人们在共同的工作过程中自然形成的以感情、喜好等情绪为基础的松散的、没有正式规定的群体是（　　）。

A. 非正式组织　B. 正式组织　C. 团队　D. 无边界组织

5. 美国管理心理学家（　　）按照非正式群体与组织是否保持良好关系将非正式群体分为四种类型：冷淡型、乖僻型、策略型和保守型。

A. 韦伯　B. 泰勒　C. 塞利士　D. 巴纳德

6. 管理心理学家道尔顿按照非正式群体成员间的关系将非正式群体分为三类：垂直型、水平型和（　　）。

A. 乖僻型　B. 冷淡型　C. 保守型　D. 随意型

7. 非正式组织按（　　）划分的类型：利益型、信仰型、兴趣型、情感型和亲缘型。

A. 目的　B. 来源　C. 成因　D. 后果

8. 非正式组织按作用划分的类型：积极型、消极型、中立型和（　　）。

A. 乖僻型　B. 破坏型　C. 保守型　D. 随意型

9. 从本质上来讲，非正式组织是为了满足人们的（　　）需要而在工作环境中出现的一种自发形式，通常是在友谊和共同爱好的基础上产生的，有较强的亲和力。

A. 经济利益　　B. 工作任务　　C. 社会交往　　D. 组织沟通

10. 领导者的职位权力，即领导者所处（　　）的正常权力，人们称之为正式权力或职权。

A. 工作岗位　　B. 组织地位　　C. 社会影响力　　D. 社会地位

11.（　　）主要依靠组织的规章制度或组织共有行为来强制实施，并且具有固定的、明确的边界限制和多级性。

A. 工作权力　　B. 正式权力　　C. 领导权力　　D. 非正式权力

12. 以下特征不属于正式权力特点的是（　　）。

A. 等级式　　B. 合法性　　C. 自愿性　　D. 强制实施

13. 以下论述不属于非正式权力特点的是（　　）。

A. 权力来源于成员的共同授予

B. 权力的实施依靠组织压力以及其他非行政权力

C. 权力无等级式的层级结构

D. 权力由非理性和个人情感因素来维持

14. 组织中的权力关系是由（　　）决定的，权力的分配随着组织结构的确定而确定。

A. 工作岗位　　B. 组织地位　　C. 组织关系　　D. 组织结构

15. 以规范化的方式和手段、遵循层级节制原则，且可以动用合法的暴力手段的权力运用和行使方式属于（　　）行使方式。

A. 正式权力　　B. 非正式权力　　C. 专制权力　　D. 民主权力

16. 依照有关管理部门的决定、命令、批示，为完成特定的任务而建立的组织被称为（　　）。

A. 有机式组织　　B. 正式组织　　C. 机械式组织　　D. 非正式组织

17. 根据群体类型的划分依据不同，下列属于非正式群体的是（　　）。

A. 命令型群体　　B. 交叉功能型群体

C. 生产线上的装配小组　　D. 利益群体

18. 在组织中，通过满足成员的社会需要而发挥着重要作用的群体是（　　）。

A. 正式群体　　B. 任务群体　　C. 命令群体　　D. 非正式群体

19. 上级了解下级情况、获取信息的主要途径是（　　）。

A. 正式沟通　　B. 下行沟通　　C. 上行沟通　　D. 非正式沟通

20. 斜向沟通又称交叉沟通，是指组织内不同层级部门间或个人的沟通，包括群体内部非同一组织层次上的单位或个人之间的信息沟通和不同群体的非同一组织层次之间的沟通，它时常发生在职能部门和（　　）之间。

A. 直线部门　　B. 参谋部门　　C. 辅助部门　　D. 非正式群体

21. 口头联络、备忘录和信件、文件流转、记录和报告、手册是组织沟通的常见形式，其中（　　）是组织处理业务的典型方式。

A. 口头联络　　B. 备忘录和信件　　C. 文件流转　　D. 记录和报告

22. 手册是将组织长期形成的惯例汇总，手册的产生及应用的必然性结果是加强了决策的（　　）。

A. 民主化　　B. 集中化　　C. 分权化　　D. 集权化

23. 小道消息主要的传播形式是（　　），每一个传播环节都是把信息传递给一群人而不是一个人。

A. 簇式传播　　B. 链式传播　　C. 环式传播　　D. 星式传播

24. 小道消息所传播的信息绝大部分都是真的。研究小道消息准确性的方法是信息核查，它表明在正常的工作环境中有（　　）的小道消息是准确的。

A. 1/4　　B. 2/4　　C. 3/4　　D. 4/4

25. 谣言和小道消息的关系是（　　），它是小道消息中没有被证实的不真实的内容。

A. 谣言是没有可靠的事实依据而被传播的小道消息

B. 谣言就是小道消息

C. 谣言是小道消息中被证实的真实的内容

D. 小道消息就是谣言

26. 越级报告的实质是组织成员未按照正式上行沟通渠道逐级向领导者表达意见，而是越过直属上级直接向更上级领导者以口头或书面的形式进行沟通。对"越级报告"认识错误的一项是（　　）。

A. 属于非正式上行沟通机制　　B. 常被称为"小报告"

C. 逐级向领导者表达意见　　D. 以口头或书面的形式进行沟通

27. 某些人将信息有选择地告诉其他人就是（　　）。

A. 链式沟通　　B. 闲聊型沟通　　C. 随机型沟通　　D. 葡萄型沟通

28. 沟通是指（　　）在传送者和接收者之间交换的过程。

A. 数据　　B. 资料　　C. 信息　　D. 情绪

29. 正式沟通通常指命令和指示经指挥链条（　　）传达，意见和建议经指挥链条（　　）汇报。

A. 向上，向上　　B. 向上，向下　　C. 向下，向上　　D. 向下，向下

30. 组织行为学家戴维斯对组织中的非正式沟通的研究表明，最普通的非正式沟通形式是（　　）。

A. 集束式　　B. 流言式　　C. 偶然式　　D. 链式

31. 按照信息沟通的"介质"不同而划分的沟通类型是（　　）。

A. 内部沟通和外部沟通　　B. 正式沟通和非正式沟通

C. 纵向沟通和横向沟通　　D. 口头沟通和非口头沟通

32. 以下沟通方式，属于正式沟通渠道的是（　　）。

A. 小道消息　　B. 社交场合　　C. 食堂的午餐　　D. 员工会议

33. 企业公关部经理代表企业向新闻媒体发布信息，与社会公众沟通。这种沟通形式是（　　）。

A. 正式沟通　　B. 非正式沟通　　C. 纵向沟通　　D. 内部沟通

34. 若要从事一种保密程度要求很高的沟通，最适宜的沟通网络形式是（　　）。

A. 链式　　B. Y 式　　C. 轮式　　D. 全方位式

35. 员工既要满足正式组织领导的要求，又要满足非正式组织的要求，容易产生

（　　）。

A. 角色冲突　　B. 角色认同　　C. 角色综合　　D. 人际冲突

36. 企业与股东、银行、新闻媒体之间的沟通属于（　　）。

A. 内部沟通　　B. 纵向沟通　　C. 外部沟通　　D. 横向沟通

37. 非正式组织作为存在于正式组织中的一种非正式的社会交往关系，具有（　　）作用。

A. 积极和消极　　B. 积极　　C. 消极　　D. 积极或消极

38. 非正式组织是在人们的交往中自发形成的，因此是靠人们的（　　）来维系的。

A. 情感　　B. 沟通　　C. 品德　　D. 利益

39. 比起正式组织，非正式组织更能让员工产生（　　），因为人们在非正式组织中既可以交流与工作相关的内容，也可以交流生活或情感方面的内容。

A. 责任感　　B. 成就感　　C. 荣誉感　　D. 归属感和安全感

40. 非正式组织具有（　　），会导致成员的从众行为。

A. 社会控制功能　　B. 情绪表达功能　　C. 利益表达功能　　D. 社会代表功能

五、多选题

1. 下列属于莱维特所说的组织和群体中正式沟通网络基本形式的有（　　）。

A. 轮式沟通　　B. Y 式沟通　　C. 链式沟通　　D. 全方位沟通

E. 圆式沟通

2. 小道消息的目标包括（　　）。

A. 建构和缓解焦虑

B. 将支离破碎的信息说得完整

C. 将群体成员或局外人组成一个整体

D. 表明信息发送者的地位或权力

E. 强化正式沟通效果

3. 非正式沟通网络的基本形式有（　　）。

A. 链式　　B. 集束式　　C. 偶然式　　D. 流言式

E. 单线式

4. 正式组织的特点有（　　）。

A. 具有牢固的感情纽带　　B. 组织结构的等级性

C. 权力的合法正规性　　D. 组织目标的具体性

E. 信息沟通渠道的稳定性

5. 美国管理心理学家塞利士按照非正式群体与组织的关系将非正式群体划分为（　　）。

A. 冷淡型　　B. 保守型　　C. 乖僻型　　D. 策略型

E. 利益型

6. 从众行为的消极作用体现在（　　）。

A. 能帮助组织实现预定目标　　B. 容易给个体或群体带来惰性

C. 压抑成员的创造性　　D. 使决策或决定产生偏差

E. 增强团队的凝聚力

7. 非正式组织产生的原因有（　　）。

A. 暂时的利益一致　　B. 受管理方式的影响

C. 经历背景的一致　　D. 亲属关系

E. 组织决定

8. 基于组织行为学，信任的维度有五个方面，即正直、能力、一贯、忠实、开放。其中属于价值观框架的有（　　）。

A. 正直　　B. 能力　　C. 一贯　　D. 忠实

E. 开放

9. 非正式组织的特征包括（　　）。

A. 牢固的感情纽带　　B. 自然形成的核心人物

C. 层级式的等级特点　　D. 很大的不稳定性

E. 跨职能团队

10. 正式权力具有以下几个特点（　　）。

A. 上级委任　　B. 强制实施　　C. 不稳定性　　D. 等级式

E. 成员授予

11. 以下为了升职和获取权利而采取的策略是（　　）。

A. 靠工作赢得竞争　　B. 建立联盟

C. 协助上司取得成功　　D. 经常跳槽

E. 利用工作流动性

12. 正式沟通的优点有（　　）。

A. 约束力强　　B. 沟通速度快

C. 易于保密　　D. 具有权威性

E. 失真少

13. 沟通的基本形态是（　　）。

A. 上行沟通　　B. 下行沟通　　C. 平行沟通　　D. 越级报告

E. 斜向沟通

14. 管理者在处理越级报告时，必须坚持以下原则（　　）。

A. 隐秘处理

B. 调查收集相关资料和查证

C. 对事实进行研究分析后做出适当的决策

D. 对信息的提供者做出反馈

E. 公开处罚

15. 小道消息的特点有（　　）。

A. 小道消息虚假成分高

B. 小道消息具有快速扩散的特点

C. 小道消息具有异乎寻常的渗透力

D. 小道消息可能传播正式组织不愿意传播的消息

E. 小道消息是指信息内容错误

16. 以下主要为非正式沟通的有（　　）。

A. 小道消息　B. 上行沟通　C. 下行沟通　D. 越级报告

E. 斜向沟通

17. 越级报告的沟通机制具有以下优点（　　）。

A. 保持沟通信息的完整性，使真实信息得以充分表达

B. 规范有序

C. 信息的传达具有较高的时效性和动机性

D. 促进组织内部和谐

E. 与正式沟通机制相互补充，使组织能够得到各种有效信息

18. 越级报告的缺点有（　　）。

A. 破坏组织中的权力关系　B. 破坏组织内部的和谐与团结

C. 不真实的报告信息会导致资源浪费　D. 传播虚假信息

E. 不能获得真实信息

19. 非正式沟通可以满足职工的哪些需要（　　）。

A. 生理需要　B. 安全的需要

C. 尊重的需要　D. 社交的需要

E. 自我实现的需要

20. 沟通的要素有（　　）。

A. 信息　B. 编码　C. 渠道、反馈　D. 信息源、接受者

E. 解码

21. 组织中的正式沟通借助的媒介有（　　）。

A. 口头联络　B. 备忘录和信件

C. 文件流转　D. 记录和报告

E. 手册

22. 小道消息的传播形式包括（　　）。

A. 单线型　B. 闲聊型　C. 随机型　D. 组串型

E. 多线型

23. 下列选项中适当的越级报告管理机制有（　　）。

A. 明文禁止越级报告对正式沟通机制的破坏

B. 组织要积极进行个别访谈

C. 健全其他各种沟通方式

D. 对越级报告处理要采取谨慎的态度

E. 禁止下级进行越级报告

24. 下列属于非正式组织的积极作用的是（　　）。

A. 非正式组织增强了正式组织的有效性

B. 非正式组织能够起到“安全阀”的作用

C. 非正式组织有利于成员的沟通

D. 非正式组织促使管理者在做决策时更加谨慎

E. 非正式组织削弱了组织成员的工作满足感和稳定性

25. 下列哪几项是对待非正式组织的正确态度（　　）。

A. 接受并理解非正式组织

B. 发挥非正式组织的积极作用

C. 不考虑非正式组织的利益

D. 注重培育合作的非正式组织，使其居于支配地位

E. 注重培育合作的非正式组织，但不应使其居于支配地位

26. 正式组织和非正式组织比较，合理的是（　　）。

A. 非正式组织比正式组织处理情况更灵活

B. 非正式组织可以弥补正式组织中管理人员编制计划的不足

C. 非正式组织可以缓解人们在正式组织中工作之后的压力

D. 非正式组织比正式组织更具有纪律性

E. 非正式组织比正式组织管理更为严格

六、简答题

1. 什么是正式组织？正式组织具有哪些特征？
2. 什么是非正式组织？非正式组织具有哪些主要特征？
3. 简述正式组织与非正式组织的关系。
4. 非正式组织有哪些作用？
5. 应该怎样正确对待非正式组织？
6. 什么是正式权力？什么是非正式权力？非正式权力有什么特点？
7. 非正式沟通有什么特点？有何利弊？
8. 如何正确管理组织中的非正式沟通机制？

七、论述题

领导者应如何看待和管理非正式组织？互联网时代非正式组织的力量有何新的特点值得关注？

八、案例分析

案例一　办公室里来了年轻人

小张毕业于某重点大学行政管理专业，在校期间品学兼优，多次获得奖学金及“三好”学生、优秀团员等称号，并加入了中国共产党。毕业时，小张参加了某市公务员考试，顺利通过，被该市政府法制办录用。

进入了公务员系统，小张认为从此有了稳定的收入，而且自己的所学又能派上用场，感到很高兴，并且暗自下定决心：要好好地做出一番事业。于是，每天小张早早地来到办公室，扫地打水，上班期间更是积极主动承担各种工作任务，回家还钻研办公室业务。

法制办公室是一个有五个人的大科室，包括主任甲，副主任乙，三位年纪较长的办事员A、B、C。几位老同志听说办公室要来这么一个年轻人，顾虑重重，他们认为

现在的大学生从小娇惯，自命清高，很难相处，而且业务又不熟，还需要他们手把手地教，来了他无异于来了一个累赘。令他们没有想到的是，这个年轻人热情开朗，待人谦虚，很容易相处。更重要的是，小张有行政学专业背景，再加上聪明好学，很快就熟悉了业务，成为法制办工作的一把好手。而且小张很勤快，承担了办公室大量工作，让几位老同志一下子减轻了许多压力。几位老同志渐渐喜欢上了这个年轻人，主任、副主任也经常在办公室会议上表扬小张。

可是聪明的小张发现，随着科长表扬的次数增多，几位老同志对自己越来越冷淡。有一次他忙着赶材料，B居然冷冷地对他说："就你积极!"小张一时间丈二和尚摸不着头脑。

一年很快就过去了，小张顺利转正。

市政府办公室年终考核的时候认为，法制办能按量优质提前完成工作，将其评为"优秀科室"，并且在制订下一年度计划时，又增加了法制办的工作量。法制办的几位老同志本来因为小张的到来轻松了许多，这下子又忙起来。而且他们发现，虽然繁忙依旧，但是"名"却给夺走了，每次得到表扬的总是小张。小张更加被排斥了。随着小张被评为法制办第一季度先进个人，A、B、C对小张的反感达到了顶点。从此，几位老同志再也不邀请小张参加任何一次集体活动，还在背后称小张是"工作狂""神经病""都这么大了还不谈恋爱，是不是身体有毛病"。话传到小张耳朵里，小张很伤心，"我这么拼命干不也是为办公室吗?要不是我，去年办公室能评上先进科室?怎么招来这么多怨恨?"他一直都不能理解。有一次，小张把自己的遭遇同另外一个部门的老王讲了。老王叹了口气，说："枪打出头鸟，你还年轻，要学的还很多啊!"小张恍然大悟，正是自己的积极破坏了办公室原有的某些东西，让几位老同志倍感压力，才招来如今的境遇。

从此，小张学"乖"了，主任不布置的任务，再也不过问了；一天能干完的事情至少要拖上两天甚至三天。办公室又恢复了平静与和谐，先进个人大家开始轮流坐庄，几位老同志见到小张的时候又客气起来了，集体活动也乐意邀请上他。小张觉得，这样很轻闲，与大家的关系也好多了，心理压力骤减，生活也重新有了快乐。

案例来源：https://wenku.baidu.com/view/759ed52ecfc789eb172dc8a6.html.

结合案例，回答下列问题：

1. 是什么导致了小张行为的前后变化?
2. 领导应如何对待和处理案例中出现的问题?

案例二 "自由代理人"小组的革新秘密

斯德恩斯公司是美国的一家税务会计公司，主要为个人提供税务服务。完成这项工作需要高超的编程技能，以及对法律的透彻理解。它要求人们迅速整合新的法律内容并对已有法律做出解释，然后准确无误地把它们编入已有规则和分析工具中。

这些程序的编写由4名分布在大波士顿地区的成员组成的虚拟团队完成。4个人都在家里工作，相互之间以及与公司的联系通过电子邮件、电话和会议软件进行。所有程序员之间正式的现场会议1年之中只有几次，不过他们有时会在工作之余进行非正式的见面。4个人每天大量交换邮件。事实上，对他们来说，为了登录和查询邮件而不见客人或家人是很正常的事。他们的邮件中除了与工作相关的内容之外，经常还有一些有趣的事情。有时，如果工作的最后期限临近，而玛吉的孩子却生病在家，那么其他人会帮助她完成工作。汤姆偶尔也会邀请其他成员来自己的农场；玛吉和克兰好几次带着自己的家人共进晚餐。差不多每月 1 次，小组中的所有人会在一起共进午餐。在薪水方面，与公司的惯例一样，每个人需要单独而且秘密地和管理层谈判。尽管在工作日每个人都会受到定期检查，但他们在受雇时就被告知，他们可以在任何自己想工作的时间里工作。显然，工作弹性是这些人工作的优势。当 4 个人聚在一起时，他们常常开那些绑在办公室里的管理者和员工的玩笑，他们把那些定点上班的人称为"面部计时器"，而把自己称为"自由代理人"。

公司奖励政策规定，将员工革新项目在 3 个月内为公司产生的效益的 5% 奖励给每个提出建议的员工，但汤姆和克兰都觉得从公司奖励中得到的那笔钱太少了，还不够抵消他们使用这新的编程工具所赢得的时间呢！他们希望把节约的时间用于休闲或就工作进行咨询。他们还担心，如果管理层了解了这项革新后会对他们的小组不利：说不定会让 3 个人来完成 4 个人的工作，这就意味着其中 1 个人会失去工作。所以，他们并没有把这项革新告诉管理层。

尽管汤姆和克兰没有与管理层分享这个革新方案，但他们知道马上要进入紧张的工作季节，而且小组中的所有人都会承受很大的工作压力。他们决定告诉小组内其他人这一工具，但要求他们保密。

一天午餐后，小组共同确定了一个生产水平，这样不至于引起管理层的怀疑。几个月过去了，他们利用更多的时间来改进工作质量。另外，他们现在可以将更多时间花在自己的个人兴趣上。

戴夫·里根是该工作群体的管理者，在这项革新实施的几周后看到了它的效果。他很奇怪，为什么团队的工作时间有所减少，但工作质量却提高了。当他看到玛吉给克兰的一封邮件，感谢他给她带来了更多的时间以及他的"聪明头脑"时，他有点明白了。戴夫不想让小组成员感到尴尬，于是暗示汤姆他希望知道所发生的事情，但是他什么也没得到。戴夫没有向自己的上司报告这一情况，因为这个团队无论是在质量还是生产率方面都很不错，他没有必要进一步深究。

但戴夫不久听说克兰向公司中另一个虚拟团队的成员夸耀自己的技巧。突然之间，情况变得有些失控了。戴夫决定请克兰共进午餐。吃饭时，戴夫请克兰解释一下所发生的事。克兰只是告诉戴夫他们有了一些革新做法，但仍坚持指出团队决定要保守秘密。

戴夫知道，自己的老板很快也会听说这件事，而且会询问他。他该怎么办？

案例来源：http://csu.fanyA.chaoxing.com/portal.

结合案例，回答下列问题：

1. 你如何看待戴夫领导的工作群体将革新项目成效瞒着他这种行为？

2. 你认为戴夫接下来应该怎么做？

九、延伸阅读

“非正式组织”管理

从企业角度和组织规划角度来看，正式组织是具有一定结构、同一目标和特定功能的行为系统。随着人员扩张和时间的发展，在正式组织中，某些成员之间特别要好，工作后经常聚在一起活动，成为小群体。逐渐地，小群体中开始出现固定的核心成员，这些人员在非工作时间、非工作内容上逐渐拥有话语权，成为小团体的意见领袖。当有员工产生异议或不满情绪时，更多的是向小群体成员抱怨，而不是通过正式渠道向管理层反映。小群体逐渐形成为非正式组织。

很多时候经常会发现会议上一个消息在会后被传得人人皆知，为什么？因为非正式组织中有着一种强大的消息扩散渠道和通路。各种小道消息，流言蜚语开始滋生，员工越来越不相信从正式渠道得来的消息，年轻人的好奇心加聚了非正式信息的传播。如果内部情绪没能在正式渠道表达并得到妥善处理，就会对正式组织管理产生冲击。

从“安全性”和“紧密度”两个维度，我们可以将非正式组织划分为四种类型：

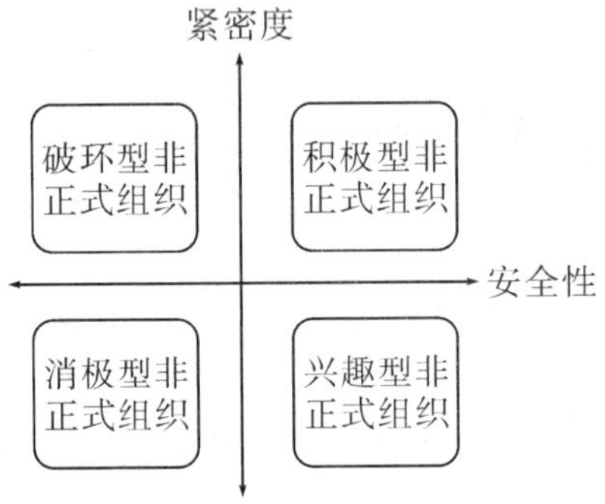

消极型：既不安全，也不紧密。这种非正式组织内部没有一个得到全部成员认可的领袖，又分为几个小团体，每一个小团体都有一个领袖，同时某些领袖并不认同组织，存在个人利益高于组织利益的思想。

兴趣型：很安全，但不紧密。由具有共同的兴趣、爱好而自发形成的团体，成员之间自娱自乐。

破坏型：很紧密，但不安全。这种非正式组织里形成了一股足以和组织抗衡的力量，而且抗衡的目的是出于自身利益，他们甚至会为谋求团体利益不惜损害组织利益，同时团体内部成员不接受正式组织的领导而听从团体内领袖的命令，这类非正式领袖常常是管理中的问题员工。

积极型：既积极，又很紧密。一般出现在企业文化良好的企业，员工和企业的命运紧密地联系在一起。例如QA（质量保证）小组的员工下班后，自发聚到一起，一边喝咖啡，一边针对今天服务过程中的几个重要服务质量缺陷问题畅所欲言，最后通过讨论找出解决问题的方法。

不同类型的非正式组织的管理方式是不一样的，但其目的不变，那就是去除非正式组织的负面影响，利用非正式组织的正面积极效应，并将之转化为正式组织的管理力量！

非正式组织类型的管理策略：

消极型——加强沟通，特别是与非正式领袖的沟通，寻找合适的机会把队员分流到积极型组织的团队中。

兴趣型——利用队员的兴趣给予发挥的空间，将兴趣转化为参与组织文化的积极因素，比如年会上安排他们表演或者做活动的参与协同。

破坏型——一旦发现及时处理，特别是对非正式领导的处理，将破坏的范围降到最低，并寻找合适的机会把队员分流到积极型组织的团队中。

积极型——在正式组织内部树标兵、立团队典范，同时在合适的时机将积极型非正式团队的成员引入其他团队，将他们积极的力量转化为“正式组织”的管理力量！

同时采用其他非正式管理手段和方法加以配合：

（1）团队小型化。小团体可以使人产生较强的归属感，也容易具有较高的个人成就感。在组织设计时考虑将较少的人数组成一个班组，一般3至10人。可以有效规避由于沟通不畅所导致的非正式组织负面效应的产生。

（2）消除同质化。非正式组织的主要根源之一就是同质化，比如相似的经历、学历、年龄，相似的背景、价值观，来自同一个城市、同一所大学等，这是非正式组织存在和发展的基础。同质化使得员工在压力之下或者利益的驱动下能更快地取得一致，从而为非正式组织的紧密化提供良好的条件，所以尽量保持员工的多样化、差异化是最容易解决同质化的方法。

如果把一批校招的新员工放在一个项目团队中，谁推荐的队员进谁的项目团队，这就很容易形成“同质化”！可以从两个方面降低员工同质化：首先，在招聘的时候尤其注意不能增强现有非正式组织的力量，同时注意不能在同一个区域或同一所学校招聘到占一定比例的员工；其次，在用人制度上要引进市场竞争机制和内部轮岗机制，保持员工一定比例的流动性，抑制非正式组织力量不断壮大。

（3）协作型文化。非正式组织与正式组织之间的冲突本质上是两种文化之间的冲突，是正式组织文化与非正式组织亚文化之间的冲突。从长远来看，要通过培养团队协作型文化来引导非正式组织的正确发展方向，培育团队协作型企业文化，增强员工之间的互信和合作机制，从而建立强文化型企业，加强信息的沟通，使非正式组织的消极作用消弭于无形。一些组织的内部运营项目中，比如精益六西格码、知识管理项目等，通过组织学习活动进行跨团队的组织协同，甚至建立轮岗的管理机制，都是在树立这种协同的文化，消除非正式组织的负面影响。

（4）引导非正式沟通。考虑到非正式沟通对缓解工作压力，增进人际关系的作用，管理者可以适当考虑更多地创造机会，在组织内部正确引导非正式沟通渠道，从而使上下级之间、同级之间有更多的机会了解、沟通，最终使组织能够健康发展。比如建立领导接待日等更多正式的沟通机制，将“每月员工沟通时间”或“每月沟通几位一线员工”等作为高级管理者的管理指标，同时在日常管理中树立公平、公正、公开的三公文化。员工通过这样一些途径和机会接触到企业内部不同部门的员工，从而建立起更庞大、更复杂的非正式沟通网络，在必要的时候能够进行更迅速、更快捷的信息沟通，降低了非正式沟通的需要和紧密度。

管理者在日常工作中也尤其要重视与非正式组织核心人物的交流，要尊重并肯定他在非正式组织成员中的地位和威信，及时了解非正式组织的动向以及基层成员对于管理层决策的反馈，疏通信息自上而下的沟通渠道，便于管理层及时地对政策进行修改。

资料来源：http://www.ctiforum.com/news/2012news/06/news0657.htm.

第四篇 激励与领导

第12章 动机与激励

一、填空题

1. 动机是个人与环境相互作用的产物，它是一种过程，体现了个体为了实现目标而付出的努力______、______和______。

2. 马斯洛把五种需要分为高级和低级两个级别。生理需要和______称为较低级的需要；社会需要、______和自我实现需要称为较高级的需要。较高层次的需要通过______使个体得到满足，较低层次的需要则通过______使个体得到满足。

3. 高成就需要者更喜欢具有__________、可以获得工作反馈和__________的工作环境。

4. 目标设置理论探讨了目标的具体化、______和______的作用。

5. 目标管理强调员工参与对目标设置工作的重要性，这些目标是______、可检测的和______。

6. 利用员工的投入来增加他们对组织成功的承诺的参与过程叫作员工卷入，它的三种主要形式是：______、代表参与和______。

7. 当前企业付薪的方式有多种。最初的薪资水平的确定过程相当复杂，需要兼顾内部公平和外部公平，最佳的薪酬系统就是既按工作的______付酬，又保持薪酬在劳动力市场上相对的______。

8. 浮动工资方案是把一部分薪酬建立在员工个人或组织的______的基础上。

9. 现代企业中三种最流行的福利计划是：模块计划、__________和__________。

10. 重要的工作报酬既可以是内在的也可以是外在的。员工认可方案属于______，而报酬体系所提供的报酬就是______。

11. 工作特征模型指出能让员工体验到工作意义的工作核心维度是技能的多样性、__________、__________。

12. 在所有工作形式中，最适合远程办公的工作是：________________________、移动式活动______________________。

13. 当前最佳的薪酬实践中，最佳的薪酬系统就是既要保持薪酬内在的________，又要保持其外在的________。

二、名词解释

1. 动机
2. 目标管理
3. 自我效能感
4. 组织公平感
5. 工作轮换
6. 工作扩大化
7. 弹性时间制
8. 保健因素
9. 技能工资

三、判断改错题

1. ERG 理论与马斯洛的理论有很多相同之处，其中一个相同点就是二者都存在一个严格的等级。（ ）

2. 工资与绩效挂钩，这一点也可以通过认知评价理论说明其可行性。（ ）

3. 目标管理与目标设置理论的区别在于员工的参与问题。（ ）

4. 动机理论在不同的文化背景下也存在一致性的地方。（ ）

5. 企业把先进者的照片贴上光荣榜，借以表彰本企业的标兵模范。不仅先进者本人受到鼓舞，而且更多的职工会受到激励，会争取使自己的照片也贴上光荣榜。这种激励方法成为荣誉激励。（ ）

6. 道格拉斯·麦格雷戈提出了两种完全不同的人性假设：一种基本上是积极的，称为 X 理论；另一种基本上是消极的，称为 Y 理论。（ ）

7. 马斯洛把五种需要分为高级和低级两个级别。较高层次的需要通过内部使人得到满足，较低层次的需要则通过外部使人得到满足。（ ）

8. 麦克莱兰需要理论的观点实质是强调满足人的自我实现、尊重和社交需要这三个层次的非物质需要的重要性，在人的激励问题上，主要取决于精神需要的满足程度。（ ）

9. 日本著名企业家稻山嘉宽在回答“工作报酬是什么”时指出，工作报酬就是工作本身。此话深刻地指出目标激励的无比重要性。（ ）

10. 根据美国学者赫茨伯格的双因素理论，激励可分为两种因素——保健因素和激励因素。保健因素的作用只是消除不满，但不会产生满意。（ ）

四、单选题

1. 下列（　　）不属于克莱顿·奥尔德弗 ERG 理论的三类核心需要。

A. 生存需要　B. 关系需要　C. 回报需要　D. 成长需要

2. 消除工作中的不满意因素（　　）让工作令人满意。

A. 会　B. 并不一定会　C. 不会　D. 这两者无关

3. 麦克莱兰的需要理论主要关注（　　）这三种需要。

A. 生理、存在和社会　B. 社会、尊重和自我实现

C. 社会、成就和权利　D. 成就、权利和归属

4. 归属需要和权力需要与管理的成功密切相关。最优秀的管理者拥有（　　）权力需要和（　　）归属需要。

A. 高，低　B. 高，高　C. 低，高　D. 低，低

5. 提高自我效能感的最重要的资源是（　　）。

A. 过去的成功经验　B. 替代榜样

C. 口头说服　D. 唤醒

6. 某单位领导认为，下属一般并不是好逸恶劳的，他们热爱工作，从工作中获得满足感和成就感。这种假设符合（　　）观点。

A. X 理论　B. Y 理论

C. 超 Y 理论　D. 自我实现的人假设

7. 看到朋友减肥成功，劳拉更加相信自己也可以减肥成功。这属于提高自我效能感中的（　　）。

A. 唤醒　B. 口头说服

C. 替代榜样　D. 过去的成功经验

8. 家具生产商，自己设计图样、选料、制造产品并将其完善。这显示了工作的（　　）。

A. 技能多样性　B. 任务完整性　C. 任务重要性　D. 工作自主性

9. 工作扩大化是对工作的（　　）发展，工作丰富化是对工作的（　　）发展。

A. 横向，纵向　B. 纵向，横向　C. 横向，横向　D. 纵向，纵向

10. 下列哪个说法是错误的？（　　）

A. 工作丰富化可以降低由于员工的缺勤带来的成本

B. 工作丰富化可以降低由于员工的流动带来的成本

C. 工作丰富化可以提高员工的满意度

D. 工作丰富化可以提高生产率

11. （　　）被认为是"在世界范围内最广泛使用的一种以立法形式出现的员工卷入方式"。

A. 参与管理　B. 目标管理　C. 代表参与　D. 质量圈

12. 奖金优于绩效工资的一点就是奖金激励员工的（　　）业绩。

A. 历史　B. 最近　C. 总体　D. 其他

13. 关于保健因素和激励因素的以下各项表述，正确的是（　　）。

A. 保健因素和激励因素通常都与工作条件和工作环境有关

B. 保健因素和激励因素通常都与工作内容和工作本身有关

C. 保健因素通常与工作条件和工作环境有关，而激励因素与工作内容和工作本身有关

D. 保健因素通常与工作内容和工作本身有关，而激励因素与工作条件和工作环境有关

14. 不仅提出需要层次的“满足—上升”趋势，而且也指出“挫折—倒退”趋势的理论是哪一种？（　　）

A. 需要层次论　B. 成就需要论　C. ERG 理论　D. 双因素理论

15. 赫茨伯格认为，激励员工的关键在于（　　）。

A. 提供给员工更高的工作报酬

B. 加强对员工的监督和控制

C. 设计出一种能让员工感到工作本身就是激励的工作任务

D. 创造良好的工作条件

16. ERG 理论的提出者是（　　）。

A. 马斯洛　B. 赫茨伯格　C. 麦克莱兰　D. 奥尔德弗

17. 预先告知某种不合要求的行为或不良绩效可能引起的后果，使职工避免不符合要求的行为以免发生令人不愉快的事件，从而使职工按所要求的方式行事，这种强化方式是（　　）。

A. 正强化　B. 负强化　C. 自然消退　D. 惩罚

18. 取消正强化，对职工的某种行为不予理睬，以表示对该行为某种程度的否定，这种强化方式是（　　）。

A. 积极强化　B. 负强化　C. 自然消退　D. 惩罚

19.“胡萝卜加大棒”政策体现的强化原则是（　　）。

A. 以奖为主，以罚为辅　B. 及时强化

C. 正确强化　D. 奖罚相结合

20. 20 世纪六七十年代在西方工业管理中出现的“工作丰富化”和“弹性工作时间”等劳动组织形式，其理论来源是（　　）。

A. 需要层次理论　B. ERG 理论

C. 成就需要理论　D. 双因素理论

五、多选题

1. 马斯洛需要层次理论中需要通过内心使人得到满足的是（　　）。

A. 生理需要　B. 尊重需要　C. 社会需要　D. 安全需要

E. 自我实现需要

2. 以下属于赫茨伯格双因素理论中的保健因素的是（　　）。

A. 管理质量　B. 晋升机会　C. 工资水平　D. 成长机会

E. 同事关系

3. 能影响目标与绩效的关系的因素有（　　）。

A. 目标承诺　B. 反馈　C. 任务特点　D. 民族文化

4. 下列选项与过程公平相关的是（　　）。
A. 组织信任　　B. 工作绩效　　C. 公民行为　　D. 组织忠诚度
E. 工作满意度

5. 能对员工生产率方面提供有力解释的理论包括（　　）。
A. 麦克莱兰的需要理论　　B. 目标设置理论
C. 公平理论　　D. 期望理论

6. 早期的激励理论有（　　）。
A. 需要层次理论　　B. X 理论和 Y 理论
C. 激励-保健理论　　D. ERG 理论
E. 麦克莱兰的需要理论

7. 以下论述符合认知评价理论的观点的有（　　）。
A. 内部激励因素（如成就、责任和能力）独立于外部激励因素（如高工资、晋升、和谐的上下级关系和愉快的工作环境等）
B. 如果我们给予一个从事自己感兴趣工作的人外部奖励，会导致他对任务本身的兴趣的降低
C. 为了避免内部动机降低，应尽量使个人的工资不随绩效的变化而变化
D. 目标的具体性本身就是一种内部激励因素
E. 行为是由外部环境引起的。行为结果之后如果能马上跟随一个反应，则会提高行为的被重复的可能性

8. 麦克莱兰的需要理论主要关注哪几种需要？（　　）
A. 生存　　B. 成就　　C. 成长　　D. 人际
E. 权力

9. 以下理论及其代表者正确的是（　　）。
A. 维克多·弗隆姆的期望理论
B. 史坦斯·亚当斯的公平理论
C. 克莱顿·奥尔德弗的 ERG 理论
D. 道格拉斯·麦格雷戈的 X 理论和 Y 理论
E. 弗雷德里克·赫茨伯格的强化理论

10. 人们加入一个群体中的动机有（　　）。
A. 安全需要　　B. 地位需要　　C. 自尊需要　　D. 情感需要
E. 权力需要

11. 马斯洛需要层次理论的内容有（　　）。
A. 生存需要、安全需要、友爱和归属需要
B. 尊重需要
C. 自我实现的需要
D. 工作和工作条件的需要
E. 文艺、文化娱乐生活的需要

12. 下列制度中属于采用固定间隔强化方法的有（　　）。
A. 计件工资　　B. 计时工资　　C. 计件超产奖　　D. 月度奖
E. 年终分红

六、简答题

1. 什么是激励以及激励过程？
2. 简述保健因素和激励因素的区别。
3. 对比马斯洛需要层次理论和奥尔德弗的ERG理论，说说它们的相似之处和不同之处。
4. 什么样的目标能够提高工作绩效？说说你的理由。
5. 目标设置理论和目标管理的区别和联系是什么？
6. 自我效能感是什么？提高自我效能感的方法有哪些？
7. 简述组织公平的含义以及它的三个维度。
8. X理论与Y理论对动机有何实践意义？
9. 什么是麦克莱兰的成就需要理论？它与员工的行为有何关系？
10. 根据亚当斯的公平理论，当员工感到不公平时他会怎么做？
11. 期望理论中的各项变量有何关系？从各项变量之间的关系来看，怎样才能有效地激励员工？
12. 描述工作特征模型的五个核心任务维度。
13. 简要论述工作轮换的优缺点。
14. 比较收入分成与利润分成。
15. 简要论述技能工资及其优点和缺陷。
16. 相对于传统的标准化的福利方案，灵活福利即建立福利组合有哪些好处？
17. 管理者如何采用哪些方法使员工的工作丰富化？
18. 什么是工作分担？它对员工和管理者而言分别有何意义？
19. 管理者为何希望运用员工卷入方案？
20. 从动机理论的角度说明技能工资方案有何作用。
21. 请比较内容型与过程型激励理论。

七、论述题

连续数年名列世界首富的比尔·盖茨说："我不是为钱工作的，钱让我感到很累。"国外一项来自900余名员工的调查显示，员工在按照重要性对十三项有关工作激励的因素排序时，将高薪和福利排在了末尾，而诸如尊重、工作有趣、被认可、提高技能等因素则被排在了前面。这是否说明"金钱不具有激励作用"？结合相关现实及理论谈谈你的认识。

八、案例分析

海底捞的员工激励智慧

海底捞是一家起源于四川的火锅餐饮公司，从1994年创办，到2018年上市，实现营业额120亿元。海底捞所在的产业一点都不酷，就是火锅，它既不是资源垄断行业，也不是高科技行业，只要是中国人，自己在家都会涮。海底捞的商业模式并不独特，就是一锅一锅卖、一店一店开。但海底捞的故事却成了哈佛商学院的经典案例，原因就是海底捞的员工的服务，是其他地方学不到的。在海底捞，较出色的店一天翻台的次数是七次，而最差的也不会小于四次，员工的工作强度大，但工作劲头足，我们总是看到员工端着菜盆跑步前进，用极快的速度抹桌子、铺桌。这些海底捞人的笑容和激情是如何培训出来的？创始人张勇认为，“制造”海底捞员工的真正关键并不在培训，而在于创造让员工愿意留下的工作环境。

追求满意度

与业内通行的以营业额和利润来考核店长不同，海底捞的店长不对门店的营业额负责。海底捞对一个店长的评价主要是通过顾客满意度与员工满意度这两项指标来决定。公司认为，“超越顾客期望为海底捞赢得了名声，而让为顾客创造感觉的员工过得舒适才是海底捞的安身立命之道”。

即使这两项指标也没有量化的标准，主要依靠区域经理的判断。在海底捞，除了工程部、物流中心和财务部可以有外来的干部外，整个体系崇尚内部培养提拔，特别是管理门店的前厅干部，都是从基层干起来的，多年来积累形成的直觉和判断力——“经理到店里转10分钟基本上就会有个判断”——其效果超过了任何量化的评价办法特别是满意度这种与体验和感受有关的指标评价的威力。

信任与平等

如何让餐饮业的普通员工在工作中充满激情和自信去面对顾客？首要就是公司公平信任地对待员工。创始人张勇极力推行一种信任平等的价值观。“将海底捞开向全国”只排到第3位，而“创造一个公平公正的工作环境”，“致力于双手改变命运的价值观在海底捞变成现实”则排在前面。

在海底捞，基于一切以为客户服务为重和对员工的信任，基层员工可以享受一个特权：基层服务员可以享有打折、换菜甚至免单的权利，只要事后口头说明即可。“因为相对于高层管理人员，每天与顾客直接打交道的只能是普通员工。顾客愿意来海底捞，并不是因为创始人，也不是我，而是和他们面对面接触的那些员工。”同时，为避免信任被滥用，公司为每个员工建立了一张卡，记录员工在店里的所有服务行为，以督促员工合理运用自己的权限。

同时要给他们提供良好的生活环境。在海底捞，高层领导每个月都有一项特殊的任务：去员工的宿舍生活三天。目的在于体验员工的衣食住行是否舒适，以便及时地改善。在行业惯例中，餐饮服务业的员工往往住在潮湿的地下室里，蓬头垢面。但是海底捞的员工都住在公司附近正式的公寓楼里，可以享受到二十四小时的热水和空调。为了减少员工外出上网可能带来的危险，公司为每套房子都安装了可以上网的电脑，此外还要让他们无后顾之忧。海底捞在简阳建了一所私立寄宿制学校，海底捞员工的孩子可以免费在那里上学，只需要交书本费。

鼓励员工创新也是一项重要举措。海底捞摸索出了一个代表着创新意识的红黄蓝榜机制：在总部的办公室墙上，每月以店为单位进行创意统计；每个月九号，各个片区的店经理都要向总部提交一个创新的评估和报告，上面将详细列出各店员工最近的一些想法和创意，公司负责对此进行总结和评比，确定哪些是在本店可行的，哪些是可以推广到全国连锁应用的。“如果一个店这个月是蓝榜，那代表无创新，黄榜则代表本店应用，红榜则代表全国可以推广。”这些创意除了排出榜单，还会用员工的名字命名，发放推广奖金。比如一个叫包丹的员工提出了一个防止顾客手机被溅湿的塑封袋子的想法被采纳，后来这个袋子就取名叫包丹袋，当其他店使用包丹袋时，这些店会按照规则给这位员工一定的使用费。“如果在使用的过程中发现效果更好，还会再给员工发奖金。”

案例来源：本案例根据3篇文章整理而来：

[1] 王昕乐. 从海底捞的管理模式浅谈中国餐饮业的发展 [J]. 经济视角（上），2012（6）：26-28.

[2] 徐伟民. 值得借鉴的“海底捞”管理智慧 [J]. 管理观察，2009（12）：15.

[3] 张勇. 海底捞的愉快管理 [J]. 企业文化月刊，2011（2）：77-79.

结合案例讨论以下问题：

海底捞为什么能够激励一线员工充满激情地工作？这些激励措施都用到了哪些激励理论？是如何运用的？

附　工作重要性与满意度测试

你想从工作中获取什么？

我们以随机顺序列出了16项员工们最想从工作中获取的工作特征，请你将它们按照重要性与满意度进行排序。具体排序要按照1（最重要）、2（次重要）……依次类推，直至16（最不重要），并请你按照同样的步骤对满意度进行排序，然后将你的回答与在本练习最后所提供的各行各业经理人员的回答进行比较。

工作特征	重要性排序	满意度排序
1. 独立的工作		
2. 升职机会		
3. 人际交流		
4. 弹性工作制		
5. 健康保险以及其他福利待遇		
6. 工作的趣味性		
7. 工作对于社会的重要性		
8. 工作安定		
9. 学习新技能的机会		
10. 高收入		
11. 团队成员的认可		
12. 休假		
13. 上班时间固定		
14. 工作地点离家近		
15. 工作压力轻		
16. 工作中能帮助他人		

材料来源：赫尔雷格尔，斯洛克姆，伍德曼. 组织行为学：第9版 [M]. 俞文钊，丁彪，等译. 上海：华东师范大学出版社，2001：92-96.

各行各业经理人员的回答：

关于工作重要性的特征排序：6-14-15-16-1-2-13-3-4-11-7-5-8-12-10-9。

关于工作满意度的特征排序：3-14-2-6-13-4-9-7-11-12-15-8-5-1-16-10。

结合以上回答，确定你自己最看重的工作激励是什么。

第 13 章 领导

一、填空题

1. 领导者的影响力主要来自两个方面：一是来自__________权力，二是来自__________权力。

2. 西方的领导者素质的最早成果被称作“领导特质理论”，它包括________、________和________。

3. 关于领导作风的研究最早是由心理学家勒温进行的，他认为存在着三种极端的领导工作作风，即________、________和________。

4. 组织行为学认为，领导就是影响和指引他人（个体）或______来实现其目标的行为过程。

5. 在路径-目标理论中，领导者发布指示，明确告诉下属做什么、怎么做，这种领导方式是________领导。

6. 菲德勒有效领导的权变模型，认为影响领导形态有效性的环境因素主要有三个方面，包括________、________和______________。

7. 情境领导理论模型中有四种基本的领导方式，对应四种不同的下属成熟度水平，四种领导模式由________和________两个维度决定。

8. 领导-成员交换理论指出，一般来说具有以下特点的下级容易被领导者划入圈内：一是________；二是________；三是______________。

9. 李超平和时勘（2003）认为，变革型领导具有四个显著特征，分别是________、________、感召力和____________。

10. 詹姆斯·柯林斯在探究有些公司能够长期保持卓越业绩的原因时总结出管理者的多种能力，并把它们划分为五个层次，这五个层次分别是________、团队技巧________、领导力、________。

二、名词解释

1. 领导
2. 管理方格理论
3. 情境领导
4. 魅力型领导
5. 交易型领导
6. 变革型领导
7. 员工导向
8. 生产导向
9. 菲德勒权变模型

三、判断改错题

1. 菲德勒的权变领导模型指出，在情境极为有利和极为不利的两种情况下，都应该采取任务取向的领导风格。（　　）

2. 一个人运用自己在某方面的专业性去影响另一个人的言行，其使用的是个人权力。（　　）

3. 情境领导理论认为，无论领导者做什么，其效果取决于下属的活动，因此领导者的领导风格应根据下属的成熟度来确定。（　　）

4. 不同层次领导者所需能力结构是有差异的。对于高层领导者而言，最重要的能力是沟通能力。（　　）

5. 一般把领导者自身的条件，即领导者在领导过程中表现出来的气质、能力、品质等个人特征称作领导素质。（　　）

6. 领导生命周期理论认为，当被领导者群体已经表现出相当程度的工作成熟度时，最适宜的领导方式是参与式领导。（　　）

7. 领导者启发员工发表新见解，从新的角度或视野寻找解决问题的方法与路径，鼓励员工采用崭新的方式完成任务，是魅力型领导的特征。（　　）

8. 在布莱克和莫顿的领导（行为）方格图中，属于（9，1）格的领导方式是任务型领导。（　　）

9. 按照菲德勒的权变领导理论，任务取向的领导干得更好的情境是上下级关系差、任务结构高、职位权力弱。（　　）

10. 领导者的地位与权力主要来源于领导者的影响力。（　　）

四、单选题

1. 不同层次领导者所需能力结构是有差异的。对于高层领导者而言，最重要的能力是（　　）。

A. 技术能力　　B. 人际能力　　C. 概念能力　　D. 沟通能力

2. 按照管理方格理论的观点，对工作和人都高度关心的领导行为类型是（　　）。

A. 乡村俱乐部式管理　　B. 任务式管理

C. 中间型管理　　D. 团队式管理

3. 领导生命周期理论认为，当被领导者群体已经表现出相当程度的工作成熟度时，最适宜的领导方式是（　　）。

A. 指令型领导　　B. 说服式领导　　C. 参与式领导　　D. 授权式领导

4. 菲德勒的权变领导理论认为，在团体情况极有利和极不利的情况下，效果较好的领导类型是（　　）。

A. 人际关系导向型　　B. 任务导向型

C. 目标达成型　　D. 任务结构型

5. 以人际关系为导向的领导方式是指（　　）。

A. 以工作为中心　　B. 以事为中心

C. 以人为中心　　D. 以物为中心

6. 下列选项中属于领导权变论的是（　　）。

A. 领导生命周期理论　　B. 领导行为方格理论

C. 领导作风理论　　D. 领导行为二元四分论

7. 按照不同的具体条件，采取相应的组织结构、领导方式和管理机制，把一个组织看成社会系统中的分系统，要求组织各方面的活动都要适应外部环境的要求，这是（　　）。

A. 权变理论的特点　　B. 管理方格理论的特点

C. 信息沟通理论的特点　　D. 突变调节理论的特点

8. 领导理论的发展大致经历了领导特质理论阶段、领导行为理论阶段和（　　）。

A. 领导权变理论阶段　　B. 独裁领导理论阶段

C. 民主领导理论阶段　　D. 领导风格理论阶段

9. 就一般情况来看，领导者的主要职能是（　　）。

A. 完成任务职能和管理职能　　B. 完成任务职能和指挥职能

C. 完成任务职能和群体维持职能　　D. 完成任务职能和控制职能

10. 除了少数重大问题由领导者做出决策外，一般的决策均由下属做出的领导风格类型是（　　）。

A. 独裁型领导　　B. 民主型领导　　C. 参与型领导　　D. 放任型领导

11. 布莱克和莫顿的研究认为，管理绩效最好的领导风格是（　　）。

A.（9，1）类型　　B.（1，9）类型　　C.（9，9）类型　　D.（1，1）类型

12. 根据有关领导理论，在一些特定的情况下，如新建的组织、变革的组织、成员工作成熟度很低的组织中，往往是采用（　　）方式更为有效。

A. 民主型　　B. 放任型　　C. 集权型　　D. 参与型

13. 韦伯认为，领导者的权力来自三个方面，其中错误的一项是（　　）。

A. 魅力　　B. 奖惩　　C. 合法　　D. 传统

14. 研究比较美国和日本的管理组织及其领导方式的理论是（　　）。

A. X 理论-Y 理论　　B. Z 理论

C. 超 Y 理论　　D. 冲突调节理论

15. 因为人格魅力而产生的影响力，这种权力属于（　　）。

A. 强制权　　B. 奖赏权　　C. 专长权　　D. 仿效权

16. 贯穿于领导活动过程始终的是（　　）。

A. 组织功能　　B. 激励功能　　C. 沟通功能　　D. 服务功能

17. 领导本身是一个动态过程，这个过程是由领导者、被领导者和（　　）构成。

A. 情境　　B. 社会　　C. 组织　　D. 经济

18. 在管理方格论中，对工作高度关心但对人很少关心的领导行为类型是（　　）。

A. 乡村俱乐部式管理　　B. 中间型管理

C. 团队式管理　　D. 任务式管理

19.“有效领导的权变模型”通常叫（　　）。

A. 二元四分模型　　B. 菲德勒模式

C. 管理方格模型　　D. 勒温模式

20. 赋予领导者正式职位和权力的是（　　）。

A. 群体　　B. 组织　　C. 社会　　D. 法律

21. 影响领导者实现有效领导的关键因素是领导者的（　　）。

A. 影响力　　B. 能力　　C. 经历　　D. 资历

22. 领导有效性中最重要的权变因素是（　　）。

A. 领导方式　　B. 组织特点　　C. 领导的情境　　D. 被领导者

23. 以下哪种领导理论不属于领导权变论？（　　）

A. 菲德勒模式　　B. 路径-目标理论

C. 领导生命周期理论　　D. 领导行为方格论

24. 根据组织成长阶段理论，在组织发展的第三阶段即分权发展阶段，最佳的领导风格是（　　）。

A. 指导式　　B. 授权式　　C. 监察式　　D. 参与式

25. 领导理论的发展经历了特质理论阶段、行为理论阶段、权变理论阶段，其中行为理论阶段大致在（　　）。

A. 20 世纪 30 年代　　B. 20 世纪 40~60 年代

C. 20 世纪 70 年代　　D. 20 世纪 80 年代

26. 以下素质中，不属于优秀的领导者必备素质的是（　　）。

A. 政治素质　　B. 身体素质　　C. 知识素质　　D. 心理素质

27. 领导者的影响力主要来自两个方面：一是来自职位权力，二是来自个人权力。下列选项中来自个人权力的是（　　）。

A. 惩罚权　　B. 奖赏权　　C. 合法权　　D. 专长权

28. 以下领导理论中，属于领导权变理论的是（　　）。

A. 领导作风论　　B. 路径-目标理论

C. 领导行为方格论　　D. 领导行为二元四分论

29. “任何领导类型不可能十全十美，也不是一无是处，更重视的应是是否与环境情况相适应”，这一主张的提出者是（　　）。

A. 菲德勒　　B. 利克特　　C. 耶顿　　D. 霍曼斯

30. 领导者要有效地实施领导，必须（　　）。

A. 尽量多地运用威信的影响力　　B. 善于把权力的影响力发挥到极致

C. 加强主观努力，增强自己的威信　　D. 善于把权力与威信的影响力相结合

31. 人们通常把领导者自身的条件，即领导者在领导过程中表现出来的气质、能力、品质等个人特征称作（　　）。

A. 领导素质　　B. 领导能力　　C. 领导表现　　D. 领导行为

32. 在组织运行方面，形成所有领导活动基础的是（　　）。

A. 领导行为方式　　B. 领导类型　　C. 领导决策　　D. 领导素质

33. 按照利克特的四种制度组织理论，效率高的组织方式是（　　）。

A. 专权命令式　　B. 群体参与式　　C. 协商式　　D. 温和命令式

34. 按照菲德勒的权变领导理论，任务取向的领导干得更好的情境是（　　）。

A. 上下级关系好、任务结构低、职位权力弱

B. 上下级关系差、任务结构高、职位权力强

C. 上下级关系差、任务结构高、职位权力弱

D. 上下级关系好、任务结构高、职位权力强

35. 权力基础来源于领导者具备好的思想品质、好的作风、好的个人魅力，这种权力被称为（　　）。

A. 奖赏权　　B. 仿效权　　C. 专长权　　D. 法定权

36. 有研究认为领导的职位权力一般由三部分组成，即强制权、奖惩权和（　　）。

A. 指挥权　　B. 专长权　　C. 决策权　　D. 法定权

37. 根据五级领导能力体系观点，“促使大家为了实现一个清晰的、催人奋进的愿景而全心投入，孜孜以求，激励整个团队追求更高的绩效”的人是（　　）。

A. 高效的领导者　　B. 领导者　　C. 能干的经理　　D. 高素质的员工

38. 由领导做出变革的决策，自上而下发布命令，说明所要进行变革的内容和下级在贯彻这些变革中的职责。这种组织变革策略是（　　）。

A. 命令式策略　　B. 改良式策略　　C. 参与式策略　　D. 分权式策略

39. 菲德勒认为不属于影响领导行为有效性的情境因素是（　　）。

A. 领导者和下级的关系　　B. 领导者职位权力

C. 任务结构　　D. 领导者魅力

40. 按照赫塞-布兰查德领导模型，对于那些具有承担工作责任的能力、愿望或自信心的高级科技人员，应当采用的领导类型是（　　）。

A. 命令型　　B. 说服型　　C. 授权型　　D. 参与型

41. 领导者的地位与权力主要来源于领导者的（　　）。

A. 影响力　　B. 号召力　　C. 指挥力　　D. 领导力

42. “领导者的素质是一种后天的习惯，是一种务实的结合，是可能学来的。”这种观点的提出者是美国管理学家（　　）。

A. 菲德勒　　B. 杜拉克　　C. 斯多基尔　　D. 莱克特

43. 情境领导理论是（　　）在20世纪60年代末提出的，其核心思想是领导者要根据被领导者的情况来决定自己的领导方式和行为。

A. 保罗·赫塞和豪斯　　B. 保罗·赫塞和肯尼司·布兰查德

C. 菲德勒和肯尼司·布兰查德　　D. 菲德勒和豪斯

44. 领导者-成员交换理论认为，具有以下特点的下级不容易被领导者划入圈内（　　）。

A. 性格外向的　　B. 与领导者个人特点相似的

C. 性格内向的　　D. 有能力的

45. “没有一种能适应任何情况的领导模式，只能提出在特定情况下相对来说最有效的领导模式。”这种观点是下述哪种理论的主要观点？（　　）

A. 领导有效性理论　　B. 权变领导理论

C. 路径-目标论　　D. 领导生命周期论

46. 领导生命周期理论认为，有效的领导行为应该综合考虑工作行为、关系行为与（　　）。

A. 被领导者的成熟度　　B. 被领导者的性格

C. 被领导者的气质　　D. 被领导者的个性特点

47. 坦南鲍姆和斯密特认为，经理们在处理某一问题时，是应该自己做出决定还是应该授权给下属做决策取决于（　　）。

A. 管理者的特征、员工的特征、环境的要求以及公司所处的生命阶段

B. 管理者的特征、员工的特征、环境的要求以及决策的难易程度

C. 管理者的特征、员工的特征、环境的要求以及任务的复杂程度

D. 管理者的特征、员工的特征、环境的要求

48. 领导生命周期理论模型不包括以下哪种领导类型？（　　）

A. 命令式领导　　B. 独断式领导　　C. 推销式领导　　D. 授权式领导

49. 领导者启发员工发表新见解，从新的角度或视野寻找解决问题的方法与路径，鼓励员工采用崭新的方式完成任务，是（　　）的特征。

A. 魅力型领导　　B. 基于价值观的领导

C. 交易型领导　　D. 变革型领导

50. 有效领导的基础性来源是（　　）。

A. 领导的权威　　B. 领导的素质　　C. 领导的能力　　D. 领导的职位

51. 勒温的领导作风论认为创新型组织和以知识型员工为主导的组织最适宜采用的领导方式是（　　）。

A. 集权式　　B. 集权与民主结合式

C. 民主式　　D. 放任式

52. 提高领导效能的根本措施是（　　）。

A. 科学决策　　B. 民主决策　　C. 有效沟通　　D. 有效激励

53. 以组织管理的权威性和合法性为基础，依赖组织的奖惩来影响员工的绩效，是（　　）的特征。

A. 魅力型领导　　B. 基于价值观的领导

C. 交易型领导　　D. 变革型领导

54. 在路径（或通路）-目标理论模式中，领导者向下属提出挑战性的目标，希望下属高质量地完成任务，并相信下属能实现目标，这种领导方式是（　　）。

A. 指令型领导　　B. 支持型领导

C. 参与型领导　　D. 成就导向型领导

55. 根据菲德勒的有效领导权变模式，在团体情况一般的情况下，有效领导方式是（　　）。

A. 任务导向型　　B. 目标导向型　　C. 关系导向型　　D. 权威导向型

56. 现代领导者的重要职能和头等重要的事情是（　　）。

A. 科学地决策　　B. 指挥下属完成任务

C. 处理同组织外部环境的关系　　D. 管理

57. 菲德勒的权变领导模型中，领导者与被领导者的关系，是指领导者为被领导者

所接受的程度，即信任、喜爱、忠诚和（　　）。

A. 愿意追随的程度　　B. 任务的结构
C. 参与支持　　D. 职位的权力

58. 在布莱克和莫顿的领导（行为）方格图中，属于（9，1）格的领导方式是（　　）。

A. 贫乏型领导　　B. 俱乐部型领导　　C. 权威型领导　　D. 中间型领导

59. 领导者究竟要选择哪种领导方式，除了考虑下级的个性特点因素，还要考虑的另一个因素是（　　）。

A. 经济　　B. 人际关系　　C. 政治　　D. 情境

五、多选题

1. 领导权力主要来源于（　　）。

A. 资源控制权　　B. 奖惩权　　C. 专长权　　D. 职位权力
E. 个人权力

2. 根据卢因的观点，极端的领导作风具有（　　）。

A. 专制作风　　B. 民主作风　　C. 官僚作风　　D. 家长作风
E. 放任作风

3. 领导的路径-目标理论是以（　　）理论为依据的。

A. 期望理论　　B. 领导行为四分图理论
C. 管理方格图理论　　D. 作风理论
E. 情境理论

4. 行为科学家利克特认为参与式的民主管理最为有效，其基本特征是（　　）。

A. 上下级完全信任　　B. 上下级深入友善的交往
C. 上下级完全沟通　　D. 下级工作自觉性高
E. 下级完全控制决策

5. 根据领导行为四分图，高组织与低体贴会导致员工（　　）。

A. 旷工　　B. 事故　　C. 怨声载道　　D. 转厂
E. 满意度增加

6. 具有民主作风的领导者的特点包括（　　）。

A. 政策是领导者和其下级共同智慧的结晶
B. 分配工作时尽量照顾到个人的能力、兴趣和爱好
C. 主要依靠行政命令与纪律约束、训斥和惩罚，只有偶尔的奖励
D. 主要应用个人权力和威信，而不是靠职位权力和命令使人服从
E. 领导者积极参加团体活动，与下级无任何心理上的距离

7. 下列属于职位权力的有（　　）。

A. 惩罚权　　B. 奖赏权　　C. 合法权　　D. 专长权
E. 魅力权

8. 管理方格理论是综合考虑（　　）而制定的。

A. 关心人的程度　　B. 关系财务的程度

C. 关心组织的程度
D. 关心生产的程度
E. 关心舆论的程度

9. 下列几项中，属于管理方格中的典型领导方式的有（　　）。

A. 贫乏式管理
B. 任务型管理
C. 团队式管理
D. 民主式管理
E. 俱乐部式管理

10. 以下属于领导行为理论的有（　　）

A. 连续统一体理论
B. 管理方格理论
C. 管理系统理论
D. 双因素理论
E. 领导生命周期理论

11. 下列属于个人权力的有（　　）。

A. 模范权
B. 专长权
C. 合法权
D. 惩罚权
E. 奖赏权

12. 菲德勒认为影响领导行为有效性的因素是（　　）。

A. 领导者素质
B. 领导者行为
C. 任务结构
D. 领导者职位权力
E. 领导者与下级的关系

13. 以下属于权变领导理论的是（　　）。

A. 认知资源理论
B. 生命周期理论
C. 路径-目标理论
D. 领导者-成员交换理论
E. 管理方格理论

14. 情境领导理论中提到的基本领导模式为（　　）。

A. 参与式
B. 推销式
C. 授权式
D. 吩咐式
E. 家长式

15. 路径-目标理论认为，领导的有效性取决于他能激励下属达成目标并让下属在其工作中得到满足的能力，为此，领导者应该做到（　　）。

A. 建立报酬体系，使个人目标与有效绩效挂钩
B. 对下属阐明工作任务的要求
C. 引导员工达到目标
D. 帮助员工扫清达到目标的障碍
E. 增加下级满足需要的机会

16. 魅力型领导者的特征有（　　）。

A. 高度自信
B. 支配他人的倾向
C. 对自己的信念坚定不移
D. 有良好的沟通能力
E. 强调工作标准、任务的分派

17. 基于价值观的领导理论组成要素为（　　）。

A. 种子要素
B. 基本要素
C. 衍生要素
D. 强化要素
E. 关系要素

18. 基于价值观的领导者方式能够取得成功主要是因为（　　）。

A. 基于企业核心价值观提出的愿景为企业指明了方向

B. 对绩效进行奖励

C. 领导者的强烈自信与对下属和工作的信心

D. 满足下属的高层次需求

E. 领导者明确了角色和任务要求

六、简答题

1. 简述领导理论的变迁过程。

2. 阐述领导特质论的优点和不足。

3. 简要介绍领导行为中的结构维度、关怀维度的内容。

4. 简述认知资源理论。

5. 菲德勒权变领导模型的三个权变变量是什么？

七、论述题

1. 什么是领导者影响力？根据领导者影响力的来源谈谈提高影响力的路径。

2. 威信是“无言的召唤，无声的命令”。一个领导者要想充分发挥自己的领导功能，威信的高低是一个关键的因素。然而，威信既不能向上级要，又不能靠别人吹，必须由自己的非权力性影响力去赢得。试分析领导威信的特点与作用，并谈谈提高领导威信的方法。

3. 对比论述管理方格论与俄亥俄州立大学和密歇根大学的研究。

4. 评述分析赫塞和布兰查德的情境领导理论。

5. 试评述领导权变理论、领导路径-目标理论以及领导生命周期理论对领导有效性的评价。

6. 谈谈领导者-成员交换（LMX）理论及其对实践的指导意义。

7. 分析决策对于领导有效性的意义，并结合坦南鲍姆的领导行为连续统一体模式谈谈你对“最好的决策模式”的看法。

八、案例分析

案例一　苏小莉即将入职A互助保险公司做主管

苏小莉今年22岁，即将获得南京大学人力资源管理的本科学位。在过去的两年里，她每年暑假都在A互助保险公司打工，填补去度假的员工的工作空缺，因此她在这里做过许多不同类型的工作。目前，她已接受公司的邀请，毕业之后将加入互助保险公司成为保险单更换部的主管。

A互助保险公司是一家大型保险公司，仅小莉所在的总部就有5 000多名员工。公司奉行员工的个人开发，这已成为公司的经营哲学，公司自上而下都对所有员工十分信任。

小莉要承担的工作将直接管理25名职员。他们的工作不需要什么培训而且具有高度的程序化，但员工的责任感十分重要，因为更换通知要先送到原保险单所在处，要列表显示保险费用与标准表格中的任何变化；如果某份保险单因无更换通知的答复而将被取消，还需要通知销售部。

小莉工作的群体成员全部为女性，年龄跨度从19岁到62岁，平均年龄为25岁。其中大部分人是高中学历，以前没有工作经验，她们的薪金水平为每月3 820~5 870元。小莉将接替梅小贝的职位。梅小贝为互助保险公司工作了37年，并在保险单更换部做了17年的主管工作，现在她退休了。小莉去年夏天曾在梅小贝的群体里工作过几周，因此比较熟悉她的工作风格，并认识大多数群体成员。她预计除了杨军丽之外，其他将成为她下属的成员都不会有什么问题。军丽今年50多岁，在保险单更换部工作了10多年。而且，作为一个“老太太”，她在员工群体中很有分量。小莉断定，如果她的工作得不到杨军丽的支持，将会十分困难。

小莉决心以正确的步调开始她的职业生涯。因此，她一直在认真思考要成为一名有效的领导者应如何开启她的第一次团队管理的职业生涯。

案例来源：本案例改编自圣才学习网资料。

结合案例回答下列问题：

为成为有效的团队领导者，你认为小莉可以采取什么样的领导风格（行为）？

案例二　钱展走马上任新团队

钱展是一个具有经验开放性、较高的马基雅维利主义、冒险倾向，具有明显的A型人格特点和情绪不太稳定的经理人，在一家大型企业做主管，最近被派去一个成熟团队做领导。公司要求他成功地激活成熟团队，带领这个团队取得更好的绩效。钱展知道，这是公司对他的信任，他有一种大展身手的雀跃，又有一种沉甸甸的责任和隐隐的担忧，遂决定去找过去大学的黄老师谈一谈，听听他的分析和建议。

案例来源：由编者根据知识点原创。

问题：

假设你是黄老师，为帮助钱展成为有效的领导者，你会给他什么样的建议？

九、延伸阅读

领导圈子：“内圈子”与“小圈子”

1. 两个圈子的含义

一是“内圈子”，即领导-成员交换理论所指的圈子。因为领导者不可能与每一个下属都保持着等距离关系，而是对亲近的成员投以更多的关注、信任和鼓励。这就形成了领导与成员关系的圈内与圈外之分。“内圈子”的产生有其客观原因。首先，由于资源与时间的有限性，领导者只能针对组织中的部分成员建立相对特殊的关系，这一部分人就在领导者周围形成了一个特殊的圈子。其次，领导者与下属的关系是早就已经定型的，领导者与下属的每种交换行为都为下属确定了一个角色，圈子在初期已经形成。再次，领导者与圈内、圈外下属发生的交换关系有质的差别，圈内成员被看作“信任的助手”，他们之间的交换关系是建立在信任、感激与尊重的基础之上的，而圈外成员则只是“雇佣的帮手”，其交换关系的基础是任务和契约，关系质量较低。最后，所有的交换关系都可以分为经济交换与社会交换两种类型。经济交换建立在双方利益得失的基础之上，利益结果会影响双方的交换行为；而社会交换则是以信任和善意为基础的，付出者不会考虑眼前利益，而是认为对方在未来会以履行义务的方式来回报。可以看出，经济交换具有短期性特征，而以信任和双赢为基础的社会交换具有长期性特征。

二是“小圈子”，即一些领导干部刻意营造、精心编织，以实现个人私利为目的，以各种名义结合在一起的小团体。“小圈子”这个词，中国政坛上古已有之，它常常与“拉山头搞帮派”“裙带关系”“任人唯亲”等词一起出现。孔子说，君子群而不党。这里所谓的党，就是指“小圈子”，从中可见“小圈子”在中国有很深的历史渊源。封建社会那种基于自然属性（血缘）的权力世袭，变通为具有社会属性的权力“小圈子”。“小圈子”内的掌权者相互关照，利益共享，将权力资源在亲友中进行分配，这样权力就成了特权阶层的共享资源。

2. 两个圈子的联系与区别

就其共同点来说，两个圈子都是组织的核心层，都有情感的联结。人类社会里绝大多数的组织均采取金字塔式的层级组织结构形态，不管是LMX理论中的圈子，还是领导圈子，都居于金字塔的顶端，拥有丰富的信息，支配大量的资源。同时，圈内人彼此信任趋深，职业关系与义务不断延续与增强。圈内的下属受到领导者的青睐、器重和信任，他们往往被授予更具有挑战性和创新性的任务，以此强化信任开发，下属即使犯错或未能完成任务，领导者也不会责怪他们，而是将原因归结为下属经验不足或者其他无法控制的外部因素。除了上述共同点外，两个圈子又有质的不同。这表现在三个方面。其一，判定标准不同。“内圈子”判定下属是否属于圈内人，依据的是下属的潜质、能力、技能及忠诚等心理因素；“小圈子”则是依据有无利益关系、狭隘的情感关系或血缘关系，而且所谓的利益关系，则是个人利益或小团体利益。其二，组织目标不同。“内圈子”是为了实现组织利益最大化，更好地实现组织目标，使组织获得长远发展；“小圈子”则是为了满足小团体的私利。其三，开放程度不同。“内圈子”是一个开放的、动态的人际关系网，因工作需要、能力变化、信任度增减，圈内的人可以到圈外去，圈外的人也可到圈内来；而“小圈子”则是相对封闭的，为了维护圈子的利益，圈外的人很难进入圈内。

资料来源：侯育伶. 领导-成员交换理论与领导“圈子”的破与立［J］. 领导科学，2010（19）：8-10.

第五篇　组织

第14章　组织理论和组织设计

一、填空题

1. 组织结构包括___________结构和________ 结构。引起组织划分______的原因主要是管理幅度的限制；劳动分工则是划分______ 的原因。

2. 组织结构是随着社会的发展而发展的，目前常用的组织结构有 5 种，即________结构、________结构、模拟分权结构、矩阵结构以及各种形式的委员会。

3. 职权和知识相结合的原则要求职能人员和专家拥有一些必要的职权，以便能使他们更有效地发挥作用，为组织服务，这些职权包括___________、赞同性职权和___________。

4. 企业所处的外部环境是指社会环境，按其变化程度可以分为三类：______的环境、________的环境和剧烈变化的环境。

5. 管理幅度原则要求一个领导者要有一个适当的管理幅度，管理幅度与________成反比关系。

6. 组织设计的任务是提供组织的______________ 和编制________________。

7. 直线权力与参谋权力之间的关系：________ 建议，__________指挥。

8. 阿基瑞斯指出，在组织内部进行分工虽会带来生产率的提升但忽视个体的个性差异会阻止个体的__________________，指挥连有助于保持组织行动的一致性和执行效率，但会导致个体______________________________________。

9. 钱德勒研究了美国 70 多家大型企业，认为组织结构要服从组织的________。

10. 所有部门化的方法可以归结为两类：程序型部门化和目的型部门化。程序型部门化是指____，目的型部门化是指____。

11. 勒温的组织变革三步模型包括________、____________________、__________的连续过程。

12. 按照变革的内容划分，组织变革可以分为________________________、____________________、____________________三类。

二、名词解释

1. 组织结构
2. 直线职权
3. 参谋职权
4. 授权
5. 部门化
6. 顾客部门化
7. 直线职能结构
8. 事业部结构
9. 模拟分权制
10. 委员会
11. 超事业部制结构
12. 横向型组织
13. 组织变革
14. 组织发展

三、判断改错题

1. 事业部结构是欧美国家、日本、中国的各大型企业所采用的典型组织形态，采用事业部结构的组织是把政策制定与行政管理分开，政策管制分权化，业务营运集权化。 （　　）

2. 在组织设计实践中，由各类小组形成的混合体，这些小组分别负责特殊的职能领域，这种方式运行下形成的灵活性组织结构被称为蜂窝状结构。 （　　）

3. 组织中的职员接受双重领导，形成双道命令系统，并且这种组织中的项目小组根据任务的需要而成立或者解散，适应性较强，这种组织结构是矩阵型结构。 （　　）

4. 统一指挥原则表明无论什么工作，一个下级只能接受一个上级的指挥，它最早是由法国著名管理学家巴纳德提出来的。 （　　）

5. 近代的组织理论强调为了适应环境的变化，提高组织竞争能力和效率，一个组织应具有弹性。所谓的弹性就是指一个组织的部门结构、人员的职责和职位都是可以变动的，以便保证知识和职权的结合，保证集体和分权的平衡。 （　　）

6. 破除公司自上而下的垂直结构，打破公司内部各职能部门与部门之间的界限，除财务、人事两部门设少数高级行政人员外，其余公司员工均组成工作组来执行诸如产品开发、促销等核心工序（流程），这种管理是扁平化管理。 （　　）

7. 结构论是系统管理学派提出的：“组织是为了达到某些特定目标，经由分工与

合作及不同层次的权力和责任制度，而构成的人的集合。”（　）

8. 如果一个企业中同时组织几个工作小组，而且这些工作小组长期存在，结果就会出现一种新的组织结构——矩阵结构，又叫规划目标结构。（　）

9. 多维组织结构是事业部结构和模块化结构的混合，它实质上是事业部结构中引入模块化结构而形成的立体组织结构。（　）

10. 与职能结构相比，事业部结构在获取跨职能部门协调方面非常有效，但同时也会失去职能部门内部的规模经济。（　）

四、单选题

1. 管理层次与管理幅度的关系是（　）。

A. 正相关关系　B. 等比关系　C. 反相关关系　D. 互动关系

2. 管理层次是组织中建立的授权级别的数量，是企业纵向管理的等级层次，又称为（　）。

A. 组织结构　B. 管理幅度　C. 控制幅度　D. 组织层次

3. 命令统一性的基本含义是（　）。

A. 一个下级只服从一个上级的直接指挥

B. 命令由上级做出

C. 命令由专门部门拟订

D. 命令必须执行

4. 把按职能划分的部门同按产品（或工程项目、服务项目等）划分的小组结合起来的一种纵横交错的组织形式是（　）。

A. 职能型结构　B. 参谋型结构　C. 矩阵型结构　D. 直线型结构

5. 按照组织结构的分类，集权制的组织结构形式是（　）。

A. 直线型结构　B. 职能型结构　C. 事业部结构　D. 矩阵型结构

6. 组织行为学家认为，现代组织结构理论是一种（　）。

A. 封闭式的系统理论　B. 以人为本的理论

C. 开放系统理论　D. 以人迎合管理的理论

7. 某公司随着经营范围的扩大，其由总经理直辖的营销队伍人员也从 3 人增加到 100 人，最近，公司发现营销队伍似乎有点松散，对公司的一些做法也有异议，但又找不到确切的原因。从管理的角度看，你认为出现这种情况的最主要原因可能在于（　）。

A. 营销人员太多，产生了鱼龙混杂的情况

B. 总经理投入的管理时间不够，致使营销人员产生了看法

C. 总经理的管理幅度太宽，以致无法对营销队伍进行有效的管理

D. 营销队伍的管理层次太多，使得总经理无法与营销人员有效沟通

8. 斯隆对现代管理的最大贡献是（　）。

A. 设计了一种分层管理的“跳板”，以沟通信息，及时处理问题

B. 首先采用了现代化的大规模装配作业线

C. 设计出了一种组织模式，使集权和分权在当时的条件下得到较好的平衡

D. 进行了工时和动作研究

9. 组织中的职员接受双重领导，形成双道命令系统，并且这种组织中的项目小组根据任务的需要而成立或者解散，适应性较强，这种组织结构是（　　）。

A. 事业部结构　B. 职能型结构　C. 矩阵型结构　D. 直线型结构

10. 组织理论发展共经历了三个阶段，其中第二阶段——近代组织理论阶段的理论依据是（　　）。

A. 马科斯·韦伯的理论　B. 亨利·法约尔的理论

C. 行为科学理论　D. 权变管理理论

11. 由美国通用汽车公司副总经理斯隆创立的集中决策、分散经营的典型组织结构形式是（　　）

A. 直线职能制　B. 事业部制　C. 超事业部制　D. 矩阵制

12. 组织的中层管理负责制订组织的具体计划、执行上级政策，因此中层管理层也称为（　　）。

A. 战略层　B. 计划层　C. 作业层　D. 业务层

13. 在组织形式选择中，经营多样化、产品品种多、产量大、各种产品有独立稳定市场的大公司，以及适宜独立自主经营的部门等，一般适宜选择（　　）。

A. 职能型组织结构　B. 矩阵型组织结构

C. 事业部组织结构　D. 网络型组织结构

14. 耐克、戴尔等世界著名的快速发展的公司，通过建立以合同为基础的业务关系网络而形成了一种新的组织结构，这种组织结构通常被称为（　　）。

A. 网络型组织结构　B. 矩阵型组织结构

C. 多维立体型组织结构　D. 扁平型组织结构

15. 某总经理把产品销售责任委派给一位市场的副总经理，由其负责所有地区的经销办事处，但同时总经理又要求各地区经销办事处的经理直接向总会计师汇报每天的销售数字，总会计师也可以直接向各经销办事处经理们下达指令。总经理的这种做法（　　）。

A. 违背了统一指挥原则　B. 体现了权责对等原则

C. 违反了集权化原则　D. 提高了管理效率

16. 发挥专业人员的作用往往是指发挥（　　）的作用。

A. 直线权力　B. 参谋权力　C. 职能权力　D. 知识职权

17.（　　）是一种多角化经营的控股公司结构。

A. M 型结构　B. H 型结构　C. U 形结构　D. I 型结构

18. 组织变革力场分析方法的提出者是（　　）。

A. 卢因　B. 卡斯特　C. 罗西　D. 艾诺芬

19. 在组织设计实践中，由各类小组形成混合体，这些小组分别负责特殊的职能领域，这种灵活性组织结构是（　　）。

A. 网络结构　B. 蜂窝状结构　C. 母性结构　D. 矩阵结构

20. 介于直线职能结构与事业部结构之间，并基于事业部制思想构筑起来的一种组织结构是（　　）。

A. 超事业部制　B. 矩阵制　C. 模拟分权结构　D. 立体组织结构

21. 下列哪类企业最适合采用矩阵式组织结构？（　　）

A. 电视剧制作中心 B. 医院　C. 纺织厂　D. 学校

22. 斯隆首创的组织结构是（　　）。

A. 职能型组织结构　B. 参谋型组织结构

C. 直线型组织结构　D. 事业部型组织结构

23. 在职能型组织结构中，被称为参谋部门的是（　　）。

A. 生产车间　B. 市场营销部门　C. 海外分公司　D. 财务部门

24. 只发展几种核心业务，如只负责产品的设计和销售，而让外部的协作厂家负责制造等，从而形成一个个独立的业务单元，可以根据市场竞争的需要，随时添加或去除，而不必背上众多工厂、车间和其他机构的包袱的管理模式是（　　）。

A. 扁平化管理　B. 模块化管理

C. 集中式管理　D. 强化式管理

25. 以“思想、信息和智力”为基础的组织被称为（　　）。

A. “三叶草”组织　B. “三 I”组织

C. “联合”组织　D. “蜂窝”状结构组织

26. 组织行为学家的组织结构理论是一种（　　）。

A. 封闭式的系统理论　B. 开放系统理论

C. 以人为本的理论　D. 权变管理理论

27. 在组织结构类型中，被称为“虚拟组织”的是（　　）组织结构。

A. 网络型　B. 多维立体型　C. 事业部型　D. 矩阵型

28. 直接负责完成企业的组织目标，拥有对下级实行指挥和命令的权力，并对所管辖的工作负全部责任的是（　　）。

A. 直线指挥人员　B. 职能管理人员　C. 专家参谋人员　D. 业务辅助人员

29. 破除公司自上而下的垂直结构，打破公司内部各职能部门与部门之间的界限，除财务、人事两部门设少数高级行政人员外，其余公司员工均组成工作组来执行诸如产品开发、促销等核心工序（流程）。这种管理是（　　）。

A. 扁平化管理　B. 集中式管理　C. 分散式管理　D. 模块化管理

30. 知识经济条件下，组织与组织之间竞争取胜的决定性因素是（　　）。

A. 领导者的组织管理能力　B. 领导者的有效创新能力

C. 组织的整体创新能力　D. 被领导者的有效创新能力

31. 下列不属于现代组织结构形式的是（　　）。

A. 事业部制　B. 立体组织制　C. 矩阵制　D. 职能制

32. 卢因的变革程序模式理论认为，组织变革要经历哪三个阶段？（　　）

A. 反省、发现问题、解决问题　B. 解冻、改变、冻结

C. 发现问题、分析问题、解决问题　D. 激发动机、努力工作、实现目标

33. 欧美国家、日本、中国的各大型企业所采用的典型组织形态是（　　）。

A. 职能制结构　B. 矩阵制结构

C. 超事业部制结构　D. 事业部制结构

34. 具有“集中决策、分散经营”的典型特点的组织结构形式是（　　）。

A. 职能制　　B. 直线制　　C. 事业部制　　D. 超事业部制

35. 在组织（结构）理论中，那种强调人际关系、信息沟通，强调人是组织的中心的理论是（　　）。

A. 传统组织（结构）理论　　B. 行为组织（结构）理论

C. 现代组织（结构）理论　　D. 综合组织（结构）理论

36. 组织成长阶段理论认为，在分权发展阶段，控制系统应采用（　　）。

A. 标准规格及成本中心　　B. 汇报制度及利润中心

C. 计划及投资中心　　D. 互相间的目标管理

37.（　　）是古典管理学派提出的，认为“组织是为了达到某些特定目标，经由分工与合作及不同层次的权力和责任制度，而构成的人的集合”。

A. 结构论　　B. 行为论　　C. 系统论　　D. 相对论

38.“行为论”是社会系统学派的（　　）提出的，认为“组织是两人或两人以上有意识加以协调的活动或效力系统”。

A. 法约尔　　B. 巴纳德　　C. 梅奥　　D. 马斯洛

39.“系统论”是由系统学派提出的，认为“组织是（　　）社会系统，具有许多相互影响、共同工作的子系统，当一个子系统发生变化时，必然影响其他子系统和整个系统的工作”。

A. 封闭的　　B. 半封闭的　　C. 开放的　　D. 半开放的

40. 组织结构设计受多种因素影响，以下关于组织结构设计与影响因素之间关系的论述，不正确的是（　　）。

A. 在竞争激烈、追求低成本高效率但市场和技术环境稳定的企业，宜采取典型的机械式组织结构

B. 在单件生产和连续生产的公司中，成功的公司大多采用有机式结构；而在大批量生产的公司中，成功的公司大多采用机械式结构

C. 在企业的数量扩张阶段，此时的战略强调的是单位成本的降低和资源利用的最大化，对环境做出变化并非最重要的，宜采用机械式组织结构设计

D. 强调成本挂帅的组织，宜采用组织行为学派的组织设计；强调差异化的组织，宜采用古典学派的组织设计；强调集中战略的组织，宜采用古典学派与行为学派相结合的组织设计

41. 组织设计的目的就是发挥整体大于部分之和的优势，使有限的人力资源形成最佳的综合效果属于（　　）的观点。

A. 系统论　　B. 结构论　　C. 行为论　　D. 相对论

42. 组织设计的第一步骤是（　　）。

A. 建立部门　　B. 工作划分　　C. 决定管理幅度　　D. 确定职权关系

43. 当前国内各类组织中最常采用的结构是（　　）。

A. 矩阵组织结构　　B. 直线职能结构　　C. 委员会结构　　D. 事业部结构

44. 统一指挥原则最早是由法国著名管理学家（　　）提出来的。

A. 泰勒　　B. 法约尔　　C. 韦伯　　D. 巴纳德

45. 下列组织设计的原则中属于传统原则的是（　　）。

A. 层级原则　　B. 弹性结构原则
C. 集权与分权相平衡原则　　D. 职权和知识相结合原则

46. 功能性职权设计符合组织设计的（　　）。

A. 层级原则　　B. 弹性结构原则
C. 集权与分权相平衡原则　　D. 职权和知识相结合的原则

47. 凡属于流动性大、变化大的工作，组织宜采用（　　）管理。

A. 分权　　B. 集权　　C. 民主　　D. 专制

48. 对于重复、简单、呆板的工作，其工作程序和效果都是可以预测的，应采用正式的（　　）的组织结构加以指挥管理。

A. 分权式　　B. 集权式　　C. 委员会　　D. 矩阵式

49.（　　）的环境下企业适合采用正式化、集权化的组织结构。

A. 稳定　　B. 变迁　　C. 剧变　　D. 无序

50. 实施职工一专多能、一人多岗。如机场的海关检查，繁忙时开 12 个窗口，会计人员也可在此上岗，而清闲时只开 4 个窗口，会计人员再回到会计岗位上。此组织设计符合（　　）原则。

A. 层级原则　　B. 弹性结构原则
C. 集权与分权相平衡原则　　D. 职权和知识相结合原则

51. 被管理者素质高、能力强，宜采用______管理；变化较小、较有规则性的工作，宜采用______管理。（　　）

A. 分权/集权　　B. 集权/集权　　C. 分权/分权　　D. 集权/分权

52. 在西方发达国家，任何一个组织的总部管理人员总数不得多于（　　）人，否则就是低效率的组织。

A. 100　　B. 200　　C. 500　　D. 1 000

53. 一个组织被分为销售处、生产处、供应处、设备处、人事处、行政处等，该组织是按照（　　）进行分工的。

A. 操作专业化　　B. 职能专业化　　C. 过程专业化　　D. 顾客专业化

54. 一个组织被分为妇女商店、儿童用品商店、华侨商店、机关服务部、中老年服装商店等，该组织是按照（　　）进行分工的。

A. 操作专业化　　B. 职能专业化　　C. 地区专业化　　D. 顾客专业化

55. 委员会的优点是（　　）。

A. 集体决策　　B. 委曲求全　　C. 折中调和　　D. 责任不清

56. 在（　　）公司中更适用模拟分权结构。

A. 德国大众　　B. 美国微软　　C. 中国哈药　　D. 日本松下

57. 企业所处的外部宏观环境按照变化程度大致可分为三类，其中不属于该分类标准划分结果的是（　　）。

A. 稳定的环境　　B. 变迁的环境　　C. 剧烈变化的环境 D. 宏观的环境

58. 如果被管理者素质低、能力弱，这样的组织宜采用（　　）。

A. 集权管理　　B. 分权管理　　C. 授权管理　　D. 民主管理

59. 如业务流动性大、变化大，规模大，经营管理复杂、困难，则组织应将单位划小，实行（　　）。

A. 集权管理　　B. 分权管理　　C. 专制管理　　D. 权变管理

五、多选题

1. 组织结构合理化主要从（　　）方面表现出来。

A. 组织目标设置合理化　　B. 管理幅度与管理层次的合理化

C. 权责体系设置合理化　　D. 组织运行合理化

E. 组织结构功能优化

2. 下列关于组织含义的观点中，其对应关系正确的是（　　）。

A. 结构论：古典管理学派　　B. 结构论：系统学派

C. 系统论：系统学派　　D. 行为论：人际关系学派

E. 行为论：人力资源学派

3. 根据“结构论”，组织包含了哪三层意思？（　　）

A. 组织必须有目标

B. 组织必须有分工和合作

C. 组织要有不同层次的权利和责任制度

D. 组织是开放的社会系统

E. 组织是人的集合

4. 根据“系统论”的观点，把组织内的部门和成员看成是有机联系、相互作用的子系统，从作用上可以分为（　　）。

A. 信息子系统　　B. 决策子系统

C. 士气子系统　　D. 加工子系统

E. 目标子系统

5. 下列关于组织和组织环境相互作用的表述中，正确的是（　　）。

A. 组织依靠环境来获取资源　　B. 环境给予组织某些限制

C. 组织依靠环境获取某些必要机会　　D. 环境决定是否接纳组织的产出

E. 组织必须完全服从环境

6. 下列哪些是组织环境要素？（　　）

A. 人力资源供给　　B. 原材料　　C. 气候　　D. 法律

E. 技术

7. 下列哪些是组织设计的步骤？（　　）

A. 工作划分　　B. 建立部门　　C. 筹集资金　　D. 决定管理幅度

E. 确定职权关系

8. 组织结构类型有（　　）。

A. 直线职能结构　　B. 矩阵结构　　C. 曲线职能结构　　D. 模拟分权结构

E. 事业部结构

9. 直线职能结构之所以被广泛采用，是由于它具有（　　）的优点。

A. 分工细密，任务明确　　B. 具有较高效率

C. 信息交流便利　　D. 新情况容易迅速适应

E. 权责分明

10. 在直线职能结构中，管理人员分为（　　）两类。

A. 直线指挥人员　B. 决策人员　C. 职能人员　D. 监督人员

E. 生产人员

11. 事业部结构中，事业部门必须具备哪些要素？（　　）

A. 具有独立的产品和市场　　B. 具有独立的利益

C. 是一个分权单位　　D. 是一个集权单位

E. 具有独立的人事权

12. 事业部结构中，最高管理者必须保持哪三方面的决策权？（　　）

A. 产品价格决策权　　B. 事业发展决策权

C. 有关资金分配决策权　　D. 人事安排权

E. 产品品种开发权

13. 事业部结构的特点有（　　）。

A. 具有较高的稳定性

B. 具有较高的适应性

C. 是培养管理人才的最好组织形式之一

D. 对事业部一级管理人员水平要求较高

E. 管理人员少，管理成本较低

14. 模拟分权结构和事业部结构的重要差别有模拟分权结构（　　）。

A. 组成单元并不是真正的事业部门，实际上是生产阶段

B. 生产阶段有自己的管理层，有自己的利润指标

C. 利润指标是按整个企业内部价格确定的，不是来源于市场

D. 生产阶段都没有自己独立的外部市场，并且生产阶段之间关系相当密切

E. 组成单元就是真正的事业部门

15. 矩阵结构有哪些具体形式（　　）。

A. 二维矩阵结构　　B. 三维矩阵结构

C. 多维矩阵结构　　D. 自由矩阵结构

E. 模拟分权结构

16. 二维矩阵结构的主要缺点有（　　）。

A. 项目负责人责任大于权利　　B. 双重指挥

C. 不同部门缺乏配合和信息交流　　D. 缺乏机动灵活性

E. 一个人可以同时参加几个项目小组，降低了人员利用率

17. 委员会按存续时间可以划分为（　　）。

A. 临时委员会　　B. 正式委员会

C. 常设委员会　　D. 非正式委员会

E. 职工代表大会

18. 委员会具有以下哪些优点？（　　）

A. 集思广益　B. 集体决策　C. 便于协调　D. 鼓励参与

E. 责任不明确

19. 委员会具有以下哪些缺点？（　　）

A. 委曲求全，折中调和　　B. 责任不清，缺乏个人行动

C. 便于协调　　D. 权力过于集中

E. 容易做出错误判断

20. 为使委员会顺利地、有效地发挥作用，应做到（　　）。

A. 明确委员会目标、任务和职责权利范围

B. 精心挑选委员会组成人员

C. 委员会规模不宜过大

D. 有关讨论议题的情报应事先通知委员们提前做好调查研究和数据准备

E. 强化委员会领导的权威

21. 组织设计的传统原则包括以下哪些？（　　）

A. 层次原则　　B. 管理幅度原则

C. 统一指挥原则　　D. 集权与分权相平衡原则

E. 职权和知识相结合的原则

22. 在层次原则中组织中的每一个人必须明确以下哪几点？（　　）

A. 自己的岗位、任务、职责、权限　　B. 自己在组织系统中的位置

C. 自己的权利和义务　　D. 自己的工作程序和渠道

E. 自己在组织中的地位

23. 确定管理幅度时，需要考虑以下哪些因素？（　　）

A. 主管人员能力　　B. 下级人员能力

C. 沟通程度　　D. 层次高低

E. 协调工作量

24. 常见的专业化分工方法有（　　）。

A. 操作专业化　　B. 职能专业化

C. 服务专业化　　D. 过程专业化

E. 地区专业化

25. 合理分工的要点有（　　）。

A. 实事求是　　B. 量才任职　　C. 加强配合　　D. 讲究实效

E. 男女搭配

26. 组织设计的最重要原则是（　　）。

A. 团结　　B. 精简　　C. 效率　　D. 统一

E. 动态

27. 组织设计的动态原则包括哪些？（　　）

A. 职权与知识相结合的原则　　B. 集权与分权相结合的原则

C. 弹性结构原则　　D. 知识互补原则

E. 管理幅度原则

28. 根据 7S 模型，在下列因素中，（　　）属于软 S。

A. 结构　　B. 技术　　C. 作风　　D. 人员

E. 战略

29. 影响集权与分权的因素有（　　）。

A. 工作的重要性　　B. 方针的统一性

C. 经营规模　　D. 权力大小

E. 组织历史

30. 合理的组织目标应具备的特征，除了一致性、协调性、可行性外，还有（　　）。

A. 适应性　　B. 可操作性　　C. 实现度　　D. 认知度

E. 对应性

31. 在哪些情况下，组织宜采用分权管理？（　　）

A. 环境变化较小　　B. 业务流动性大

C. 环境变化大　　D. 变化较有规律

E. 客户稳定

32. 在哪些情况下，组织宜采用集权管理？（　　）

A. 环境变化较小　　B. 业务流动性大

C. 环境变化大　　D. 变化较有规律的

E. 客户稳定

33. 弹性结构原则包括哪些内容？（　　）

A. 使部门结构具有弹性　　B. 使职位具有弹性

C. 使制度具有弹性　　D. 使组织具有弹性

E. 员工具有弹性

34. 哪些办法可以使职位具有弹性？（　　）

A. 按目标和任务需要设立岗位　　B. 干部的定期更换

C. 实施职工一专多能，一人多岗　　D. 实施多种用工制度

E. 根据需要定期审查组织内任何一个部门存在的必要性

35. 在被管理者方面，以下哪些情况宜采用分权管理？（　　）

A. 被管理者素质高　　B. 被管理者能力强

C. 被管理者素质低　　D. 被管理者能力弱

E. 被管理者层级高

36. 在被管理者方面，以下哪些情况宜采用集权管理？（　　）

A. 被管理者素质高　　B. 被管理者能力强

C. 被管理者素质低　　D. 被管理者能力弱

E. 被管理者层级高

37. 组织设计的权变理论包括哪些内容？（　　）

A. 组织须适应于工作任务　　B. 组织须适应于技术工艺特征

C. 组织须适应于外部环境　　D. 组织须适应于内部环境

E. 组织须适应于员工

38. 组织的外部宏观环境有（　　）。

A. 技术环境　　B. 社会环境　　C. 经济环境　　D. 政治环境

E. 供应商

39. 稳定环境的特点包括（　　）。

A. 产品和服务在近几年是稳定的

B. 消费者和竞争者均维持稳定

C. 在可能竞争的领域中，技术缺少创新和突破

D. 社会政治局面稳定

E. 不断有竞争者的进入和退出

40. 变迁的环境特点包括（　　）。

A. 产品和服务在近几年有温和的变化　B. 技术在不断创新

C. 竞争者不断涌入　D. 政府制定的政策连续而稳定

E. 政府的行动很难预测

六、简答题

1. 良好的组织结构具有哪些功能？
2. 简要介绍授权与分权的区别。
3. 简要介绍虚拟组织及其特点。
4. 简要介绍无边界组织及其特点。
5. 权责一致原则的含义是什么？
6. 影响管理幅度的因素主要有哪些？怎样确定管理幅度？
7. 如何应用职权和知识相结合原则开展组织设计？
8. 简要介绍矩阵结构的优缺点。

七、论述题

假如有一个公司聘请你去给他们做组织诊断，并请你给他们设计一种普遍适用的、最优的组织结构，你将怎么跟他们沟通？怎么设计该公司的组织结构？

八、案例分析

案例一　腾讯与美的重塑组织结构

同时入选世界经理人2012年度十大影响力人物的马化腾和方洪波，似乎做了两件相反的事情。2012年5月，马化腾宣布腾讯将进行架构调整，将原来的业务系统制升级为事业群制；8月，方洪波在接手美的权杖的同时，也在推进美的的组织架构调整，取消美的二级集团，由美的集团直接管辖各事业部。

腾讯的组织结构变革

2005年，腾讯上市之初，腾讯原组织框架由职能线、服务线、安全架构线、企业发展线、无线业务线、互联网业务线、互动娱乐线、网络媒体线这八大系统构成，每个系统内部为系统、部门、小组的三级体系。业务线的小组与部门开发并维护腾讯的每一款产品，在内部争抢QQ平台的渠道推广资源，在外部与市场上的同类产品竞争，员工的职业生涯则与产品命运息息相关，这样的组织架构给腾讯的业务单元带来了较强的捕捉市场机会的能力。经过7年的发展，腾讯的员工由2 000人扩张到20 000人，

业务单元将市场感知传递到决策层，并从决策层获得足够关注的链条就显得过长了，企业无法将价值链做强。同时，依靠单一的QQ平台不仅无法支撑起五大业务线中的几十个、上百个项目组，还导致了内部资源的损耗。

尽管腾讯有超过7亿的庞大用户群，可以将其触角深入互联网的各领域，但其利润大部分来自游戏与虚拟增值业务。腾讯财报显示，腾讯QQ用户数量增速正在变缓，经营利润连续六个季度下滑。与此同时，腾讯推出的移动互联网应用微信，在短短一年时间内就收获了2亿注册用户，互联网手机、电子商务市场的迅速扩张预示着新的市场爆点，同时也使腾讯意识到：单靠QQ平台已经不足以支撑腾讯集团的发展与新市场机会的拓展。

从社区、Q+平台到微博平台，腾讯将用户账号体系、用户关系和流量不断开放，试图与创新企业一起捕捉互联网市场的新机会。但受到业务小组的体量限制，视频、搜索、电子商务等都无法成长为腾讯的核心业务。马化腾在内部邮件中指出："各个业务单元虽然也不断与时俱进，但由于架构的限制，已经不能完全满足用户层出不穷的新需求了。"2012年5月18日，马化腾宣布将业务线重组为企业发展事业群、互动娱乐事业群、移动互联网事业群、网络媒体事业群、社交网络事业群，成立电子商务控股公司专营电子商务业务，以形成共生、开放的六大事业平台，用六大平台支撑其中的每个项目，从而增强产生效益的机会和能力。

美的的组织重塑

美的则与腾讯相反，撤销了二级集团。美的引入事业部制始于1997年，当时家电市场处于高速发展期，拥有空调、小家电、厨电共超过200种产品的美的需要整合产品经营资源，决定成立事业部，每个事业部拥有独立的市场、财务、服务职能系统，以为产品的营销与市场机会的把握服务。2002年美的跨入百亿俱乐部，事业部增至8个。为了进一步提升竞争能力，美的进行了事业部向二级管理集团的集中，此次分权基础上的适度集中奠定了美的迅速扩张的基础。

伴随着年初家电政策陆续退出和房地产行业的低迷，行业连续几年来的高增长有所回落。在这种背景下，美的电器适时提出战略转型，将发展目标由过去单纯追求市场份额、降低成本转向追求效益。2012年美的对营销体系进行重新梳理，并将2.2万个产品型号精简至1.5万，裁撤了部分区域营销公司。2012年8月，方洪波开始撤销美的二级集团，合并职能机构，将四套二级平台的职能部门变为一套集团的支撑平台。

案例来源：改编自郭嘉. 重塑组织结构 [J]. 世界经理人，2013 (1)：24-25.

思考问题：你如何看待腾讯与美的的两种看似相反的重塑组织结构的做法？

案例二 都城光学仪器厂的组织变革

都城光学仪器厂是我国某中心城市的一家有名的工厂，主要生产照相机、测量仪器等，老厂长因年老体衰向机械厅提出了辞职。厂里经过民意测验，经过省机械厅批准，推举秦宪明为厂长，一个月后秦宪明就走马上任。

秦宪明大学毕业后就来到都城光学仪器厂担任技术员，后来又被厂里送到大学学习企业管理，获得硕士学位后回厂任厂长助理，很快又升任副厂长，并在回厂两年后被推任厂长。秦厂长早就认为都城光学仪器厂要走上兴旺发达之路，必须调整组织结构，于是在上任以后，他就进行了组织结构的调整，没想到碰到了大钉子。

都城光学仪器厂全厂职工 2 400 人，行政科室共 56 个。比如管生产的就有生产科、生产准备科、生产计划科、生产调度科等 4 个科室；每个科都有科长、副科长各 1 名，还有好几名科员。全厂科室干部 800 多人，占全厂职工总人数的三分之一。科室人多、推诿、扯皮现象严重。秦厂长决定将科室合并成 22 个，精简的干部都充实到第一线去。这一方案在厂务会上很快通过，并得到全厂职工的支持，但在实施过程中却像捅了马蜂窝，被精简的干部挤满了秦厂长的办公室，还有的坚持不执行精简方案，说情者更是络绎不绝。结果厂里科室不安心工作，造成报告、文书的大量积压，生产指挥不灵，产品质量也不断出问题。副厂长劝秦厂长停止精简机构，以免给工厂造成更大损失，秦厂长进退两难，内心非常难过。

案例来源：https://wenku.baidu.com/view/90642279a76e58fafbb00306.html.

结合案例内容回答以下问题：

1. 都城光学仪器厂的组织变革为什么会遇到这么大的阻力？

2. 秦厂长该如何消除阻力？

3. 进退为难，秦厂长该如何打破僵局？

第 15 章　组织文化与组织行为

一、填空题

1. 组织文化是组织在长期的生存和发展中形成的，埃德加·沙因认为，组织文化一般可分为三个层次：________、________、________。

2. 组织文化一旦形成，对组织的生存和发展具有重要的影响和巨大的意义，其功能主要包括________、________、________、________、________、________等。

3. 我们不能直接看到组织文化的假设、价值观与信念，但组织文化可以通过一些可见的物质特征和可观测的行为来展现，比如________________________________。

4. 美国管理心理学家霍夫斯泰德根据他在 40 个国家长达 7 年的研究，提出了对组织管理产生影响的民族文化差异的四个方面：________、________、________、________。

5. ________和________于 1981 年出版了《企业文化：现代企业的精神支柱》一书，这本书是组织文化理论诞生的标志性著作。

6. 迪尔和肯尼迪把西方组织文化分为四种类型：________、________、________、________。四种类型取决于两种因素：一是________________、二是________________。

7. 组织文化的 7S 框架提出了组织管理要注重 7 个管理要素，由三个硬管理要素和四个软管理要素构成。其中，三个硬管理要素是指________、________和________；四个软管理要素是指：________、________、________和________。

8. 沙因及其同事曾经论证说：组织文化产生的必要条件在于________________________________。

二、名词解释

1. 组织文化
2. 组织核心价值观
3. 基本假设
4. 组织社会化
5. 组织文化建设
6. 组织文化维系

三、判断改错题

1. 在组织行为学中，一个组织在长期发展过程中把组织成员结合在一起的行为方式、价值观念和道德规范的总和被称为组织文化。（　　）

2. 企业员工上班后第一项工作就是升国旗、唱厂歌，表达爱国主义与集体主义倾向，这属于组织文化的仪式表现形式。（　　）

3. 中石油的组织文化继承了以王进喜为代表的石油工人的“铁人”精神，其主要目的是发挥组织文化的导向作用。（　　）

4. “不怕众人心不齐，只怕没人打大旗”强调了组织文化的激励作用。（　　）

5. 文化实施是“依图施工”，实现由现实文化到目标文化的过渡，实质上是组织文化的变革和更新。文化实施包括三个阶段——解冻、变革、再冻结阶段。（　　）

6. 组织文化的三个层次——理念识别（MI）、行为识别（BI）和视觉识别（VI），与组织文化的观念层、制度行为层、符号层之间存在着一一对应的关系。（　　）

四、单选题

1. 组织文化的核心是（　　）。

A. 组织目标或宗旨　　B. 行为规范和规章制度

C. 共同的价值观　　D. 作风及传统习惯

2. 在组织行为学中，一个组织在长期发展过程中把组织成员结合在一起的行为方式、价值观念和道德规范的总和称为（　　）。

A. 组织理念　　B. 组织伦理　　C. 组织规范　　D. 组织文化

3. 诺基亚公司的“科技以人为本”的口号属于组织文化的（　　）。

A. 仪式表现形式　　B. 语言表现形式

C. 文字和标识表现形式　　D. 现代科技方法的表现形式

4. 组织赖以生存、发展的精神支柱是（　　）。

A. 组织心理的和谐化　　B. 组织文化

C. 组织成员的认同感　　D. 组织战略

5. 企业员工上班后第一项工作就是升国旗、唱厂歌，表达爱国主义与集体主义倾向，这属于组织文化的（　　）。

A. 文字和标识表现形式　　B. 语言表现形式

C. 实物形象和艺术造型表现形式　　D. 仪式表现形式

6. 组织文化通过文化优势创建出一些非正式的约定俗成的群体规范和价值观念。这体现了组织文化的（　　）。

A. 凝聚功能　　B. 创新功能　　C. 约束功能　　D. 效率功能

7. 组织文化理论兴起于（　　）。

A. 20 世纪 50 年代　　B. 20 世纪 60 年代

C. 20 世纪 70 年代　　D. 20 世纪 80 年代

8. 组织管理人的精神世界中最核心、最本质的东西是（　　）。

A. 组织战略　　B. 组织目标　　C. 组织文化　　D. 组织行为

9. 世界著名的IBM公司和宝洁公司为其成员提供大量的专门培训，并安排他们在特定的职能领域从事各种专业化工作，根据桑南菲尔德对文化类型的划分，这种组织文化属于典型的（　　）。

A. 学院型　　B. 俱乐部型　　C. 棒球队型　　D. 堡垒型

10. 如果某个组织非常重视资历、年龄和经验，要求其成员具有极强的适应性和忠诚感。根据桑南菲尔德对文化类型的划分，这类组织的文化类型是（　　）。

A. 学院型　　B. 俱乐部型　　C. 棒球队型　　D. 堡垒型

11.（　　）是组织文化的核心和主体，是形成组织文化其他层次的基础和原因。

A. 物质层　　B. 制度层　　C. 观念层　　D. 行为层

12. 组织最高目标是组织全体员工的共同追求，是（　　）的集中表现。

A. 组织核心价值观　　B. 组织共同价值观

C. 组织价值观　　D. 领导价值观

13.（　　）是组织存在和发展的基本动力，也是这一组织区别于其他组织的主要特征。

A. 组织价值观　　B. 组织凝聚力

C. 组织最高目标　　D. 组织道德

14. 美国通用电气公司运用“数一数二原则”，通过一系列的资产重组，不断优化企业的资产，成功地由制造业转型为服务业。这体现了组织文化的（　　）。

A. 整合作用　　B. 约束作用　　C. 辐射作用　　D. 激励作用

15. 中石油的组织文化继承了以王进喜为代表的石油工人的“铁人”精神，其主要目的是发挥组织文化的（　　）。

A. 导向作用　　B. 评价作用　　C. 规范作用　　D. 激励作用

16. 组织文化建设第一步是（　　）。

A. 文化实施　　B. 文化设计　　C. 文化评价　　D. 文化盘点

17. 优秀的组织文化是组织的领导者有意识加以培育和长期建设的结果。西方学者把这个建设过程叫作（　　）。

A. 文化匹配　　B. 文化整合　　C. 文化渗透　　D. 文化融合

18. 根据美国学者迪尔和肯尼迪的观点，银行、保险公司、政府机关等属于（　　）。

A.“硬汉”型文化　　B.“尽力”型文化

C.“赌博”型文化　　D.“程序”型文化

19. 根据美国学者迪尔和肯尼迪的观点，成功者在组织文化中的行为态度表现为固执、个人主义、能接受高风险的决策，反馈慢，仔细权衡、周密策划、深思熟虑、有远大志向，这种组织的文化属于（　　）。

A.“硬汉”型文化　　B.“尽力”型文化

C.“赌博”型文化　　D.“程序”型文化

20. 组织文化中实行“日清日高”制度的跨国公司是（　　）。

A. 大众　　B. 丰田　　C. 通用　　D. 海尔

21. 美国（　　）公司用20年的时间跟踪了500家长寿企业，发现它们的共同特点是树立了超越利润的社会目标：①人的价值高于物的价值；②企业的共同价值高于个人的价值；③客户价值和社会价值高于企业的生产价值和利润价值。

A. 兰德　B. 麦肯锡　C. 通用　D. 海尔

22. “不怕众人心不齐，只怕没人打大旗”强调了组织文化的（　　）。

A. 导向作用　B. 评价作用　C. 规范作用　D. 激励作用

23. 以下不属于组织文化观念层内容的是（　　）。

A. 组织最高目标　B. 组织哲学　C. 组织风俗　D. 组织道德

24. 在组织文化的建设中，（　　）实现了从现实文化到目标文化的过渡。

A. 文化盘点　B. 文化设计　C. 文化实施　D. 文化保护

25. 在组织文化建设中，“文化诊断”又称为（　　）。

A. 文化设计　B. 文化实施　C. 文化盘点　D. 文化形成

五、多选题

1. 组织文化三层次包括（　　）。

A. 器物层　B. 制度行为层　C. 观念层　D. 文化层

E. 管理层

2. 以下（　　）属于组织文化的表现形式。

A. 文字和标识　B. 物质象征

C. 仪式　D. 实物形象和艺术造型

E. 语言

3. 以下内容属于组织文化的观念层（内隐层次）的有（　　）。

A. 核心价值观　B. 组织目标

C. 行为规范与规章制度　D. 组织变革策略

E. 组织宗旨

4. 以下特征属于描述组织文化特点的词项有（　　）。

A. 阶级性　B. 民族性

C. 整体性与个体性　D. 稳定性和连续性

E. 创新性

5. 以下哪些是“兴趣激励”在企业文化中的应用（　　）。

A. 创立“技改小组”　B. 开展文化活动

C. 开展职工兴趣活动　D. 给予先进工作者称号

E. 提拔重用

6. 组织文化的作用包括（　　）。

A. 导向作用　B. 规范作用　C. 凝聚作用　D. 激励作用

E. 创新作用

7. 组织文化的形成受多种因素的影响，下列（　　）是影响组织文化的重要因素。

A. 民族文化因素　B. 制度文化因素　C. 外来文化因素　D. 组织传统因素

E. 个人文化因素

8. 组织文化的外显层次（器物层/符号层）是组织文化在物质层次上的体现，是组织文化的表层部分，以下（　　）属于这一层次。

A. 组织名称、标志、标准色、厂旗、厂服、厂标、厂容厂貌、产品样式和包装、建筑风格、纪念物、设备特色等

B. 组织内部的报纸、刊物、文化手册、标语牌、广告牌、广播、电视、网站等组织文化的传播载体

C. 摄影作品、电影、录像、美术作品、文学作品、歌舞作品等业余文化成品

D. 约束组织成员行为的组织制度和组织行为规范

E. 领导层、中层管理者、基层管理者的行为规范

9. 组织风气一旦形成会对群体行为产生巨大的影响，其作用主要包括（　　）。

A. 潜移默化作用　B. 规范作用　C. 筛选作用　D. 凝聚作用

E. 创新作用

10. 良好的组织风气需要经过长期的培育才会逐步养成，养成良好组织风气的途径主要有（　　）。

A. 骨干带头　B. 领导率先示范

C. 舆论积极导向　D. 严厉处罚违规者

E. 开展思想活动，促使少数人从众

11. 组织文化建设，是组织领导者有意识地倡导优良文化，克服不良文化过程，它包括（　　）。

A. 文化盘点　B. 文化设计　C. 文化定位　D. 文化实施

E. 文化创新

12. 美国学者迪尔和肯尼迪的组织文化类型有（　　）。

A. "硬汉"型文化　B. "尽力"型文化

C. "赌博"型文化　D. "程序"型文化

E. "变通"型文化

13. 文化盘点是组织文化建设的一个重要方面，它常用的方法有（　　）。

A. 讲授　B. 访谈　C. 问卷调查　D. 典型案例解剖

E. 座谈法

14. 以下属于组织文化观念层次的内容有（　　）

A. 组织最高目标　B. 组织价值观与组织宗旨

C. 组织哲学与组织精神　D. 组织风气与组织道德

E. 组织制度

15. 以下关于领导者与组织文化关系的论述正确的是（　　）。

A. 领导者是组织文化的缔造者、倡导者和管理者

B. 领导者的价值观决定了组织文化的基调

C. 领导者的示范作用关系到组织文化建设的成败

D. 领导者的观念创新推动组织文化的更新

E. 一个思想僵化的领导者无法缔造优秀的组织文化

六、简答题

1. 简要回答组织文化的内涵和结构。
2. 组织文化有什么作用?
3. 组织价值观在形成组织凝聚力方面有何作用?
4. 组织风气对员工行为有哪些影响作用?
5. 建设组织文化时需要遵循的心理机制有哪些?

七、论述题

1. 组织文化有其积极作用，但也存在着消极作用，应如何认识和处理好组织文化的消极作用?

2. 组织领导者对组织文化的形成会产生很大的影响，但这种作用有其局限性，应如何尽量减小领导者的局限性对组织文化建设的限制?

八、案例分析

谷歌的HR数据分析文化

当人们将谷歌公司的成就归功于领先的技术及商业模式的时候，谷歌公司却坚定地认为，谷歌的持续创新来自有能力聘请并留住创新的人，为这些创新者提供卓越的管理者和能够支持创新的环境。而为这一切提供支持的是谷歌的人力数据分析。

谷歌副总裁与HR主管拉斯洛·布克坚信，对于人员费用占近60%可用成本的人力资源决策，不能过于依赖“信任”和“人际关系”，也应该像在财务管理、供应链、市场销售等这些领域中一样，在大量的图表、表格以及数据支持下提出相应解决方案。谷歌的HR的职能部门不叫“人力资源部”，而是被称为“人力运营部”(people operations，POPS)，部门成员有前管理咨询顾问、顶尖商学院的MBA毕业生及拥有其他专业领域学位的博士生，比如说信息学、统计学等，其运作方式更像是严格的科学实验室，而不是大多数人想起人力资源部门时所会想象到的那种令人讨厌的“门厅监控者”，其目标是对数以千计的人员做出相关决定——应该聘用哪些人员、应该给他们什么样的薪水、应该提升哪些员工、应该让哪些人离职、如何培训更好的经理人以及如何改良面试程序等人员决策问题都有数据支持，能采取与工程决策相同的严格标准。

谷歌同时还聘用社会科学家来对这家公司进行研究。这些科学家——他们是人力和创新实验室团队的一部分——进行了数十项有关员工的实验，目的是回答有关管理大型公司最好方式的问题。公司应以怎样的频率提醒员工向其401（k）计划捐款，以及应该使用什么样的语调?成功的中层经理人是否拥有共同的特定技能，以及公司是否能教会那些不够成功的经理人同样的技能?甚至是，经理人是否很重要——是否能在没有经理人的情况下组织一家公司?再举例来说，如果想要给某人提薪，那么应该怎样做才能使其幸福度最大化?是应该向其提供现金奖金，还是股票?是提高薪水，还是给其更多的休假时间？领导者究竟是天生的，还是人造的？与个人相比，团队是否能让工作做得更好？个人是否能在自己的整个生命中都维持很好的表现？布克的最终目标是，利用谷歌的经验来解答有关工作场所的某些重大问题。POPS部门现在距离解答这些问题还很遥远，但布克极力主张，谷歌最终能充分阐明其中的一些问题。“通过能进行数学计算的分析人才，我们有能力成为一家数据推动的公司，”他说道，“我们还拥有足够大的规模，因此有能力进行实验，这些实验从统计学来说是很有效的。”

在人力资源决策方面采取数据标准来自谷歌更广泛的工程师文化。谷歌的大多数员工都是工程师，他们要求人力资源部门用数据来支持对行动方式的要求。最早的例子之一是POPS部门为精简谷歌聘用程序而采取的措施。在最初，本着“员工对谷歌来说代表着一切，因此这家公司中的所有人都可以面试一名应聘者”的观念，谷歌要求应聘者接受许多面试，谷歌工程师们也觉得这是应该的，但太长的面试时间使应聘者不堪其烦，这使谷歌声名狼藉。因此，现任谷歌人事部门主管的托德·卡莱尔在当时进行了查明一名应聘者应接受多少次面试的一项研究。他对谷歌的数十种聘用决策进行了分析，追踪面试官在对一名应聘者进行面试后对其给出的评分。在对数据进行仔细研究后，卡莱尔发现最佳的“面试率”——也就是应聘者的平均得分聚合为最终评分以后的面试次数为四次。“在经过四次面试以后，”卡莱尔说道，“就会出现收益递减的效果。”在他提出这些数据以后，谷歌的工程师“大军”被说服了，谷歌的聘用流程因此加快。

再比如如何应用数据助力招聘选聘？谷歌每年收到超过250万份职位申请，但是招聘量不会超过1万，这就决定了要在很短的时间内进行大量的筛选。谷歌为了保证公平性，专门成立了团队，这个团队的工作人员叫Screener（筛选员），专门负责线上简历的筛选，但是不同的Screener之间准确度和速度千差万别，因此需要弄清导致这些速度和准确度差别的有哪些因素？其中哪些因素可以人为去改变和提升？可信度多少？基准线是多少？

为此，分析团队首先与项目负责人交流，了解他们在之前项目的发现和成果，整理出来60多个会影响工作效率的变量；然后通过调查问卷对变量数据进行样本采集，通过数据模型，把变量从60个减到了7个。这7个数据的可控变量搭出来的模型可以解释整个团队超过60%以上的工作行为，这在现实当中是非常理想的模型结果。几乎所有的7个可控变量，都可以通过一些简单的微调，达到一个比较理想的结果。

这个项目比较有意思的发现是：人们通常会假设速度和效率之间一定是有关系的，但是结果发现速度和效率其实一点线性关系都没有。有的筛选员一天完成100份的简历筛选，他的准确率依然在20%以上；有的筛选员一天只完成30份，最终只有3份进入面试环节。

另一个有趣的发现是，招聘的时候，人们通常认为一个有相关业务经验的人效率更高。但是数据团队的分析告诉我们不是这样的，员工之前的工作背景、教育经历、工作地点和最后样本出来的结果，跟过程中间的效率和速度没有关系。真正影响到这些人的工作效率的因素是工作习惯，还有谷歌给他们的培训以及团队的工作模式。

谷歌的人力资源部门已经发现了许多最佳组织行为的“珍闻”，其中最大的发现是中层经理人很重要，提出了卓越经理人的八个特征。POPS 部门在整个组织内部散播这些事实，并对作为目标的不成功经理人进行辅导，带来了管理队伍的改善和经理人评分的逐年改善。

如何以最合适的方式提供员工福利？这里可以介绍一项研究。谷歌为员工提供无限量的饮料、小食还有一日三餐。有的员工很喜欢吃，不停地吃，在这种情况下，员工的体形容易变差，怎么办？又不能一刀切，因为谷歌就是以免费的食物出名的。于是，人力数据分析团队会去搜集员工每天在不同时段的零食消耗量、消耗方式以及不同办公室的零食有怎样的消耗方式，然后拿着数据去跟行为专家、心理专家做探讨。最后的解决方案是做一些非常小的调整。比如说一个落地的冷柜里面有上百个饮料，但是员工目光视线看到的是果汁、咖啡等饮料，可乐都是在最底层或者是最边角。员工看到果汁还不错就取了，可乐等就不会被喝得过多。再比如把零食储存在柜子中，然后坚果放在非常方便打开的地方，储存柜第一层永远是能量棒和海苔这样一些健康的零食。

案例来源：http://www.ruthout.com/information/17717.html.

根据材料回答：谷歌的 HR 数据分析文化是如何形成的？

附　自评量表

哪种组织文化最适合于你

阅读以下问题，根据个人感觉，圈出适合表达你的感觉的答案。

SA=很同意　A=同意　U=不确定　D=不同意　SD=很不同意

	SA	A	U	D	SD
1. 我愿意成为工作团队中的一员，希望组织以我对团队的贡献来衡量我的绩效					
2. 为了实现组织目标，任何个人的利益都可以有所牺牲					
3. 我喜欢从冒险中找到刺激和乐趣					
4. 如果一个人工作绩效不符合标准，他做了多大努力都白费					
5. 我喜欢稳定和可以预见的事情					
6. 我喜欢能对决策提供详细合理解释的管理人员					
7. 我喜欢工作压力不大、同事易于相处的环境					

第 5、6 项得分标准如下：很同意+2，同意+1，不确定 0，不同意-1，很不同意-2。

第 1、2、3、4、7 项，得分标准恰好相反：很同意-2，同意-1，不确定+0，不同意+1，很不同意+2。

累计得分，你的总分会在-14 与+14 之间。得分意味着什么呢？

得分越高（正数），则表明你在一种正式的、机械的、规则导向的、有结构的组织文化中越舒服，这通常与大型公司及政府机构相联系；负数则表明你喜欢非正式的、人本主义的、灵活的、创新的组织文化，这种文化在研究机构、广告公司、高科技公司以及一些小型企业中更为常见。

参考答案

第一篇　导论

第1章　绪论

一、填空题

1. 专业化分工和协调
2. 亨利·法约尔　指挥　协调　领导
3. 分工
4. 管理
5. 人际角色　信息传递者角色　决策角色
6. 技术技能　人际技能　概念技能
7. 沟通与交流　社交网络
8. 个体　群体　结构
9. 现代人事管理
10. 科学管理
11. 霍桑　群体
12. 不成熟　成熟
13. X假设　Y假设　X理论　Y理论
14. 经济人　社会人　自我实现人　复杂人
15. 生活组织
16. 系统研究
17. 心理学　社会学　社会心理学　人类学　政治学（任选四个）

二、名词解释

1. 组织：一种人们有目的地组合起来的社会单元，它由两个或多个个体组成，在一个相对连续的基础上运作，以实现一个共同目标或一系列共同目标。

2. 组织行为学：它是一个研究领域，探讨个体、群体以及结构对组织内部行为的影响，目的是应用这些知识改善组织绩效。

3. 管理者职能：从管理者做什么的角度，将管理者的工作分为计划、组织、领导、控制四个方面（或计划、组织、指挥、协调、控制五个方面）。

4. 管理者角色：指特定的管理行为范畴，管理者在组织中扮演的角色。根据明茨伯格的管理角色理论，管理角色主要包括三大类（人际角色、信息传递者角色、决策角色）10 个角色。人际角色方面的角色包括挂名首脑、领导者和联络者；信息传递者的角色包括监听者、传播者和发言人；决策角色包括企业家、混乱驾驭者、资源分配者和谈判者。

5. 管理者技能：指管理者为了成功实现目标需要具备的技能或能力。根据卡茨的管理技能观，三种基本的管理技能主要指技术技能、人际技能和概念技能。

6. 经济人假设：古典经济学家和古典管理学家关于人性的假设，是西方经济学和泰勒科学管理理论的出发点，认为人的行为就是为了获得最大的经济利益，工作的目的就是为了获得经济报酬。

7. 社会人假设：梅奥等人依据霍桑实验的结果提出的，认为人们最重视的因素是工作中与周围人友好相处，物质利益是相对次要的因素。

8. 自我实现人假设：由行为科学的人力资源学派提出，认为人们都期望发挥自己的潜力，表现自己的才能，只要人的潜能充分发挥出来，就会产生最大的满足感。

9. 复杂人假设：埃德加、沙因等人经过长期研究，认为人是复杂的、多变的，不能把所有的人归为一类。

10. 观念人假设：人在本能上有多种需要，也希望自己的需要不断得到满足，然而作为一个人，更重要的是有着自己的信仰和价值观。模式、规范一旦内化，信仰和价值观一经形成，实际上就成了人们思考问题的起点和行为指南。

11. 科学管理理论：以泰勒为代表的一代管理者成功地运用精确的调查研究和科学实验方法创造、发展了一系列提高劳动生产率的技术和方法，包括工作定额原理、挑选头等工人、标准化原理、计件工资制、劳资双方的密切合作、建立专门计划层、职能工长制、例外原则等。

12. 人际关系理论：梅奥于 20 世纪 30~60 年代创立人际关系学说，并提出人际关系理论，首次关注群体规范对个体工作行为的决定性作用。新发现包括：组织需要新型的人际关系型领导者；社会认可、他人认可、归属感等社会心理因素是决定人工作积极性的第一位因素；强调重视非正式群体等。

13. 阿吉瑞斯的不成熟-成熟理论：由克里斯·阿吉瑞斯于 1957 年 6 月提出。这种理论认为，在人的个性发展方面，如同婴儿成长为成人一样，也有一个从不成熟到成熟的连续发展过程，最后发展成一个健全的个性，一个人在这个“不成熟-成熟”连续发展过程中所处的位置，就体现了他自我实现的程度。有效的领导者应该帮助人们从不成熟或依赖状态转变到成熟状态。

14. 权变管理理论：管理的对象和环境变化多端，简单化的、普遍适用的方案并不存在，必须按照对象和情境的具体情况，选择具体对策。

三、判断改错题

1. √。

2. ×。从组织行为学的研究角度出发，既强调组织目标的实现，也要考虑员工个人需求的满足。

3. ×。罗宾斯将法约尔的管理职能概括为四种，分别是计划、组织、领导和控制。

4. ×。20 世纪 60 年代，麦格雷戈总结并提出人性假设对立的两种观点。其中认为人能在工作中自我控制的理论是 Y 理论，反之，把人看作厌恶工作、需要严格控制的消极因素的假设称为 X 理论。

5. ×。“复杂人”假设人的需要分为许多种，在同一时间会有多种需要和动机，人感到满足并致力于组织工作的程度取决于本人的需要结构及其与组织之间的相关关系。

6. √。

7. ×。组织行为学的核心课题包括动机、领导行为和权力、人际沟通、群体结构与过程、学习、态度形成与知觉、变革过程、工作设计等方面。

8. √。

9. √。

10. ×。组织文化研究的兴起，带来了组织行为学的研究的新发现：从重视个体研究到重视群体研究；从“社会人”到“观念人”；从“工作组织”到“生活组织”。管理从“硬”走向“软”；从关注“需要”走向重视“价值、信仰”的作用。

11. √。

12. ×。最后一句修改为：这与“自我实现人”人性假设是异曲同工的表述。

四、单选题

1-5. AADCA　6-10. ACCCB　11-15. DCACB　16-20. DCBDA

21-25. BCDDD　26-30. CADBB　31-35. DAAAD　36-40. DADBB

41-45. DAAAA　46-50. AABBA　51-55. ABDAA

五、多选题

1. ABC　2. ABC　3. ABC　4. ABCD　5. ABCE　6. ABC

7. ADE　8. ACD　9. ABCE　10. ABCDE　11. ABE　12. BCDE

13. ABCDE　14. ABCE　15. ABC　16. ABC　17. ABCE　18. ABC

19. AB　20. ABCDE　21. ABCD　22. ABCDE　23. AB　24. ABCDE

25. ABC　26. ABC　27. ABCD　28. BC　29. ABE　30. ABCDE

六、简答题

1. 20 世纪初，法国工业家亨利·法约尔提出，所有的管理者都发挥五种职能：计划、组织、指挥、协调和控制。后来，麻省理工学院的教授将这些职能简化为四种：计划、组织、领导和控制。

（1）计划。计划工作表现为设定目标和明确达成目标的必要步骤的过程。

（2）组织。组织工作是指为了实现计划活动所预定的目标而进行的分工协作、合理配置各种资源的过程。

（3）领导。领导工作是管理者利用职权和威信施展影响，指导和激励各类人员努力去达成目标的过程。

（4）控制。控制工作指在动态的环境中为保证既定目标的实现而进行的检查或纠偏活动或过程。

2. 20 世纪 60 年代末，麻省理工学院（MIT）的研究生亨利·明茨伯格对 5 位高层经理进行了一项精心研究，明茨伯格得出结论：管理者扮演着 10 种不同的但又互相关联的角色。这 10 种角色可以归纳为三大类：人际角色、信息传递者角色以及决策角色。

（1）人际关系方面的角色。人际关系角色指所有的管理者都要履行礼仪性和象征性角色，包括挂名首脑、领导者和联络者。

（2）信息传递方面的角色。信息角色是指所有的管理者在某种程度上，都从外部的组织或机构接受和搜集信息，信息传递者的角色包括监听者、传播者和发言人。

（3）决策制定方面的角色。在决策角色中，管理者处理信息并得出结论，决策角色包括企业家、混乱驾驭者、资源分配者和谈判者。

3. 罗伯特·卡茨提出了三种基本的管理技能：技术技能、人际技能和概念技能。

（1）技术技能指为了完成或理解一个组织的特定工作所必需的技能，也就是业务方面的技能。

（2）人际技能指与组织单位中上下左右的人打交道的能力。

（3）概念技能指对事物的洞察、分析、判断、抽象和概括的能力。

4. 美国组织行为学专家卢桑斯在其专著《组织行为学》中提出有效的管理活动和成功的管理活动的区分。其中，有效的管理活动是根据管理者的工作绩效的数量和质量以及他们下属的满意程度和承诺程度来界定的。对于有效的管理者，沟通时间所占比例最大，社交时间所占比例最小。成功的管理活动是根据管理者在组织中的晋升速度来衡量的。对于成功的管理者，社交时间所占比例最大，人力资源管理的时间所占比例最小。

5. 组织效率：产出一定，投入最少，或者投入不变，产出最多，甚至投入最少，产出最多，这些都意味着组织具有较高的效率。

组织效果：管理必须保证组织的投入产出成果能满足利益相关者的某种需要并为之所接受，从而得到环境认可，以继续生存并发展。

6. 权变理论是 20 世纪 60 年代末 70 年代初在经验主义学派基础上进一步发展起来的管理理论。权变理论认为，每个组织的内在要素和外在环境条件都各不相同，因而在管理活动中不存在适用于任何情境的原则和方法，即在管理实践中要根据组织所处的环境和内部条件的发展变化随机应变，没有什么一成不变的、普适的管理方法。成功管理的关键在于对组织内外状况的充分了解和有效的应变策略。权变理论以系统观点为理论依据，从系统观点来考虑问题。权变理论的出现意味着管理理论向实用主义方向前进了一步。该学派是从系统观点来考察问题的，它的理论核心就是通过组织的各子系统内部和各子系统之间的相互联系，以及组织和它所处的环境之间的联系，来确定各种变数的关系类型和结构类型。它强调在管理中要根据组织所处的内外部条件随机应变，针对不同的具体条件寻求不同的、最合适的管理模式、方案或方法。其代表人物有卢桑斯、菲德勒、豪斯等人。遵循权变理论，不等于没有理论，而是告诉人们怎样从错综复杂的情境中寻找关键，找到变量之间的因果关系，从而针对一定的情境使用一定的对策。

7. 组织行为学是一个研究领域，它探讨个体、群体以及结构对组织内部行为的影响，目的是应用这些知识改善组织绩效。

这一概念包括以下含义：

（1）组织行为学研究的对象是人的行为的规律性，但不是研究人的一般行为规律，而是集中研究在各种工作组织中的人的行为规律。

（2）组织行为学是综合运用心理学、社会学、人类学、生理学、生物学等一切与人的行为有关的学科知识和研究成果来研究一定组织中人的行为规律。

（3）组织行为学不是孤立地，而是系统地研究一个组织中人的行为规律。

（4）研究组织行为学的目的，不仅是要掌握组织中人的行为规律，还要在对组织中人的行为规律认识的基础上，准确地预测人的行为发展趋势，并采取相应的措施来引导人的行为，控制人的行为。

组织行为学的特点：

（1）边缘性、综合性：组织行为学是一门多学科、多层次、相互交叉和渗透的边缘性、综合性学科。

（2）两重性：这种两重性来自三个方面：①来自多学科性；②来自组织行为学的研究对象“人”本身的两重性；③来自管理的两重性。

（3）实用性（应用性）：表现在组织行为学研究的直接目的在于联系组织管理者的实际，以提高组织的绩效。

8. 组织行为学在当今面临的挑战，同时也是组织行为学得以发展的机遇。

（1）回应全球化。世界变成了地球村。与此相对应，管理者必须能够与来自不同文化的人共同工作。

（2）管理劳动力多元化。管理者需要改变他们的经营哲学，不应把不同群体的员工作为相同的人来对待，而应承认差异，并以能够保证员工稳定和提高生产率的方式对差异做出反应。

（3）改善质量和生产率。全面质量管理通过不断改善所有的组织过程，来永久保持顾客的满意度。质量管理对组织行为学意义重大，因为它要求员工重新思考他们所做的工作，更多地参与工作决策。

（4）回应劳动力短缺。组织行为学可以帮助管理者设计这些内容。在紧缺的劳动力市场中，不理解人类行为和不能恰当对待员工的管理者，将会面临无人可管理的风险。

（5）改善对顾客的服务。组织行为学可以帮助改善组织的绩效，可以解释雇员的态度及行为与顾客满意度的关系。

（6）改善人际技能。人际技能对于管理效果是重要的。其可以帮助解释和预测工作中人的行为。

（7）授权。管理者给员工授权，让员工负责自己所做的工作。这样做的同时，管理者需要学会如何放弃控制，员工需要学会如何对自己的工作承担责任以及如何做出恰当的决策。

（8）应对“临时性”。“临时性”的例证在企业中随处可见：工作不断地被重新设计；工作任务越来越多地被灵活的工作团队完成；公司越来越依赖于“临时性”员工；工作被分包给其他公司；养老金计划也被重新制订，以便满足员工的工作变更之需。

（9）激发革新和变革。一个组织的员工可能是创新和变革的推动力，也可能成为绊脚石。管理的任务是激发员工的创造性并增强其对变革的容忍性。组织行为学可以提供丰富的观点和方法，帮助我们实现这些目标。

（10）帮助员工平衡工作与生活的冲突。多种因素导致了员工的工作和个人生活之间的界限模糊：全球化组织的出现意味着其工作没有停止；先进的通信技术使得员工可以在家里、车里等地方工作；公司要求员工延长工作时间。

（11）改善道德行为。管理者和他们的组织正在从几个方面对此做出回应：撰写和颁布道德行为法规，以指导员工处理道德困境；安排研讨会、工作坊和类似的培训课程，努力改善道德行为；提供很容易取得联系的内部导师（很多情况下是匿名的），来帮助员工处理道德问题；为那些揭发组织内部不道德活动的员工建立保护机制。

9. 泰勒科学实验的背景：

（1）费雷德里克·温斯洛·泰勒发现许多工人在干活时都有“磨洋工”、工作效率低下的现象，这种现象引起了他的强烈关注。

（2）为了改进管理，他在米德维尔钢铁厂进行各种试验，对工人“磨洋工”造成产量不高的原因进行了研究和分析。

（3）1893 年，他辞去这家公司的工作，开始独立创业，并亲自从事管理咨询顾问的工作。

（4）1898—1901 年，他受雇于宾夕法尼亚的伯利恒钢铁公司从事管理咨询方面的工作。后来他开始进行工时研究的工作，希望为建立工作标准提供可靠的科学依据。在大量试验的基础上，他的科学管理的思想逐渐形成了。

泰勒科学实验的基本结论：

泰勒构造了标准化、系统化生产的世界，提出了工作定额原理、挑选头等工人、标准化原理、计件工资制、劳资双方的密切合作、建立专门计划层、职能工长制、例外原则等科学管理的方法和原则。

10. 霍桑实验的实验背景：

（1）泰勒理论否认人的个性，在最初的热情期之后，人们就不喜欢他了。

（2）位于美国芝加哥城外西方电器公司的霍桑工厂，是一家制造电话机的专用工厂，它设备完善，福利优越，具有良好的娱乐设施、医疗制度和养老金制度。但工人仍愤愤不平，生产效率也不理想。为此，1924 年，美国科学院组织了一个包括各方面专家在内的研究小组，对该厂的工作条件和生产效率的关系进行了全面的考察和多种试验。

霍桑实验的实验目的：研究工作条件和生产效率的关系。

霍桑实验的基本结论：霍桑实验有了不同于泰勒的科学管理理论的新发现。

（1）领导者：新型的人际关系型领导者

（2）社会人：社会交往、他人认可、归属某一社会群体等社会心理因素才是决定人工作积极性的第一位因素。

（3）士气——工人的满意感等心理需要的满足是提高工作效率的基础

（4）重视非正式群体。非正式群体的规范对个体行为有重要的影响。

11. 阿吉瑞斯不成熟-成熟实验的实验背景：

（1）“工作满意的工人会有高的个人产出”假设的失败——美国社会学家贝克尔曾经在20世纪50年代中期尝试用提高工作满意度的方法来提高员工的工作绩效，但他发现两者之间没有显著的相关性。

（2）一些研究者批评梅奥的人际关系学派片面强调搞好关系，对经济人假设过分否定，对非正式组织过分倚重，对感情逻辑过分强调。

阿吉瑞斯不成熟-成熟实验的基本结论：

（1）有效的领导者应该帮助人们从不成熟或依赖状态转变到成熟状态。

（2）在实践中，为了在健康的组织中培养出健康的个人，协调组织和个人的需要，管理者应该注意应用以下办法：工作扩大化；实行参与式的以员工为中心的领导方式；加重员工的责任，激发责任心和创造性；更多依靠员工自我指挥和自我控制。

12. 管理对“人性”的认识先后提出了经济人、社会人、复杂人、自我实现人、观念人、学习型人假设。（具体论述略）

七、论述题

1.（1）组织行为学容易被批评为“不过是些常识罢了”的主要原因：组织行为学研究的内容就是个体、群体以及结构对组织内部行为的影响，是对行为的预测和解释。而每个人都可以看成是行为的研究者。从幼年开始，个人就在观察别人的活动，通过解读他人，都有可能对别人的行为做出正确预测，其结果常常是被视为真理的常识。例如，通过组织行为学研究发现在学校举手是恰当的行为，而对于在学校举手的行为，几乎是每个人都知道的常识。

（2）物理学或统计学科学家都是通过一些定律、公式等得出一些不常见的结果，如归纳出地球引力或充满信心地把宇航员送到太空中去修理卫星等，人们是很难能想象到科学家是怎样算出地球引力、如何把宇航员送到太空的，因此物理学或统计学很少受到“研究常识”这样的批评。

2.“管理的产生是组织演变的必然结果”这个论断可以从技术的变革带来的组织的变化，以及组织的演变引致的管理的需求和发展这样管理学的产生过程来理解。我们可以从不同时代的组织特点、劳动特点、管理特点来阐释。

（1）古代社会组织类型包括庄园、工匠铺、商行、钱庄等。劳动特点：手工劳动，社会化程度低，生产技术和劳动分工比较简单。对管理的要求：传统的经验管理。

（2）工业革命、专利制度带来现代文明（英国）。工厂、工厂制度普遍建立。劳动特点：机器劳动。对管理的要求：生产计划和技术、劳动分工、设备的合理使用成为管理理论的重要专题。

（3）保护自由竞争、投资者利益的制度和规范的资本市场的美国（19世纪四五十年代)，道路电能、交通、通信技术得到广泛使用。组织特点：跨国公司、大规模公司出现、股份公司出现；劳动和分工复杂，组织管理复杂，要求所有权和经营权分离，需要专门的经营管理者，引致了“经理革命”与“管理运动”，产生了科学管理理论。

因此管理的产生是组织演变的必然结果。

3. 卢桑斯和他的同事研究发现，管理者都从事以下四类管理活动：①传统的管理——决策、计划和控制；②沟通与交流——交换日常信息并处理书面材料；③人力资源管理——激励、处分、冲突管理、人员安置和培训；④社交网络——社会化活动、政治活动以及与外部的相互交往。他们同时发现不同的管理者花费在这四种活动上的时间和精力相差甚远。

(1) 有效的管理者是根据他们工作绩效的数量和质量以及他们下属的满意程度和承诺程度来界定的，成功的管理者是根据他们在组织中的晋升速度来衡量的，两者所关注的点大相径庭。对于有效的管理者，沟通时间所占比例最大，社交时间所占比例最小对于；对于成功的管理者，社交时间所占比例最大，人力资源管理的时间所占比例最小。

(2) 这项研究对于理解“管理者在做什么”提供了一些重要启示。平均来说，管理者在四类活动上分别花费20%~30%的时间，包括传统的管理、沟通与交流、人力资源管理和社会交往。但是，成功的管理者和有效的管理者对四类活动的重视程度差别很大。实际上，两者强调的重点几乎正好相反。这一发现对于长久以来一直以为“晋升是以工作绩效为基础”的假设提出了挑战，它生动地展示了这样一个事实：社交技能和政治技能对个人在组织内部的发展特别是晋升起着重要作用。管理者要想在工作中有效而且成功，就必须开发自己的人际交往技能。

4. 企业减员、员工的失业，表明了劳动力市场供大于求的现象；企业对于难以找到合格人手的抱怨，体现了劳动力供给结构的不合理，以及劳动力技能低下等现象。这两者存在矛盾的主要原因就是：劳动力自身素质与行为不符合企业所需。目前，有大量的劳动力涌入市场，里面不乏有许多高素质、高能力的劳动者，但是，他们所具有的能力不一定符合公司所需。

劳动力就业的结构性问题最主要的特征是：①求职者的劳动技能、受教育程度和年龄等与劳动力需求方的要求不相符；②求职者对薪酬、福利待遇、职业、工作环境和地点等的要求与劳动力需求方可能提供的条件不相符。究其实质，劳动力就业中的结构性问题实际上是由于产业结构调整后，劳动者的素质和技能水平与产业发展的要求不相一致，即劳动力的供给状况与产业发展对劳动力的要求不相匹配。

对于这种现象的解决，从组织行为学角度看，具体措施主要有教育与培训、人力计划、促进劳动力合理迁移、就业市场信息的搜集与传播、反歧视政策等。

5. 可以从系统分析和直觉的角度进行分析。

科学需要系统研究。人关于组织中人的心理和行为的许多直觉，经过系统研究证实是错误的。人类对于熟悉的内容，并不一定有正确的认知。

6. 组织行为学的内容结构可以用以下模型来表示。

组织行为分析的三个层次

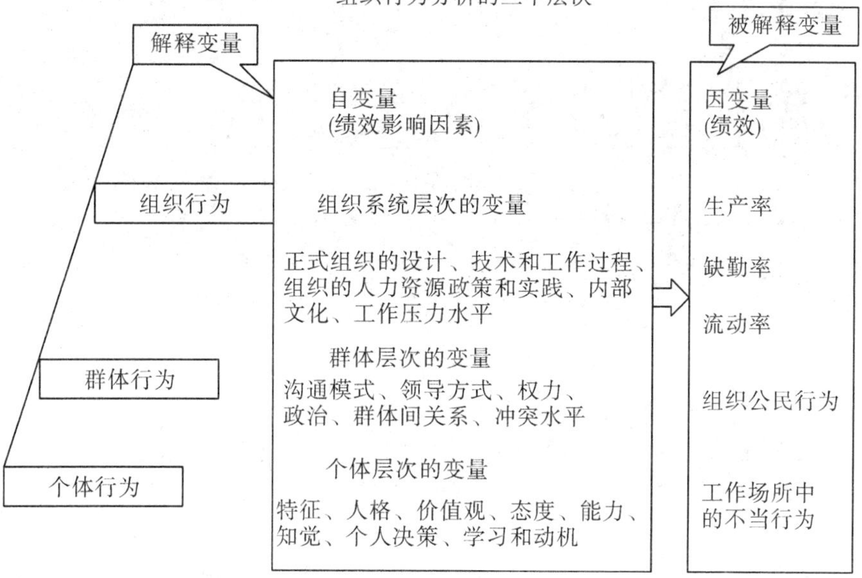

7. 组织行为学产生的必然性可以从其产生和发展的历程来认识。

（1）早期实践中有三个人的思想对组织行为学的发展方向和界限产生了重大影响。他们是亚当·斯密、查尔斯·巴比奇和罗伯特·欧文。

（2）古典理论时代：泰勒科学管理及其带来的效率的提升，满足了个体经济需要后，把人只视为工具的管理遭遇了工人的抵触。

（3）行为学派时代：人际关系学派过于注重人际关系和工作环境，忽视了责任担当和潜力激发，没有带来生产率的提升。

（4）人力资源学派：要求真正认识什么能够激励人，理解人的动机特别是自我实现动机、成就动机、目标等对人的激励作用。

（5）今天的组织行为学：权变的观点。人是复杂的，没有普适的成功管理方法，不同的人、同一个人的不同阶段，需求不同，动机不同，必须根据具体情境采取不同的人力资源管理办法。

8. 从人本管理思想产生的历史背景的角度进行分析。

9. 结合组织行为学当今面对的挑战和机遇进行论述。

10. 开放性问题。

参考：我认为今天的管理者所面对的有关“人”方面的一个最重要的困难是劳动力的多元化问题。劳动力多元化指的是在某一特定国家中人们之间的差异，意味着组织在性别、种族、国籍方面的构成上越来越多样化。

劳动力多元化给管理者带来诸多问题：①管理者不得不去适应不同人员的输入，接受不同类型的人员，并采用不同的方式对待他们；②员工在工作时会带有自己的文化价值观和生活方式的偏好，因此管理者就要针对员工不同的生活方式、家庭需要和工作风格，使组织能适应各种各样的人群。

第二篇　个体

第2章　传记特点

一、填空题

1. 性别　任职时间
2. 任职时间
3. 负相关　负相关　正相关
4. 正相关
5. U　降低　提高
6. 高于
7. 高　高　更高
8. 正相关
9. 负相关　负相关　正相关

二、名词解释

1. 传记特征：国外心理学和人力资源管理的一个重要研究领域，包括员工的年龄、性别、婚姻状况以及在组织中的任职时间等方面信息，是通过对申请表、传记式问卷和结构化面谈等形式搜集到的个体历史资料信息，以用于各种人员预测和人员选拔。

2. 任职时间：个人在某一岗位上持续工作的时间。

三、判断改错题

1. ×。年龄越大，越不愿意离开现在的工作岗位，但年龄与缺勤率之间的关系在一定程度上受到缺勤原因的影响，年长员工在可以避免的缺勤率方面低于年轻员工，

但在不可避免原因方面的缺勤率又高于年轻员工。（或者简单地答二者之间不存在直接的负相关）

2. ×。理由同前。

3. √。

4. √。

5. ×。关于性别与工作绩效之间的关系，在缺勤率方面，普遍认为，相对来说，女性比男性的比例更高。在离职率方面，所得到的证据表明两者没有显著差异，女性的离职比例与男性相似。

6. ×。不少心理学研究发现，女性更乐于遵从权威，男性更具有进取心并且有比女性更高的成功预期，但这些差异都很小。尚没有证据表明，女性在生产率方面比男性低。

7. √。

8. √。

四、单选题

1-5. CADBA　6-10. BADCA

五、简答题

1. 年龄与个体绩效：

（1）年龄与离职率负相关。

（2）年龄与缺勤率的关系要考虑到缺勤原因的影响，与可避免缺勤之间负相关，与不可避免缺勤之间正相关。

（3）年龄与生产力无关。

（4）年龄与工作满足之间的关系，要考虑到工作性质。与专业人士的工作满足正相关，而与非专业人士的工作满足呈 U 形关系，先随着年龄的增长而降低，至中年后再上升。

2. 性别与个体绩效：

（1）性别与离职率、工作满足之间的关系尚没有定论。

（2）性别与生产力无关。

（3）性别与缺勤率之间有一定的相关性。女性的缺勤率高于男性。

3. 婚姻状况与个体绩效：

（1）婚姻状况与生产力之间的关系尚没有定论。

（2）婚姻状况与离职率、缺勤率有一定的关系，已婚员工与他们的未婚同事相比，缺勤率和离职率更低。

（3）性别与工作满足之间有一定的相关性。已婚员工与他们的未婚同事相比，对工作也更为满意。

4. 抚养人数与个体绩效：

（1）抚养人数与离职率、生产力之间的关系尚没有定论。

（2）抚养人数与缺勤率之间的关系受到性别的影响，与女性的缺勤率呈正相关。

（3）抚养人数与工作满足之间呈正相关。

5. 工作年限与个体绩效：

（1）工作年限与离职率、缺勤率呈负相关。

（2）工作年限与生产力呈正相关。

（3）工作年限与工作满足之间的关系上存在争议，有一些证据表明，两者呈正相关关系。

六、论述题

1. 传记资料包括员工的年龄、性别、婚姻状况以及在组织中的任职时间。

（1）对生产率的预测表现最好的为任职时间。任职时间即工作经验，与生产率之间存在着正相关，任职时间越长其生产率越高；反之，越低。

（2）对离职率的预测表现最好的为婚姻状况。婚姻可能意味着责任感的增加，这使得一份稳定工作显得更为重要，也更有价值。因此，已婚员工比未婚的同事离职率更低。

（3）对缺勤率的预测表现最好的为性别。女性员工比男性员工的缺勤率更高，因为女性要担负家庭责任，要照看孩子和老人，这些事情在传统上都需要女性请假来做。

（4）对工作满意度的预测表现最好的为任职时间。任职时间与工作满意度正相关，员工在工作中的时间越长，对工作的满意程度越高；反之，越低。

年龄与个体绩效：

（1）年龄与离职率负相关，有较好的稳定性。

（2）年龄与缺勤率的关系要考虑缺勤原因的影响，与可避免缺勤负相关，与不可避免缺勤正相关，并不存在必然联系。

（3）年龄与生产力无关。一些人认为年龄越大，员工的工作能力会下降。但目前很多研究已表明，绝大多数的工作（即使是那些要求重体力劳动的工作），所需要的身体技能也不会随年龄的增长而急剧下降，从而对生产率造成影响。人们的身体技能可能会出现一定程度的衰退，但可以因工作经验而得到弥补。

（4）年龄与工作满意度之间的关系，要考虑到工作性质。年龄与专业人士的工作满足正相关，而与非专业人士的工作满足呈U形关系，先随着年龄的增长而降低，至中年后再上升；年龄越大，工作满足感越强。

2. 这是开放性题目，建议可以从以下角度展开讨论：①从婚姻状况对个人绩效的影响角度进行分析；②作为职场女性自己，如何直面职场；③从政府管理者视角应如何立法避免这种歧视现象，企业如何规避可能引起的歧视问题，或者这种歧视是否合适；④如何避免歧视，如何重新设计工作，使工作更适合要照顾小孩的母亲。

3. 关于企业招聘大学生却对工作经验有要求这一现象，可以从以下几个角度展开讨论：

（1）工作经验真的很重要吗？运用工作年限对个人绩效的影响的有关研究结论展开讨论；运用能力-岗位匹配理论以及从个体与组织价值观匹配等角度看经验，经验不那么重要。

（2）法律角度：是否存在歧视？公司确实有证据证明经验对该岗位绩效发挥了作用吗？

（3）毕业生角度：如何在大学期间获得实习经历？

4. 关于招聘条件“男性优先”的现象，可从以下几个方面展开讨论：

（1）性别对个人绩效的影响。

（2）企业角度：能力-岗位的匹配性。

（3）法律角度：是否存在歧视？招聘条件的设置均对该岗位绩效发挥作用。

（4）女性角度：培养岗位任职资格要求的能力；在遇到歧视时，勇敢维权。

七、案例分析

案例一：企业非澡堂无须看男女

1. 已有的研究发现：男女在问题解决能力、分析能力、竞争驱力、动机、社会交往能力、学习能力方面都没有表现出明显的不一致。所以性别对人们工作绩效的影响并不大。招聘看男女不是基于科学研究基础上的绩效观，而是基于偏见带来的歧视。

2. 除性别外，管理者还比较关注的传记特点的资料有年龄、婚姻状况、抚养人数以及工作年限。他们与个体绩效的关系分别如下：

年龄与个体绩效的关系：

（1）年龄与离职率负相关；

（2）年龄与缺勤率的关系要考虑到缺勤原因的影响，与可避免缺勤负相关，与不可避免缺勤正相关；

（3）年龄与生产力无关；

（4）年龄与工作满足之间的关系，要考虑到工作性质。与专业人士的工作满足正相关，而与非专业人士的工作满足呈U形关系，先随着年龄的增长而降低，至中年后再上升。

婚姻状况与个体绩效的关系：

（1）婚姻状况与生产力之间的关系尚没有定论；

（2）婚姻状况与离职率、缺勤率有一定的关系，已婚员工与他们的未婚同事相比，缺勤率和离职率更低；

（3）性别与工作满足之间有一定的相关性，已婚员工与他们的未婚同事相比，对工作也更为满意。

抚养人数与个体绩效的关系：

（1）抚养人数与离职率、生产力之间的关系尚没有定论；

（2）抚养人数与缺勤率之间的关系受到性别的影响，与女性的缺勤率正相关；

（3）抚养人数与工作满足之间呈正相关。

工作年限与个体绩效的关系：

（1）工作年限与离职率、缺勤率负相关；

（2）工作年限与生产力正相关；

（3）工作年限与工作满足之间的关系上存在争议，有一些证据表明，两者呈正相关关系。

3. 面对招聘中的性别歧视，给女性求职者两点建议：

（1）努力提升自身能力；

（2）当遇到就业歧视时，要敢于和善于维权。

案例二：如何善用老员工与毕业生

1. 略。

2. 一些人认为年龄越大，员工的工作能力会下降。但目前很多研究已表明，绝大多数的工作（即使是那些要求重体力劳动的工作），所需要的身体技能也不会随年龄的增长而急剧下降，从而对生产率造成影响。现有的研究结果表明，员工年龄与个人生产力无关。人们的身体技能可能会出现一定程度的衰退，但可以因工作经验而得到弥补。所以确实可以得出“对于任何英明的雇主，员工年龄应该不是问题”的结论。对于企业来讲，最重要的是如何根据相关工作岗位选择合适的人员。这意味着，企业需要更有效的办法从而从各个年龄阶段的人群中选拔出色的人才。

3. 应对老龄化的挑战，需要企业和政府共同努力。对企业来说，要善用年老员工，通过对工作环境等硬件资源的调整，或者通过调岗等方式，为年老员工打造合适的环境，提供不同的工作灵活性。比如按照员工自己的要求工作——也许工作时间更短，也许一周不用上 5 天班。对政府来讲，要制定相应的法律条例对企业的雇佣提出要求，促进企业更积极地想办法应对老龄化的到来。

第3章 能力

一、填空题

1. 可能性　心理能力　体质能力
2. 认知智力　社会智力
3. 情绪
4. 组织目标　选拔
5. 特殊能力
6. 内在特质　知识
7. 想做什么（角色定位、自我认知）
8. 角色定位　动机
9. 知识和技能　动机
10. 知识和技能　自我形象
11. 工作方法　操作流程
12. 自我概念
13. 一般员工
14. 知识和技能

二、名词解释

1. 能力：个体能够成功完成工作中各项任务的可能性。它是对个体现在所能做的事情的一种评估。

2. 情绪智力：一种在压力下识别、理解和管理自己与他人情绪的能力。

3. 社会智力：一个人与他人建立有效联系的能力。

4. 认知智力：传统智力测验中人们关心的那部分潜能。

5. 文化智力：对跨文化的差异具有敏感性，并能够在跨文化的情境中成功运作的能力。

6. 能力素质模型：大卫·麦克莱兰提出的，导致个体在具体文化和岗位中做出优秀业绩的行为特征的集合，是从实现组织目标提高业绩的角度出发，帮助企业提高人员选拔、培养、调用、提升等方面工作效率的管理工具。

7. 冰山模型：1973年，由麦克莱兰提出，指的是将人员个体素质的不同表现方式划分为表面的"冰山以上部分"的知识技能和深藏的"冰山以下部分"的自我形象、价值观、动机、个性等。

8. 行为事件访谈法：是由麦克莱兰结合关键事件法和主题统觉测验而提出来的。这是一种开放式、行为回顾式的探索技术，是揭示胜任特征的主要工具，是一种结合关键事例法与主题统觉测验的访谈方式。通过被访谈者对以往工作事件的描述，发现杰出者普遍具备的特质，提炼出被访谈者的胜任特征，建立岗位胜任力模型。这一方法对于人才的招聘选拔有着非常重要的意义。

三、判断改错题

1. √。

2. ×。关于心理能力的维度，目前学术界的普遍共识是将心理能力分为算术、言语理解、知觉速度、归纳推理、演绎推理、空间视知觉和记忆力共七类。

3. ×。在工作中需要进行更多的信息加工时，较高的总体智力水平和言语能力是成功完成此项工作的必要保证。

4. ×。归纳推理能力是指确定一个问题的逻辑后果及解决这一问题的能力。

四、单选题

1-5. ABCAC　6-10. BBBAA　11-15. BBBBD

五、多选题

1. ABCDE　2. ABCD　3. ACDE　4. AB　5. ABC

6. CD　7. BCD　8. ADE　9. ABC　10. BCDE

六、简答题

1. 影响个体能力发展的因素包括：

（1）素质：个体天生具有的生理特征。它是能力发展的自然基础。不具备基本的素质前提，就失去了能力形成发展的物质基础。

（2）环境和教育：人的能力发展的关键性条件。社会环境作为外在的条件，能激励和推动、压抑和扼杀人的能力的发展。如人类历史发展中的古希腊，文艺复兴时期的意大利、18 世纪的法国，使人的才能充分发挥，形成群星璀璨、人才辈出的局面。

（3）社会实践：在人的能力发展中，具有决定性意义的因素是社会实践。能力是人在认识和改造客观世界的实践活动中形成和发展起来的。不同职业的社会实践活动，制约着人们能力发展的方向，不同的实践内容对人们的能力提出不同的要求，丰富的社会实践使人们的多种能力得以提高和展现。社会实践又为检验人们的各种能力提供了标准。

（4）其他方面。包括营养状况、个人的勤奋程度、个人的爱好与兴趣，都对能力的提高有重要的影响。

2. 在社会生活中，人的能力差异是多方面的，主要有以下几种：

（1）能力发展水平的差异。不同的能力发展程度存在明显的差异。这可以从具有一致标准的一般能力方面来衡量。有人智力超常，有人智力低弱，多数人处于中间状态。心理学家经过大量研究，基本上得到一个共同的结论：全国人口的智力分布基本上成正态分布——“两头小”，即能力低下者、才能卓著者极少；“中间大”，一般能力者占绝大多数。这就是能力差异的常态曲线分布。

（2）能力类型的差异。能力类型的差异主要表现在：①能力的知觉差异反映人们在知觉方面有分析型、综合型和分析综合型的区别。分析型者对事物细节感知清晰，而对整体感知较差；综合型者则正好相反；分析综合型者兼而有之。②能力的记忆差异指人们在表象和记忆方面有听觉型、视觉型、动觉型和混合型。③能力的思维差异指在思维方面人们有抽象思维、形象思维、逻辑思维等区别。

（3）能力发展早晚的差异是指个体能力发展的年龄阶段的差异。

3. 能力与工作匹配理论是员工配置最基本的理论。能力-工作匹配理论认为：不同性质的组织工作，不同层次的员工需要有不同的能力。管理者一般必须具备决策能力、人际关系能力、技术业务能力。但处在不同层次的管理者，对上述三种能力要各有侧重。担任高层职务的管理者应侧重于决策、计划、智慧、协调等组织管理能力；担任基层职务的管理者应侧重业务、技术、事务性能力，同时他们又都应该兼顾协调人际关系的能力。人的能力与工作、职务应该相匹配，而不能“高职低能”，用庸才造成管理低水平，工作低效率。

4. 能力的含义：能力指直接影响活动效率，使活动顺利完成的个性心理特征。

能力的分类：能力的分类有很多，目前得到普遍共识的一种分类是将能力区分为一般能力和特殊能力。

（1）一般能力：指每一个个体完成一切活动都必须具备的共同能力。其主要包括：①思维能力，指对事物进行全面细致的分析、综合、抽象和概括的能力。一般在能力中起核心作用。②观察能力，指对事物进行审视的能力，主要指知觉能力。③语言能力，指个体描述客观事物的语言表达能力。④想象能力，包括再造想象和创造想象，它往往可以升华为特殊能力。⑤记忆能力，是个体积累经验、知识、技能，形成个性心理的重要心理条件。⑥操作能力，指通过人的各种器官，主要是手、脚、脑等并用，进行人机协调，完成操作活动的能力。

（2）特殊能力：指个体从事某种专业活动应具备的各种能力有机结合而形成的能力，如教学能力、管理能力、数学能力、音乐能力等。

5.“行为事件访谈法”的一般步骤：介绍说明访谈内容；梳理工作职责；进行行为事件访谈；提炼与描述工作所需要的胜任力要项；整理和分析访谈资料。

6.“行为事件方法”的优点：价值性、有效性、指导性、参考性，可以深度挖掘被访者的胜任力。“行为事件方法”的缺点：花费时间较长，专业性强，信息不完善，范围受限。

七、论述题

1. 如何进行能力与工作的匹配？可以从以下几方面努力：

（1）制订与业务发展相匹配的人力资源规划，合理招聘人才，量才录用。优秀的管理者并不是谋求把能力最优者聚集在自己的周围，而是根据企业业务发展需要确定所需要的能力标准，谋求最合适组织能力标准的人才。只有这样才能既不浪费人才，又能提高工作绩效。

（2）制订准确的人才评估和选拔标准。人与人之间的能力是有类型差异的，这种差异不仅是客观的，而且是普遍的。不同企业、不同岗位需要不同的能力标准，企业应该重视研究个体的能力结构和能力差异，根据行业、企业和岗位的特点确定不同人员的评估选拔标准。

（3）加强员工能力培训。员工能力结构各不相同，必须充分关注员工的能力差异，因材施教地组织培训，以有效提高员工的能力，更好地匹配工作的要求。

（4）在通过各种专业测试精挑细选合适的员工，通过定向培训有效提升员工能力的同时，也要注意通过有效的业绩评估使人才脱颖而出。

2. 高认知智力只是学业智力。既有研究发现，学业智力能够解决有良好的结构的问题，但现实生活和工作往往不具有良好结构。因此学业智力并不一定能有效解决现实问题，所以高认知智力未必能很好地适应日常生活、与周围人很好相处或在领导位置上做得成功。后者需要的更多是实践智力、情绪智力。

3. “会干活不如会表现”“会哭的孩子有奶吃”这个问题确实普遍存在。其中一个重要原因是领导在评价人才时过多凭借主观印象，没有客观的评价标准。从能力素质模型的角度来看，这是未建立公司的能力素质模型，未通过高绩效员工的关键行为访谈以及工作研究得到工作成功的一系列标准和条件。如果缺乏客观标准的指导，领导者个体对下属的判断易建立在主观印象的基础上，受易获性知觉偏见的影响，上述现象就容易出现。

4. 以能力素质模型为核心构建人力资源管理体系、能力体系成为企业人力资源管理各项活动的基础，能给企业的管理和员工的发展带来很多的益处。

（1）从企业角度来看，能力素质模型为企业建立了一套高效完成任务的能力标杆参照体系，建立了企业员工的能力发展阶梯；有利于企业进行人力资源盘点，明晰能力储备与未来要求之间的差距；可以帮助企业更好地选拔、培养、激励那些能为企业核心竞争优势构建做出贡献的员工；便于企业集中优势资源用于最急需或对经营有重大影响的能力的培训和发展，更加有效地组合人才，以实现企业的经营目标；便于企业内部人员的横向调动和发展，可以更有效地进行员工职业发展路径的规划；是构建企业核心能力和进行组织变革、建立高绩效文化的有效推进器。

（2）从员工角度来看，能力素质模型为员工指明了努力的方向，帮助员工明白他们的做事方法与他们的做事内容同样重要；能力素质模型针对个人的技能增长进行激励，可以帮助员工了解并实践与企业经营战略相一致的人力资源管理技能，从而更好地提升个人绩效。

5. 能力素质模型实施的关键点包括：①更加关注“具体行为表现”而非“概念”；②关注行业特点和业务流程特点，体现不同序列和岗位之间能力要求的差异；③多层次、多角度的基础数据搜集、能力定义和确认，保证高层、中层、基层、内外部客户的充分参与，以确保能力体系的认同和效度；④关注企业文化和核心价值观，使得能力定义和行为描述体现企业个性特点；⑤能够为人力资源管理的各项职能提供有效支持；⑥立足当下，关注未来。

八、案例分析

案例一：张强和李佳的岗位安排

1. 张强的个性与销售工作相匹配，而李佳的人格和能力与销售工作不匹配。

2. 人力资源管理者接到员工的辞职要求，首先要了解辞职的原因，判断是否值得挽留。本案例中，李佳因为销售工作绩效不佳，极容易被认为是个人能力不足或者工作投入不够，因而是“不值得留住”的员工。所以要了解其绩效不佳的原因，并了解其能力长项。案例中，人事主管没有粗暴武断地对李佳的能力和态度下结论，并对其能力进行了再次了解，并迅速地将其调配到更适合其能力发挥的工作岗位，是我作为一个管理者应该去做到的。不过，需要指出的是，该公司在招募的时候，没有进行有效的人员个性、能力评估，仅根据公司需要和毕业生刚毕业时的意愿，就把李佳放到销售岗位上去，则是非常不科学的做法，如果我作为管理者，不能犯这样低级的错误。

3. 启示可以从三个方面来讨论：

第一，能力-工作匹配的重要性。

第二，当发现员工绩效表现不佳时的第一反应和第一判断：不要轻易地把原因归为员工能力不行或者态度不好；更不能认为是道德问题。

第三，本案例中仅仅根据最初的个人意愿就做了工作岗位的安排，是草率而不科学的。在组织内应采取系统策略实现人-岗匹配。首先，有效的选拔程序能提高这种匹配性。运用工作分析能明确该工作目前需要做些什么，个体需要具备什么能力以充分完成工作。通过测评、面试和评估等可了解求职者在必备能力方面的水平如何。其次是在晋升和调职决策时仍然需要关注人岗匹配问题，切忌干得好就提升，提升到不胜任位置上去的“彼得原理”所反应的问题。最后，工作横向轮岗时也应注意人-岗匹配，不能为了所谓的“全面成长”“全面培养”“全面了解”的需要，为轮岗而轮岗，让一些不适合轮岗的人员强行轮岗。

案例二：A 设计院的员工评价困境

1. 首先以及最主要的问题是评价的依据问题：领导主观打分，缺乏客观依据。当然还有评价的流程、评价的运用、评价的组织等问题，但首先以及核心问题还是评价标准问题。

2. 对任何一个员工的评价，至少应从能力和绩效两个维度进行。因为 A 设计院面临的主要问题是考虑人员留任以及调岗问题，所以在绩效差不多的情况下，应首先考虑留下能力更强者，所以可首先考虑进行能力评价，留下能力更适合、更能促进公司发展者。

A 设计院可以根据能力素质的冰山模型，确定公司关注岗位的胜任素质模型。考虑设计院在动机、个性、自我形象、社会角色、知识、技能等胜任素质方面的具体要求，根据行业特点、设计院的特点以及岗位特点，结合关键事件访谈法等予以明确。在此基础上，评价现有人员和确定去留员工。

3.（1）建立能力素质模型；

（2）根据能力素质模型建立评价模型；

（3）将能力素质模型作为其他各项人力资源职能（招聘、培训、调配任用、绩效、薪酬等）的依据；

（4）开展管理者运用能力素质模型进行管理和员工运用能力素质模型开展自我管理的能力培训。

第4章　学习

一、填空题

1. 行为改变
2. 行为主义学习理论　认知主义学习理论　建构主义学习理论
3. 联想　联系
4. 经典条件反射　操作性条件反射
5. 顿悟

二、名词解释

1. 条件反射的泛化：当学习者学会对某个刺激做出特定反应后，这种反应不仅可由原来的刺激所引起，而且也可由与之类似的其他刺激引起，这种现象称作条件反射的泛化。

2. 经典条件反射理论：又称巴甫洛夫条件反射，是指一个刺激和另一个带有奖赏或惩罚的无条件刺激多次联结，可使个体学会在单独呈现该一刺激时，也能引发类似无条件反应的条件反应。

3. 社会学习理论：社会学习理论是由美国心理学家阿尔伯特·班杜拉于1952年提出的。它着眼于观察学习和自我调节在引发人的行为中的作用，重视人的行为和环境的相互作用。班杜拉认为学习探讨个人的认知、行为与环境因素三者及其交互作用对人类行为的影响。

4. 行为塑造：行为塑造法是根据斯金纳的操作性条件反射研究结果而设计的培育和养成新反应或行为型式的一项行为治疗技术，是操作条件作用法强化原则的有力应用之一。在行为塑造过程中，多采用正强化的手段，一旦所需的行为出现，就立即给予强化，一直达到一种新行为出现为止。

5. 连续强化：连续强化是组织行为学中强化程序的一种，指每一次理想行为出现时，都给予强化，可以令学习者快速学习新行为，但习得行为也会快速消失，例如表扬和恭维。

6. 间断强化：指的是一种偶然地或间歇地、不是每一次都对所发生的行为进行强化的方法。

三、判断改错题

1. ×。连续强化方式适合于新出现的、不稳定的或低频率的反应。
2. ×。可变强化程序与固定强化程序相比能导致更高的绩效水平。
3. ×。强化程序可以用于自我管理。
4. √。

5. ×。间断强化只对部分理想行为给予强化。

6. ×。根据艾宾浩斯曲线，时间越长，我们学习的东西保留得越少。

7. ×。操作性条件反射包含指向目标的活动变化。

8. ×。概念明显不同。

9. √。

10. √。

11. √。

12. √。

13. √

14. √

15. ×。经典条件反射是被动的，只能解释一些简单的行为，在组织中的复杂行为还需要其他理论来解释。

四、单选题

1-5. DCABA　6-10. BABCC　11-15. ADCCA　16-20. BDABA
21-25. ADAAA

五、简答题

1. 认知学习理论是通过研究人的认知过程来探索学习规律的学习理论。主要观点包括人是学习的主体，主动学习；人类获取信息的过程是感知、注意、记忆、理解、问题解决的信息交换过程；人们对外界信息的感知、注意、理解是有选择性的以及学习的质量取决于效果。认知学习理论不断发展，先后提出了早期格式塔的顿悟理论、布鲁纳的认知发现理论、奥苏伯尔的认知同化论、认知建构理论。

2. 间断强化包括两种比率强化和两种间歇强化。比率强化包括固定比率强化、可变比率强化，间歇强化包括固定时距强化、可变时距强化。

3. 成功学习的四个过程是：注意过程、保持过程、动力复制过程、强化过程。

4. 学习是在经验的作用下发生的相对持久的行为改变。学习内容随着时间的推移逐渐被遗忘，最开始遗忘得很快。其特点可以用典型学习曲线和艾宾浩斯曲线来表示。

5. 强化理论的主要内容：行为之所以发生变化，是强化作用的结果，因而直接控制强化物就能控制行为。常用的手段有四种类型：积极强化、消极强化、惩罚、忽视。虽然在管理中奖励和惩罚都可以用作激励的手段，但两者的性质及对人们心理产生的影响却很不同。在实际应用中，关键在于如何使强化机制协调运转并产生整体效应，为此，应遵循以下三条原则：①激励与惩罚相结合；②以奖励为主，惩罚为辅；③及时正确地强化。

6. 经典条件反射是指一个刺激和另一个带有奖赏或惩罚的无条件刺激多次联结，可使个体学会在单独呈现该刺激时，也能引发类似无条件反应的条件反应。经典条件反射最著名的例子是巴甫洛夫的狗的唾液条件反射。经典条件反射具有获得、消退、恢复、泛化四个特征，它与操作性条件反射既有区别，又有相似之处。以经典条件反射理论为基础的行为治疗方法主要包括厌恶疗法和系统脱敏感疗法。

经典条件反射包括非条件反射和条件反射，非条件反射是生来就有的，低级的，不需大脑皮质的参与，少且易退化。例子：膝跳反射、眨眼反射。条件反射是后天学习逐渐形成的，高级的，需大脑皮质的参与，绝大多数S-R（刺激-反应）都是条件反射。例子：谈虎色变；猴子骑车；一朝被蛇咬，十年怕井绳。

7. 操作性条件反射是一种由刺激引起的行为改变，用以塑造有机体的操作行为，包括建立和消退两个环节。例如，学习者某一良好反应未能受到教师充分的关注和表扬，学习者最终放弃做出良好反应的努力。

8. 班杜拉的社会学习理论是阐明人怎样在社会环境中学习，从而形成和发展他的个性的理论。社会学习是个体为满足社会需要而掌握社会知识、经验而发展的过程。该理论主要提出两个要点。一是交互决定观。他认为个体、环境和行为是相互影响、彼此联系的，三者影响力的大小取决于当时的环境和行为性质。二是观察学习。这是班杜拉社会学习理论的核心。观察学习是指人通过观察他人（榜样）的行为及其结果而习得新行为的过程。在观察学习中，观察学习的对象称为榜样或示范者。班杜拉将观察学习分为直接的观察学习、抽象性观察学习和创造性观察学习，并将观察学习的过程分为四个具体过程：注意过程、保持过程、复制过程、动机过程。

六、论述题

（以下只是要点，并不代表完整答案）

1. 经典条件反射包含一种先天的条件反射或业已形成的条件反射；条件反射是自动实现的，没有被试的觉察和合作；该结果不依赖于学习者的活动；包含思想、情感、爱好等的变化。操作性条件反射无须先前的刺激-反应联系，学习者必须发生适当的反应；被试者所做的反应活动即使是偶然的，也是会被意识到的；该结果依赖于学习者的活动；包含指向目标活动的变化。

2. 员工在工作中学习不道德行为主要是由于组织的奖励系统正向强化错误行为，员工被鼓励做不道德的事情。正向强化指当一种反应之后伴随着愉快事件，如管理者称赞员工做得好，其导致了学习，强化了反应，增加了重复的可能性。在工作中学习不道德行为的例子如，组织对那些说谎、欺骗、歪曲事实的员工给予表扬、晋升、加薪或其他奖励等，员工便认识到不道德的行为会得到报偿。又如，当员工通过努力已经极其接近设定的目标但又还没有达到目标时，员工很容易去弄虚作假，捏造数据，因为在员工看来，此时作假的收益是远远高于其成本的，并且提前完成目标，会得到领导的奖励。有时，为了完成目标，销售人员虚报销售数据，生产人员将不合格的产品装运发货，而这些虽然都已完全背离了目标设定的根本出发点，即获得高绩效，但是组织给予员工的奖励会鼓励其做出这些不道德的行为，并且会重复发生。

3. 认知学习理论是通过研究人的认知过程来探索学习规律的学习理论。主要观点包括人是学习的主体，主动学习；人类获取信息的过程是感知、注意、记忆、理解、问题解决的信息交换过程；人们对外界信息的感知、注意、理解是有选择性的以及学习的质量取决于效果。

社会学习是指通过观察或听取发生在别人身上的事情而学习。

然后可以结合两种学习理论的概念与过程分别阐述。

4. 为什么儿歌总能勾起人们对于童年时代的美好回忆？根据经典条件反射理论，因为这些歌曲与儿童时期的愉快心情联系在一起，一听到这些歌曲，就勾起了人们儿童时期的愉悦感，因而产生了美好回忆和欢乐情绪。

5. 主动学习或习得的行为是否得到强化，影响着这一行为的重复倾向，强化物会强化行为并增加其重复的可能性，如果某一行为得不到积极强化，其重复的可能性就会下降。

6. 领导的职位权力使领导具有惩罚权。在管理实践活动中，领导适当地运用惩罚权能够更好地影响和支配他人的活动，使组织绩效更佳。在强化理论中，发生不快的行为时，运用惩罚手段，使一些行为消失，产生负强化。在管理实践活动中，可以运用惩罚，通过负强化作用规范员工行为，为企业管理服务。

7. 根据经典条件反射理论，当一个刺激和另一个带有奖赏或惩罚的无条件刺激多次联结，个体就能学会在单独呈现该一刺激时，也能引发类似无条件反应的条件反应。总部高层来视察对员工是无条件刺激的行为，员工精神面貌良好是无条件反射。因为当总部高层来视察工作时，管理层就会将办公室窗户擦干净，干净的窗户和总部高层的到来之间经过多次的联结后，使员工看见干净的窗户，就会条件刺激出总部高层要来视察的意识，所以条件反射出良好的精神面貌。

8. 社会学习理论认为，人们通过观察他们值得信赖的且知识渊博的人的行为而进行学习。由此得到以下启示：在组织培训开发方案中，应重视树立榜样的作用，用榜样的行为影响组织成员的行为。

社会学习理论也认为那些被强化或被奖励的行为会再次发生，人们会不断向被奖励过的行为或技能的示范者学习。由此得到以下启示：在组织的培训开发方案中，可以规定相关的奖励行为，吸引组织员工学习被奖励的行为；重视组织成员自我效能的培养，重视鼓励与奖励的作用，提高成员的自信心与实践能力。

9. 为影响人们的行为，可以采取四种不同的行为塑造方式：

正强化：指令人愉快的行为发生并提出表扬使这种行为重复出现。（结合实际回答，例子略）

负强化：指令人不快的行为发生并提出否定与警告，为逃避而增加另外的行为。（结合实际回答，例子略）

惩罚：指令人不快的行为发生并提出威胁与惩罚，使行为消失。（结合实际回答，例子略）

自然消退：指令人愉快的行为发生并不予理睬，使行为淡化。（结合实际回答，例子略）

10. 导师制如何才能发挥作用？根据社会学习理论，可以从以下几方面入手：

（1）组织内部正确理解导师制，组织成员对导师制产生明确认知，明确导师制的意义。人的行为可以通过观察学习过程获得，要求我们认真甄选导师，注重导师的实践能力与道德水平，使所选导师真正具有榜样作用，吸引学员向老师看齐。

（2）根据组织的内外部环境，有针对性地对导师与学员进行相应的指导，定期进行培训，促进双方的互相认同。

（3）注重导师与学员的行为差异性。通常行为差异性较低的导师与学员更加容易交流，这对师生关系有更好的促进作用，可推进导师制的发展。

七、案例分析

案例一：海尔命名法

1. 海尔的命名是一种正强化：组织给予令个体愉快或个体所希望的事物，个体的行为就变得更加可能发生。例如，以“认同”方式激励员工，在新员工加入时举办相应的欢迎仪式，员工考核晋升时举办相应的“发证”仪式，以及各级领导给予相应的表扬、肯定、赞许的目光等，都能带来正强化。

2. 除了案例中用到的行为塑造方法外，还有负强化、惩罚、忽视等行为塑造法。具体实例具体分析。

3. 强化理论有以下的局限性：①忽略了人的内在因素；②忽略了人的主观能动性；③忽略了目标、期望、需要等个体要素；④仅仅注重当人们采取某种行动时会带来什么样的后果。

案例二：矫立敏：一个工人技术专家的世界

1. 与普通的一线员工相比，矫立敏对自己的优势和不足有清醒的认识，不因没有考上大学而气馁。他对同事尊重、帮助，对组织忠诚，对工作敬业，有既远大又实际的职业理想，有奉献社会的道德水准，这些都体现了高水平的自我管理。同时，他具备较高的学习和时间管理能力，利用业余时间购买并阅读有关技术方面的书籍，构建自己的小型图书馆，使自己的学习能力和技术水平得到了大幅提高。在工作中，矫立敏关注细节，注意总结，研究出节能降耗、减排安全的立敏工作法。

2. 社会学习理论强调通过观察和直接经验两种途径学习。它承认行为是结果的函数，同时强调观察、模仿学习的重要性。社会学习理论重视榜样的作用，强调个人对行为的自我调节，主张建立较高的自信心。榜样是社会学习理论的核心，榜样对个体的影响有四个过程，即注意过程、保持过程、动力复制过程、强化过程。在本案例中，矫立敏在日常工作学习中养成了认真负责的习惯，在长期的工作中积累了丰富的技术经验，他处处以身作则，得到同事们的认同和尊敬，具有较大的影响力，促进了自己的知识和技能在整个组织的推广。

3. 一线技术专家是组织隐性知识的主要载体，隐性知识转化为显性知识并得到分享是当今知识管理的前沿课题，我国各类组织尚未对这一问题予以重视。本案例中的主人公和他所在的组织在隐性知识转化上做了有益的尝试。隐性知识分为两大类：技术方面的隐性知识——非正式的技能，技巧、诀窍和群体协作能力；认识方面的隐性知识——洞察力、直觉、感悟、信念、价值观、群体成员的默契等。本案例中矫立敏通过“立敏工作法”、给新员工上课的方式对两类隐性知识都进行了挖掘总结、转化分享。

第 5 章　态度

一、填空题

1. 态度
2. 情感　行为
3. 缺乏稳定性
4. 重要性　具体性　可提取性
5. 工作满意度　组织承诺
6. 组织承诺　负相关关系
7. 一致性
8. 认知失调
9. 造成失调的要素的重要程度
10. 态度
11. 自我知觉
12. 综合评价法
13. 公平感
14. 组织公民行为
15. 组织承诺
16. 感情承诺　规范承诺

二、名词解释

1. 态度：态度的定义最早是斯宾塞和贝因（1862 年）提出，认为态度是一种先有主见，是把判断和思考引导到一定方向的先有观念和倾向，即心理准备。迈尔斯（1993 年）对于态度的定义较为完善，认为态度是对某物或者某人的一种喜欢或者不喜欢的评价性反应，他在人们的信念、情感和倾向中表现出来，是指个体对待一类人和社会事物（如事件、团体、制度以及代表具体事物的观念等）所持的评价和行为倾向。

2. 工作满意度：霍伯于 1935 年提出这一概念，是个体对他所从事的工作的总体态度。

3. 组织承诺：最早是由贝克尔于 1960 年提出，指员工对于特定组织及其目标的认同，并且希望保持组织成员身份的一种心态。

4. 组织公民行为：奥根教授及其同事于 1983 年首次创造性地提出了“组织公民行为”这一术语，指未被正式的报酬体系所明确和直接规定的、员工的一种自觉的个体行为，这种行为有助于提高组织功能的有效性。这些行为一般都超出了员工的工作描述，完全出于个人意愿，既与正式奖励制度无任何联系，又非角色内所要求的行为。

5. 工作参与：指测量一个人从心理上对其工作的认同程度以及认为他的绩效水平对自我价值的重要程度。

6. 认知失调：社会心理学家列昂·费斯廷格在1956年首次于其著作《当预言失灵》中提出了此理论，是指一个人的行为与自己先前一贯的对自我的认知（而且通常是正面的、积极的自我）产生分歧，从一个认知推断出另一个对立的认知时而产生的不舒适感、不愉快的情绪。

7. 自我知觉：比姆1972年提出了自我知觉理论，当问到一个人对某种事物的态度时，个体会回忆他们与这种事物有关的行为，然后从他们过去的行为中推断出对该事物的态度。

8. 情感承诺：指员工对组织的感情依赖、认同和投入，员工对组织所表现出来的忠诚和努力工作，主要是由于对组织有深厚的感情，而非物质利益。

9. 连续承诺：指员工对离开组织所带来的损失的认知，是员工为了不失去多年投入所换来的待遇而不得不继续留在该组织内的一种承诺。

10. 规范承诺：反映的是员工对继续留在组织的义务感，它是员工由于受到了长期社会影响形成的社会责任而留在组织内的承诺。

三、判断改错题

1. √。

2. ×。情境压力、社会规范的影响，将导致态度与行为不一致。

3. ×。情感与行为之间的关联度要高于认知与情感或认知与行为倾向之间的关联度。

4. √。

5. √。

6. ×。与工作有关的态度，应从重视“员工满意度”转向重视“组织公民行为”和“组织承诺”。

7. ×。高的工作满意度并不能带来高的生产率。

8. ×。高组织承诺的员工对组织有非常强的认同感和归属感。组织承诺是一个比满意度更能预测工作效率的概念。

9. ×。连续承诺是指员工对离开组织所带来的损失的认知，是员工为了不失去多年投入所换来的待遇而不得不继续留在该组织内的一种承诺。

10. ×。规范承诺反映的是员工对继续留在组织的义务感，它是员工由于受到了长期社会影响形成的社会责任而留在组织内的承诺。

11. √。

12. ×。组织承诺与工作绩效之间的关系方面，情感承诺与绩效、提升评价正相关；连续承诺与绩效、提升评价负相关；规范承诺与绩效、提升评价正相关；规范承诺比情感承诺的影响更短暂。

13. ×。由于社会规范而导致的不愿意变更职业的程度，是指组织承诺中的规范承诺。

14. √。

15. ×。不同时代的员工，在三类承诺即组织承诺、上司承诺、职业承诺上的承诺度是不同的；不同性质的组织，其员工看重的承诺是不同的；不同职业性质的员工，其承诺也是不同的。

16. √。

四、单选题

1-5. DBACC　6-10. ADBBA　11-15. ABBDC　16-20. DBDAA
21-25. CAAAC　26-30. BDBAD　31-35. CABDD　36-38. ADA

五、多选题

1. ABCDE　2. ACD　3. ABD　4. ACDE　5. ACD　6. ABCD
7. ABC　8. ABC　9. ABD　10. ABCD　11. ABCD　12. AB
13. ABD　14. ABC　15. ACD　16. ABC　17. ABCD　18. ABCDE
19. ACD　20. BC　21. ABCD　22. AD　23. ABCE　24. ACE
25. ABCDE　26. ABD　27. ABE　28. ACDE

六、简答题

1. 态度的特征包括：

（1）态度的社会性。态度是主体在长期的生活中，通过与社会的相互作用受社会的影响而逐步形成的。

（2）态度的针对性。态度具有特定对象，它总是针对某些对象——某一个人、某一个群体或某一状态而产生的。

（3）态度的协调性。态度是由认知、情感和意图三种因素组成的，这三种因素常常是协调一致的。

（4）态度的恒常性。态度一经形成，就将持续一段时间不宜改变，因而成为其人格的一部分，使这个人对同一对象形成前后一致、自然的、习惯性的反应。

（5）态度的内隐性。态度是一种心理倾向，是行为的准备，是不能直接观察到的。

态度的类型：工作满意度、工作参与和组织承诺。

（1）工作满意度：指个体对他所从事的工作的总体态度。

（2）工作参与：指测量一个人从心理上对其工作的认同程度以及认为他的绩效水平对自我价值的重要程度。

（3）组织承诺：指员工对于特定组织及其目标的认同，并且希望保持组织成员身份的一种心态。

2. 态度对个体行为的影响：态度属于行为的指导和动力系统，对个体的行为有很直接、很重要的影响。

（1）态度影响认知与判断。认知对态度的形成有作用，态度一旦形成也会对认知产生反作用，有正向作用，也有负向作用。

（2）态度影响行为效果。一个人热爱自己的工作，以稳定的、积极的态度对待工作，就会在态度持续的时间内努力提高工作绩效。

（3）态度影响忍耐力。忍耐力指人对挫折的耐受、适应能力，它和人对所从事活动的态度有密切关系。

（4）态度影响相容性。在社会交往活动中，一个人对自己、对他人、对集体的态度，往往影响他与群体的融合程度；同样，组织成员之间的相互态度，也影响组织的相容性和凝聚力。

3. 工作满意度：指个人对他所从事工作的一般态度，这种态度影响组织行为，甚至身体健康，其内容具体包括五个方面。

（1）工作本身：员工所从事的工作有趣的程度，以及工作所提供的进一步学习的机会及更多的责任。

（2）报酬：所得到的报酬多少、报酬的公平性和支付报酬的方式。

（3）升职机会：升职的现实可能性。

（4）上司：上司的技术和管理能力，上司对员工及其利益关心的程度。

（5）同事：同事友善、有技术能力和技术合作的程度。

工作满意度的测量方法：

（1）单一整体评估法。单一整体评估法只要求个体回答一个问题，如“如果你把所有因素考虑在内，你对自己的工作满意吗?”要求从数字1~5所代表的分数等级中圈出一个符合自己的数字，这些数字代表了从“非常不满意”到“非常满意”的不同程度。

（2）综合评价法。工作要素综合评价法则是一种更复杂的方法，它首先要确定工作中的关键要素，然后询问员工对于每一项要素的感受。典型的因素包括：工作性质、监督与控制、当前的收入、晋升机会和同事关系。它通过标准化的量表来评估这些要素，数据累加起来就得到了工作满意度总分。

4. 影响工作满意度的因素：影响工作满意度的因素包括个体因素、组织因素以及工作和管理环境等。个体因素主要有年龄、职业阶层、教育因素等；组织因素主要有组织规模；工作和环境包括富有心理挑战性的工作、公平的报酬、支持性的工作环境和融洽的同事关系等。

5. 工作满意度对员工绩效的影响：

（1）满意度与生产率。从个体水平上表明，二者的反向关系更为准确，即可能是生产率带来了满意感。

（2）满意度与缺勤率。工作满意度与缺勤率之间存在稳定的负相关，满意度越高，缺勤率越低；反之，越高。

（3）满意度与流动率。工作满意度与流动率呈负相关。但是，两者也受其他因素的影响。有证据表明，满意度与流动率之间关系的一个重要调节变量是员工的绩效水平。

6. 管理者可以控制的影响员工工作满意度的因素有：富有心理挑战性的工作、公平的报酬、支持性的工作环境和融洽的同事关系。因此，管理者要提高员工的工作满意度可以从下列几方面入手：

（1）为员工提供挑战性的工作；

（2）为员工提供公平的报酬；

（3）为员工提供支持性的工作条件；

（4）为员工提供一个支持性的同事环境。

7. 员工可以通过各种方式来表达他们的不满。按建设性和积极性两个维度，将员工表达不满的方式分为四种，即退出、建议、忠诚、忽略。

（1）退出：调动、离职或辞职。调动和离职使组织蒙受经济损失，增加人事成本，还会引起各种影响，比如造成士气低落，使工作绩效水平下降。

（2）建议：采取积极性和建设性的态度试图改善目前的环境，包括表达不满，提出改善工作的建议，与上级讨论问题和组织某些形式的工会活动。

（3）忠诚：消极地但乐观地期待环境的改善，面临外部压力时为组织说好话，相信组织和管理层会做出正确的决策和事情，组织环境会逐步改善。

（4）忽略：消极地听任事态的发展，结果是问题得不到解决，甚至更坏。表现方式包括长期缺勤和迟到，降低努力程度，增加错误率，消极怠工甚至出现偷盗行为。

8. 工作满意度的调查可以从以下五个方面进行设计：

（1）企业形象的满意度（管理制度、客户服务、质量管理、参与管理）；

（2）领导的满意度（管理者、工作认可）；

（3）工作回报的满意度（报酬、福利、培训与发展、工作环境）；

（4）工作协作的满意度（同事、沟通、尊重）；

（5）工作本身的满意度（工作胜任感、成就感、安全感）。

七、论述题

1.（1）自我知觉理论指在事实发生之后能够使已经发生的活动讲得通的一种态度，它认为态度不是在活动之前指导行为的工具，人们在事实发生之后使用态度使已经发生的事实具有意义。

（2）自我知觉理论在对行为进行预测时，使用态度使已经发生的行为具有意义。当态度不够清晰，模棱两可时，自我知觉理论能更好地预测行为。例如，当你对某一个事件缺乏经验，或过去对它考虑较少时，你会倾向于从你的行为中推断自己的态度。

2. 这种说法总体来说是错误的。“快乐的工人就是高产出的工人”这一神话出现于20世纪30~40年代，它在很大程度上源于研究者在西部电气公司进行的一系列霍桑研究得到的发现。基于这些结论，管理者致力于让员工更加快乐的努力。他们进行了很多活动，如放任的领导方式、改善工作条件、扩大健康与家庭福利、举办公司野炊活动和其他非正式的聚会活动以及为员工提供咨询服务等。

然而，这些家长式的活动建立的基本存在疑问。有关这一领域的研究总体上表明，即使快乐与生产率之间存在正相关，二者之间的相关性也仅为中低水平——相关系数介于0.17~0.30之间。这意味着员工满意度仅能使3%~9%的生产率变异。

研究表明，一个更准确的结论实际上是反向关系：高生产率的员工很可能是快乐的员工。也就是说，是生产率导致了满意感，而不是满意感导致了生产率。如果你的工作干得好，你就会从内心感到满足。另外，由于组织总是对生产率进行奖励，因此，你的生产率越高，得到的言语表扬、加薪晋升的机会也就越大。这些奖励反过来又会增强你对工作的满足感。

3. 我同意这种观点。原因如下：

（1）工作满意度代表个体对其工作的总体态度，指感觉到工作本身可以满足或者有助于满足自己的工作价值观需要，而产生的一种愉悦的感觉程度。提高工作满意度对员工的缺勤率、流动率都有影响。具体表现为：①工作满意度与缺勤率之间存在稳定的负相关，满意度越高，缺勤率越低；反之，越高。②工作满意度与流动率是呈负相关的。具体而言，在预测高业绩者的流动情况时，满意度并不重要。

（2）管理者在提高员工的工作满意度的过程中要注意：①要具体分析本企业的问题，结合本企业的具体条件；②员工满意度高不意味着企业绩效水平就自然高，要有配套的制度；③不要随意做员工满意度调查，员工满意度调查会提高员工的期望值，处理不好，会导致更大的不满。公司要做好准备，根据满意度调查结果采取行动，而不是只停留在调查上。

（3）建议：要让员工知道在职场中，会遇到不同的合作同事，对于这种情况，员工应该自己去适应，即便这是一个痛苦的过程，但也要去做。让员工切记别以先入为主的态度判断哪些人值得或不值得去共同工作，应该花一段时间多观察。让员工知道，建立良好的同事关系，自己才能获得别人的接纳与支持，甚至可提高自己的工作绩效，进而会受到上司的肯定与赏识。

4. 态度是个体关于物体、人物和事件的评价性陈述，这种评述可以是赞同的，也可以是反对的，它反映了一个人对于某一对象的内心感受。与工作有关的态度主要有工作满意度、工作投入、组织承诺等。态度调查是管理者获得员工态度的最流行的方法。

优点：①态度调查具有针对性，能够提供管理者所需的关于员工工作满意度的具体信息；②定期使用态度调查，员工的工作满意度能够为管理者提供关于员工如何感觉他们工作的有价值的反馈信息，提醒管理层注意潜在的问题，及早了解员工的意图，以便采取措施防患于未然。

缺点：①态度缺乏稳定性，对员工进行监控时不具客观性；②一些歪曲的、失真的调查结果会导致员工对组织和工作的消极态度，影响工作满意度。

5. 关于建设和提升组织承诺，可从以下几个方面进行：

（1）从组织承诺的形成机制的角度。第一，员工和组织匹配。第二，期望满足。第三，归因过程。第四，组织公平和组织支持。第五，回顾性作用。第六，组织社会化机制。组织社会化主要是针对新进入一个组织的员工而言的，具体是指员工从组织外的社会人变成一个组织中被接纳的成员。

（2）从组织承诺三因素模型的角度。首先，要注意鉴别出那些有频繁跳槽经历的人，详细考察他们离职的原因。其次，要考察应聘者和组织之间价值观的匹配程度。最后，通过现实工作预览甄选可能建立高情感承诺的员工。

此外，企业还可通过内部晋升、培训和宣传来培养情感承诺，通过沟通和支持来培养组织承诺。

7. 关于管理者是否可以创造出满意的员工，并没有一致的结论。

正论：综合各研究证据，可以看到有四个因素影响高水平的员工的工作满意度：富有心理挑战性的工作、公平的报酬、支持性的工作环境和融洽的同事关系。重要的是，这些因素都是被管理层控制的。

反论：目前，尚没有证据能够表明管理者可以控制员工满意度的影响因素。也有研究表明，员工的工作满意度在很大程度上是由遗传因素决定的。

八、案例分析

1. 为什么张勇如此重视员工的工作满意度？这是因为满意度影响员工的行为和绩效表现。

首先，在清晰的工作要求或者指导以及合适的组织公正等情况下，高的满意度能提高工作效率；20 世纪 90 年代的一项研究表明，从组织整体水平上，拥有高满意度的组织比那些拥有低满意度的组织更有效。满意度虽然不是工作绩效的充分条件，但一定是必要条件。

其次，高的满意度能降低离职率，从而减少流动带来的工作中断、招聘培训成本上升、商业机密流失等负面影响。

再次，高满意度会降低缺勤率，减少缺勤带来的工时损失、工作秩序扰乱等。

最后，当员工的工作满意度低时，除了前述问题以外，还可能导致员工抱怨、窃取组织的财产、逃避工作责任、消极反抗，甚至离职。

2. 海底捞通过以下几方面的努力培养员工的组织承诺：

（1）提升情感承诺：包括招募更适合餐饮业的员工、授权给一线员工、领导与成员的亲密和信赖关系，以及从组织对员工的尊重、信任，对员工及其家人的关怀等组织特征角度开展了努力。

（2）提升持续承诺：包括不强调受教育的程度，更强调工作能力和方法本身，提升员工工作能力，给予基层员工更多的尊重、更好的福利等。

（3）提升规范承诺：包括明确的组织规范和工作要求、对遵守组织规范提供指导、招募接受组织的员工等。

当然，从组织层面上，招募合适的人，注重管理员工期望、采用内部晋升的用人机制、注重公平和支持、注重共享价值观、信任员工、采用员工参与的管理方式、提升组织理解力，是海底捞切实获得员工的高组织承诺的有力举措。

3. 工作投入是指员工心理上对工作的认同，并将工作绩效视为一个人价值观的反映。

与工作投入低的组织成员相比，海底捞的员工工作投入高。从案例材料中可以看出，其员工的工作满意度更高，正性工作情感及组织承诺更高，离职意愿更低，留职意愿更高，前瞻行为（如个体主动地采取行动、追求学习目标等）更多。从材料中还可以看出，因为员工的高工作投入，海底捞有了更高的顾客满意度、生产力、利润率以及单位总体绩效。而且，因为有了高工作投入的员工，海底捞的工作控制、上级支持、信息、组织气氛、组织资源等（包括如培训、自主性、技术等方面）才对提升组织承诺有了显著的作用。

为什么海底捞能获得更高的员工工作投入？除了员工个体的一些因素以外，更多的是海底捞所做的工作，包括对一线工作流程和主动性权限的设计、充分的工作资源、良好的人际关系、领导者充分、及时的支持等。

海底捞的一系列举措提升了员工的工作满意度、组织承诺度，同时也获得了员工的工作投入。这是当前许多企业所欠缺的。海底捞的以上做法都可以给其他企业管理以启发。

第6章 人格

一、填空题

1. 个体 周围环境 反应方式
2. 高登·奥尔波特
3. 核心自我评价 自尊 控制点
4. 遗传 环境 情境
5. 职业环境
6. 环境 情境
7. 遗传
8. 荣格
9. 行为源
10. 外倾性 责任心 情绪稳定性 经验的开放性
11. 责任心 情绪稳定性 经验的开放性
12. 性格
13. 粘液质 抑郁质
14. MBTI
15. 人格特征
16. 自我监控
17. 自尊
18. 自我监控
19. 人格-工作匹配

二、名词解释

1. 人格：个体对他人的反应方式和交往方式的总和，它常常通过对个体表现出来的、可以测量的人格特质的描述来刻画。

2. A型人格：美国学者M. H. 弗里德曼等人研究心脏病时，把人格分为两类：A型和B型。A型人格者较具进取心、侵略性、自信心、成就感，并且容易紧张，愿意从事高强度的竞争活动，不断驱动自己要在最短的时间里干最多的事，并对阻碍自己努力的其他人或其他事进行攻击。

3. 人格特质：1921年由心理学家荣格提出，是指在组成人格的因素中，能引发人们行为和主动引导人的行为，并使个人面对不同种类的刺激都能做出相同反应的心理结构。

4. MBTI：MBTI人格理论的基础是著名心理学家卡尔·荣格先生关于心理类型的划分，凯恩琳·布里格斯与伊莎贝尔·布里格斯·迈尔斯母女在荣格划分的8种类型基础上进行研究并加以扩展，形成了通过四项二元轴来测量人在性格和行为方面的喜好和差异的 MBTI 模型。这四项轴分别为：人的注意力集中所在和精力的来源（外向和内向）、人获取信息的方式（感觉和直觉）、人做决策的方式（思维和情感）、人对待外界和处世以及决策的方式（判断和感性），从而把个体人格分为 16 种类型。

5. 自我监控：指个体根据外部情境因素调整自己行为的能力。

6. 马基雅维利主义：由马基雅维利提出，是指个体利用他人达成个人目标的一种行为倾向，是个体讲求实效，保持着情感的距离，相信结果能替手段辩护的程度。

7. 自尊：自我尊重，是个体对其社会角色进行自我评价的结果。

8. 气质：气质是表现在心理活动的强度、速度、灵活性与指向性等方面的一种稳定的心理特征。人的气质差异是先天形成的，受神经系统活动过程的特性所制约。

9. 现实型人格：偏好需要技能、力量、协调性的体力活动的人格类型。

10. 企业型人格：偏好能够影响他人和获得权力的言语活动的人格类型。

三、判断改错题

1. √。
2. ×。环境因素是人格的形成的重要因素。
3. √。
4. ×。修改：将“定型性”改为“一致性”或“恒常性”。
5. ×。修改：将“人格特质”改为“气质特点”。
6. ×。王熙凤属于“多血质”的典型，薛宝钗则是“粘液质”的代表。
7. √。
8. ×。多数人是介于外向型与内向型之间的。
9. √。
10. √。
11. ×。修改：将“外控者”改为“内控者”。
12. ×。修改：将“低马基雅维利主义”改为“高马基雅维利主义”。
13. √。
14. √。
15. ×。修改：将“B 型人格”改为“A 型人格”。

四、单选题

1-5. ADDBB　6-10. AACCC　11-15. ADBCC
16-20. BCDAC　21-25. BAABA　26-29. CDAA

五、多选题

1. ACE　2. ABCDE　3. ABE　4. ABCE　5. ABC
6. ABC　7. ABCDE　8. ABCD　9. AC　10. ABCD
11. ABCDE　12. AD　13. BCDE　14. ABCDEF　15. ABC

六、简答题

1. 影响人格的因素有三个方面：遗传、环境、情境。

（1）近年来，行为遗传学的大量研究证明，遗传对人的智力和人格均有相当大的影响作用。在所有影响因素中，遗传所起到的作用无论对智力还是对人格特性，都占到50%左右。

（2）对我们的人格形成施加外部压力的因素包括：我们成长的文化背景；早年的生活条件；家庭、朋友和社会群体的规范以及我们体验到的其他影响因素。这些环境因素对于人格的塑造起着十分重要的作用。

（3）情境也在遗传和环境对人格的影响中起到一定作用。

2. 人格具有以下几个主要特点：整体性和层次性、稳定性和可变性、一般性和独特性。

3. 根据人的气质特征来调动人的积极性，合理利用人；根据人的气质特征来合理调整组织结构，增强团队战斗力；根据人的气质特征来做好思想工作。

4. 性格的态度特征、性格的情绪特征、性格的意志特征、性格的理智特征。

5. 迈尔斯-布里格斯类型指标是最被广泛使用的人格框架之一。

这一人格测验包括100道问题，用以了解个体在一些具体情境中会出现的感觉和进行的活动。根据个体的回答，可以将个体区分为外向的或内向的（E或I）、领悟的或直觉的（S或N）、思维的或情感的（T或F）、感知的或判断的（P或J），在此基础上组合成为16种人格类型。

6.（1）外向性：该尺度衡量人在人际交往中的自如度。

（2）宜人性：该尺度指的是尊重和顺从他人的倾向。

（3）责任心：该尺度是衡量可靠性的尺度。

（4）情绪稳定性：该尺度衡量人承受压力的能力。

（2）经验的开放性：该尺度讨论人对新奇事物的兴趣和好奇心的大小。

7. 霍兰德在其所著的《职业决策》一书中描述了六种人格类型的相应职业。这六种人格类型分别是：现实型、研究型、社会型、传统型、企业型、艺术型。

七、论述题

1. 人格是个体对他人的反应方式和交往方式的总和，它常常通过个体表现出来的、可以测量的人格特质进行描述。其中遗传是影响人格的一个因素。遗传指的是那些由胚胎决定的因素。身材、相貌、性别、秉性、肌肉的组成和反射、精力水平以及生物节律等特点，都全部或至少大部分受到父母的影响，也就是说，受到他们生物的、生理的、内在心理组成的影响。

关于“遗传决定人格”，有两种不同的观点。

支持遗传决定人格的观点：遗传观点认为，根据染色体上基因的分子结构，可以全面解释个体的人格特征。这一观点有四种不同研究取向，分别提供了确凿证据来支持遗传在决定个体人格特征方面的重要作用。其一是在幼儿当中对人类行为和性情的遗传基础进行的观察；其二是对刚出生就分开的双胞胎进行的研究；其三是在不同情境和时间下对工作满意度进行的稳定性研究。近来针对儿童的一些研究有力地支持了遗传观点。研究证据表明：一些特质，如害羞、畏惧和不安，在很大程度上是由于内在的基因特点所决定的。这些发现表明，一些人格特质可能是由与影响我们身高和头发颜色相似的基因编码决定的。还有一些研究者曾对 100 多对刚出生就分离并分别在不同家庭中成长起来的同卵双胞胎进行了研究。如果遗传在决定人格方面所起的作用很小，那么，在这些分开抚养的双胞胎身上将很难发现相似性。但是，研究者发现，他们有很多共同的地方。比如，一对双胞胎彼此分离了 39 年，在两地分别成长起来，但研究者发现他们驾驶型号和颜色完全相同的汽车，抽同一牌子的香烟，给自己的狗起相同的名字，常常去同一个海滨度假。研究者发现，在人格方面，大约 50%的变异以及在娱乐和业余爱好方面超过 30%的变异源于遗传因素。

反驳遗传决定人格的观点：如果人格特点完全由遗传决定，则会从个体出生之后就固定下来，并且在成长过程中不会发生任何改变。例如，如果你在孩提时代就心态平和、易于交往，而这些特点是由基因决定的，那么对你来说不太可能改变这些特点。然而，人格特点并不完全由遗传所决定。例如，美国 19 世纪著名的“暹罗连体兄弟”，不仅同卵，而且连体，从他们诞生之时起，就一刻也没有分离过，基因都完全相同，然而他们的性格却截然相反，一个暴躁，一个平静；一个思维敏捷但兴趣狭窄，一个反应迟钝但兴趣广泛；一个是酒徒，一个则是赌徒。又如，一项研究表明，害羞有 50%~60%是受到遗传的影响；然而微笑，特别是在孩子两岁之前，就几乎和遗传无关了。

因此，遗传因素对人格的影响占了大约一半。至于剩下的一半，应归于环境因素的影响。例如，那些分开长大的同卵孪生子表现出来的人格差异，可以归于他们不同的生活环境，也就是说，环境对人格形成也有重大影响。

2. 我同意这种看法。因为如果员工的人格与工作类型并不匹配，那么他的工作满意度就会很低，并且具有较高的缺勤率和流动率，必然会影响工作生产率。约翰·霍兰德的人格-工作适应性理论对工作类型作为中间变量对于人格与工作生产率之间关系的影响提供了最好的解释。霍兰德提出了六种人格类型，并指出，员工对工作的满意度和工作生产率，取决于人格与工作类型的匹配程度。

因此，一个现实型的人从事现实型的工作比从事研究型的工作更为和谐，社会型的工作对于现实型的人则可能最不合适。只有当个体的人格与工作类型相匹配、相协调时，才会产生更高的工作满意度和更低的离职意向，才会有高的工作生产率。

3. 不能表明人格特点随时间的推移而变化。

（1）人格是个体对他人的反应方式和交往方式的总和，它常常通过个体表现出来的、可以测量的人格特质进行描述。每一个具体的人的人格都不是一朝一夕形成的，而总是在先天性生理素质的基础上，受家庭、社会潜移默化的影响和学校教育的熏陶以及实践活动的锤炼塑造形成的。比如任性的人，对己、对人、对事、对工作处处表现出刚愎自用的特点来。

（2）人格的稳定性只是相对的，不是绝对的。随着社会实践条件、人的知识水平、家庭和个人生理、心理等因素的变化，人格及心理特征也必然发生变化。

（3）人格特点的影响因素有：遗传，由胚胎决定的因素，如身材、相貌、性别、秉性、肌肉的组成和反射等；环境，包括成长的文化背景、早年的生活条件、家庭和社会群体的规范以及体验的其他影响因素；情境，个体所处的不同环境。

题中老板的不同表现，反映的人格特点不能认为是随时间变化的，应该是受情境的影响。不同情境中，会要求一个人的人格表现出不同的侧面。老板当表现出一副紧张、急躁、好争辩的样子时，表明此时的人格特点是由当时的情境造成的；当又表现出平和和放松的样子时，也是这个道理。

4. 希波克拉底和盖仑的气质类型主要包括：多血质、粘液质、胆汁质、抑郁质。

（1）多血质的一般特征是：情绪兴奋性高、思维语言动作敏捷、心理变化快但强度不大，稳定性差；活泼好动，富于生气，灵活性强，乐观亲切，善交往，浮躁轻率，缺乏耐力和毅力；反应性强，具有可塑性；外倾性较强。

（2）粘液质的一般特征：情绪兴奋性和不随意反应性都较低，沉着冷静，情绪稳定，深思远虑，思维语言动作缓慢；交际适度，内心很少外露；坚毅执拗，自制力强，感受性较低而耐受性较高；内倾性明显。

（3）胆汁质的一般特征：情绪兴奋性高，反应迅速，心境变化剧烈，抑制能力较差；易于冲动，热情直率，不够灵活；精力旺盛，动作迅猛，性情暴躁，脾气倔强，容易粗心大意；感受性较低而耐受性较高；外倾性明显。

（4）抑郁质的一般特征：感受性很强，善于觉察细节，见微知著，细心谨慎，敏感多疑；内心体验深刻但外部表现不强烈，行动迟缓，不活泼；易于疲劳后也易于恢复，办事不果断和缺乏信心；内倾性明显。

八、案例分析

1. 从材料可以推断出史玉柱的一些主要的个性（人格）特征：内控性、冒险倾向、高马基雅维利主义、A 型人格。

2.（1）内控性对企业经营管理的影响：史玉柱坚定地相信命运掌握在自己手中，自己是命运的主人，因而不会贪念铁饭碗，敢于辞掉令人羡慕的公职创造企业，也使企业敢于不断进行战略变革，比如公司由深圳前往珠海、在公司进行技术创新等，这些举措推动了公司的迅速成立、发展和腾飞。

（2）冒险倾向对经营管理的影响：史玉柱具有高冒险倾向，比如敢于辞去公职、同时上马四个方面的产品线、建造巨人大厦……这样的举措有可能使公司获得巨大的发展机会，但也可能导致稳定性差，后来公司遭遇滑铁卢也与太过冒险有关。

（3）高马基雅维利主义对企业经营管理的影响：史玉柱具有高马基雅维利主义倾向，强调结果对手段的辩护性，强调成功。这些人格特征影响了产品决策，盈利来自于它，但这也为集团覆灭埋下了伏笔。

（4）A 型人格对企业经营管理的影响：史玉柱具有明显的 A 型人格特征，成就欲高，上进心强，有苦干精神、工作投入，常常同时开展几个工作，工作常处于紧张状态，重视速度、数量，等等，这些特质推动了企业的迅速发展，但因为太过急促、不够从容而有可能导致决策错误、实施质量效率不高、多项事情难以兼顾而出现问题。这也可能是巨人集团迅速欠债倒下的原因。

当然，后来史玉柱再次站起来则不仅受到人格的影响，还与他的坚定信念和不屈的意志、不放弃的精神等有关。

第7章　价值观

一、填空题

1. 价值观

2. 内容　强度　内容属性

3. 价值观体系

4. 错误　不重要　好　坏

5. 价值观

6. 价值观　价值观体系

7. 遗传　社会环境因素

8. 态度　行为

9. 终极价值观　工具价值观

10. 权力距离　个人主义与集体主义　生活数量和生活质量　不确定性规避　长期与短期取向

11. 政治性　宗教性

12. 核心价值观

13. 外在价值　内在价值

二、名词解释

1. 价值观：代表了人们最基本的信念，从个人或社会的角度来看，某种具体的行为模式或存在的最终状态比与之相反的行为模式或存在状态更可取。对于价值观较著名的研究包括奥尔波特等人的价值观研究、莫里斯的生活方式问卷、洛克奇的价值调查表。

其内涵可以从以下两个方面来解释：

（1）价值观决定了事物或行为对于个人是否有意义及重要程度如何；

（2）价值观具有个体性，每个人都有自己的价值观，每个人的价值观都会有所不同。

2. 价值系统：最早由洛克奇于1967提出，当我们对一个人的价值观进行排序的时候就可以得到他的价值系统。所有人的价值观都具有层级性，即价值系统。

3. 终极价值观：洛克奇价值观调查问卷第一种价值观类型，指的是一种期望存在的终极状态，是人生中希望实现的最根本的目标。

4. 工具价值观：洛克奇价值观调查问卷第二种价值观类型，指的是人喜欢的行为方式或实现终极价值观的手段。

5. 工作内在价值：与工作本身内在性质相联系的，如兴趣、成就感、挑战、潜力、学习、创新等，属于工作内在价值。

6. 工作外在价值：工作价值的一部分与员工工作的结果相联系，如工资、福利、环境、安全、社会地位等，属于工作的外在价值。

三、判断改错题

1. ×。人的价值观一旦形成，是相对稳定和持久的，但也就并非绝对一成不变，当人们处在某种新的环境，常常会对价值观中可能不再适合的部分进行修正。

2. √。

3. √。

4. √。

5. ×。价值观包含了人们对正确与否的解释，淡化了事物的客观性和人的理性。

6. ×。管理者认为，组织内员工的价值观是影响组织中道德行为和不道德行为的最重要因素。

7. √。

8. ×。X 时代的人们看重灵活性、对生活的选择权、工作满意感的实现，家庭和关系对这群人非常重要，他们对团队取向的工作十分认同。

9. ×。不同文化下的价值观存在差异，中国和西非在权力距离上的得分较高，而美国和荷兰的得分较低。大多数亚洲国家表现出更多的集体主义精神。

10. ×。GLOBE 关于领导与民族文化的跨文化研究成果，进一步扩展了霍夫斯泰德的文化五维度，为我们提供了每个国家在各维度上的最新测量数据。

11. ×。规章制度的制订要考虑到价值观的影响。在同一个客观条件下，对于同一个事物，组织成员的价值观是不会完全相同的，这就会导致员工行为的不一致。

12. ×。勤奋工作、勇敢属于工具价值观。

13. ×。美国斯普朗格尔最早对人的价值观进行归类，主要分为六类：理性价值观、唯美价值观、经济价值观、政治价值观、社会价值观、宗教价值观。

四、单选题

1-5. DDCCB　6-10. CACAB　11-15. DABCD

16-20. ACDBD　21-25. CDADB　26-30. DBCAD

五、多选题

1. ABCE　2. AB　3. ABCD　4. ABCDE　5. ABC　6. AE　7. BCDE

8. ABE　9. ABCE　10. ABCDE　11. ABE　12. CDE　13. ABCDE

六、简答题

1. 价值观代表了人们最基本的信念，从个人或社会的角度来看，某种具体的行为模式或存在的最终状态比与之相反的行为模式或存在状态更可取。其内涵可以从以下两个方面来解释：

（1）价值观决定了事物或行为对于个人是否有意义及重要程度如何。

（2）价值观具有个体性，每个人都有自己的价值观，每个人的价值观都会有所不同。

价值观的基本特征：

（1）价值观是事物价值的主观反映；

（2）价值观以人的需要为基础；

（3）价值观是一个具有不同层次、不同类型的结构系统。

2. 价值观从整体上影响一个人的态度和行为，价值观的影响表现在：

（1）影响对其他个人及群体的看法，从而影响人与人的关系；

（2）影响个人所选择的决策和解决问题的方法；

（3）影响个人对所面临的形势和问题的看法；

（4）影响工作态度和有关行为的道德标准；

（5）影响个人接受或抵制组织目标和组织压力的程度；

（6）影响对个人及组织的成功和成就的看法；

（7）影响对个人目标和组织目标的选择；

（8）影响组织中激励机制的建立和人力资源政策的制定。

所以了解员工的价值观，是了解员工工作态度和动机的基础，对理解员工的心理、预测员工的行为极其重要。

3. 洛克奇价值观调查问卷包括两种价值类型：终极价值观和工具价值观。

（1）终极价值观指的是期望存在的终极状态，是人一生中希望实现的最根本的目标，如舒适的生活、成就感、世界和平、平等、自由、快乐、自尊，等等。

（2）工具价值观指的是人喜欢的行为方式或实现终极价值的手段，如勤奋工作、胸怀开阔、勇敢、宽容、富于想象力、顺从、负责、自律，等等。

4. 美国组织行为学家斯普朗格尔最早对人的价值观进行归类，将价值观分为下列六类：

（1）理性价值观，以知识和真理为中心，强调通过理性批判的方式发现真理。

（2）唯美价值观，以形式、和谐为中心，强调对审美、对美的追求。

（3）政治价值观，以权力地位为中心，强调权利的获取和影响力。

（4）社会价值观，以群体他人为中心，强调人与人之间友好、博爱。

（5）经济价值观，以有效实惠为中心，强调功利性和实务性，追求经济利益。

（6）宗教价值观，以信仰教义为中心，强调经验的一致性及对宇宙和自身的理解。

5. 霍夫斯泰德评估文化的构架。此框架界定了五个维度。

（1）权力距离。权力距离指一个国家的人民对于机构和组织内权力分配不平等这一事实的接纳和认可程度。它的范围从相对平等（低权力距离）到极端不平等（高权力距离）。

（2）个人主义与集体主义。个人主义指的是一个国家的人民喜欢以个体为单元活动而不是成为群体成员进行活动的程度。集体主义则与个人主义相反。

（3）生活数量和生活质量。生活数量指的是人们看重积极进取、金钱及物质的获得与拥有、竞争的程度。生活质量是指人们重视关系，并对他人幸福表现出敏感和关心的程度。

（4）确定性规避。一个国家的人民喜欢结构化而不是非结构化情境的程度。在不确定性规避上得分高的国家，人们的焦虑水平更高，它表现为更明显的紧张、压力和攻击性。

（5）长期与短期取向。生活在长期取向文化中的人们，总是想到未来，而且看重节俭与持久。而短期取向的人们看重的是过去与现在，强调对传统的尊重以及社会义务的履行。

6. GLOBE 评估文化的框架：针对民族文化的差异，GLOBE 工作团队确认了九个维度：

（1）决断性。决断性指一个社会鼓励人们竞争、对抗、不妥协、自我肯定，而不是谦虚、平和的程度。这一维度与霍夫斯泰德的生活数量维度相对应。

（2）未来取向。未来取向指一个社会鼓励和奖励未来取向行为（如做出规划、投资未来、延迟满足）的程度。这一维度与霍夫斯泰德的长期/短期取向相对应。

（3）性别差异。性别差异指一个社会最大化性别角色差异的程度。

（4）不确定性规避。与霍夫斯泰德的界定相同，GLOBE 团队把这一概念界定为一个社会对社会规范和程序的依赖，以降低对于未来事件的不可预知性。

（5）权力距离。与霍夫斯泰德一样，GLOBE 团队把它界定为：一个社会中，成员预期权力分配的不平等程度。

（6）个人主义/集体主义。与霍夫斯泰德的界定一致，即个体受到社会公共机构的鼓励而融入组织与社会群体当中的程度。

（7）组内集体主义。它不关注社会公共机构，这一维度包括，社会成员对于小群体（诸如家庭、亲密朋友圈、他们所在的组织）成员身份的自豪程度。

（8）绩效取向。它指的是一个社会对群体成员的绩效提高或绩效优异给予鼓励和奖赏的程度。

（9）本人取向。它指的是一个社会对于公正的、利他的、慷慨的、关怀的、对他人友善的个体给予鼓励和奖励的程度。这与霍夫斯泰德的生活质量维度十分类似。

7. 组织的核心价值观的影响：

（1）组织的核心价值观确定了组织的基本使命，反映了组织的社会价值，说明了组织存在的理由，决定了组织发展的空间和持续基因。

（2）组织的核心价值观能够引导组织提炼业务发展和服务提供模式，从远处、大处着眼，才能让组织的发展战略被坚定不移地贯彻执行。

（3）组织的核心价值观是增强企业凝聚力、调动员工积极性的重要途径。

（4）组织的核心价值观是组织克服困难、持续发展的动力之源。

8.（1）退伍军人：努力工作，保守，遵从，对组织忠诚；

（2）婴儿潮一代：成功，成就雄心，蔑视权威，对职业忠诚；

（3）X 时代：工作与生活之间的平衡，团队取向，不喜欢规则，对关系忠诚；

（4）独生子女一代：自信，财政上的成功，自我依赖，对自我和关系忠诚。

七、论述题

1.（1）霍夫斯泰德文化评估模型的主要内容。（略）

（2）举例说明。中国和西非在权力距离上得分高，美国和荷兰的得分低。

大多数亚洲国家表现出更高的集体主义，而美国在所有国家中个人主义得分最高。德国和中国香港在生活数量上得分最高，俄罗斯与芬兰得分低。在不确定性规避上，法国和俄罗斯得分高，中国香港与美国得分低。

中国内地与香港倾向于长期取向，法国与美国更为重视短期取向。

2. 关于“不同群体的工作价值观是带来今天管理挑战的重要原因”这一论断，可从以下几个方面进行讨论：

（1）价值观管理的重要性；

（2）不同群体的工作价值观是带来今天管理挑战的重要原因：新生代农民工的工作价值观不同于老一代农民工的工作价值观带来的挑战；“80后”“90后”的工作价值观不同于“60后”“70后”的工作价值观带来的管理挑战；高层、中层管理者、基层及员工间不同的工作价值观带来的挑战；创业者与富二代不同的工作价值观带来的挑战。

3. 可结合新生代农民工与老一代农民工的成长环境差异进行分析，阐述两者在价值观形成上的区别，影响了其主导的工作价值观。

4. 从企业核心价值观的形成和核心价值观的作用角度进行分析。

5. 可从个人价值观与工作价值观形成的影响因素的角度进行分析。

6. 可从以下几个方面展开讨论：

（1）管理者应该志向高远，超越个人和小团体的狭隘利益，站在社会进步、国家发展和人类幸福的高度认识组织活动的社会价值，重视组织核心价值观的培育和整合，拓宽组织活动的发展空间。

（2）管理者要致力于组织的文化建设，在明确的组织价值观指导下，根据组织的使命、任务，建立员工共同认可的制度体系，并在组织运作中为大家所接受，形成行为规范和工作准则。

（3）管理者必须重视价值观的变化及其对组织行为的影响。

八、案例分析

1. 核心价值观管理的重要性：

（1）企业核心价值观确定了组织的基本使命，反映了组织的社会价值，说明了组织存在的理由，决定了组织发展的空间和持续基因。

（2）企业核心价值观能够引导组织提炼业务发展和服务提供模式，从远处、大处着眼，才能让组织的发展战略并坚定不移的贯彻执行。

（3）企业核心价值观是增强企业凝聚力、调动员工积极性的重要途径。

（4）企业核心价值观是组织克服困难、持续发展的动力之源。

2. 阿里巴巴不仅重视业绩，而且重视价值观，这一做法，既值得肯定，也有充分依据。

业绩好而与公司价值观不一致的员工对公司可能具有破坏性的引导作用；可能会导致与公司的文化不一致的价值观的推行，使团队被破坏。

3. 这是开放性的题目，回答没有成规。可以从以下几方面（但不限于以下几方面）展开讨论：员工价值观管理的重要性；凡是持续发展的公司都应开展员工价值观管理；管理者必须重视员工价值观是否与组织价值观相匹配；我国一些公司的管理已经从关注“硬”的绩效转向同时重视“硬绩效”和“软观念”，说明我国企业管理水平的上升。

第 8 章　知觉与归因

一、填空题

1. 知觉
2. 知觉目标或对象　知觉进行的情境
3. 外部　内部或个人
4. 内部　外部
5. 晕轮效应
6. 内部
7. 区别性　一贯性
8. 基本归因错误　自我服务偏见
9. 晕轮效应
10. 团体知觉
11. 投射作用
12. 自我知觉　角色知觉
13. 投射

二、名词解释

1. 知觉：指的是个体为了对自己所在的环境赋予意义而组织和解释他们感觉印象的过程。

2. 归因理论：是说明和分析人们行为活动因果关系的理论，人们用它来解释、控制和预测相关环境，以及随这种环境而出现的行为，因而也称为“认知理论”，即通过改变人们的自我感觉、自我认识来改变和调整人的行为的理论。从最后目标来看，归因理论也是一种行为改造理论。

3. 自我服务偏见：是指个体倾向于把成功归因为内部因素（如能力或努力），而把失败归因于外部因素（如运气）的归因倾向。

4. 选择性知觉：在一定时期内，人们不可能感知到所有事物。人们首先感知那些有助于满足他们需求的刺激以及过去给他们带来益处的刺激，而自动忽视那些给他们带来不快的事物。也就是说，人们总是有选择性地把少数事物作为知觉对象，而把其他事物作为背景，以便产生清晰的知觉。

5. 晕轮效应：是指在知觉过程中，当认知者获得对知觉对象的某一特征的突出印象后，而将其扩大为整体行为特征的认知活动。本质上是一种以偏概全的认知上的偏误。

6. 对比效应：指人们在对他人的知觉过程中，将其与自己熟知或者最近接触到的人或事物进行比较而得出评价结论的一种知觉现象。

7. 投射作用：在知觉他人时，将自己的特点归属到其他人身上的倾向。

8. 刻板印象：指人们在头脑中把形成的对某类知觉对象的形象固定下来，并对以后有关该类对象的知觉产生强烈影响，认为该类对象都具有该类特征，以至于对不同年龄、不同民族、不同职业、不同社会角色，都有了固定的印象，而忽视个体差异的知觉特征。

9. 锚定偏见：指在交往中往往先入为主，在初次交往过程中，最先进入知觉者大脑中的信息对形成知觉印象产生最大的影响，即第一印象对我们认识他人并形成对他人的印象有着强烈的影响。

10. 社会知觉：是美国心理学家 J. 布鲁纳于 1947 年在知觉研究中采用的概念，指对人和社会群体的知觉，对社会对象的知觉，包括对人的知觉、人际知觉、自我知觉、角色知觉等。

11. 近因效应：1957 年，心理学家卢琴斯根据实验首次提出，指在知觉过程中，最后给人留下的印象最为深刻，以后对该对象的印象起着强烈的影响。

三、判断改错题

1. ×。人们的行为一般是以他们对现实的认知为基础的，而不是以现实本身为基础。

2. ×。修改：将“感觉”改为“知觉”。

3. ×。修改：将“对人的知觉”改为“人际知觉”。

4. √。

5. ×。修改：将“个性特征”改为“知识和经验”。

6. ×。修改：将“环境”改为“知觉对象的特点”。

7. ×。修改：将“刻板效应”改为“晕轮效应”。

8. ×。修改：将“近因效应”与“首因效应”交换位置。

9. ×。修改：将“接近性”改为“相似性”。

10. ×。修改：将“感受性增强”改为“感受性降低”。

11. ×。修改：将“一贯性”改为“一致性”。

12. √。

13. ×。修改：将“稳定性因素”改为“不稳定性因素”。

14. ×。修改：将“会”改为“不会”。

15. √。

四、单选题

1-5. BBABC 6-10. DCDAB 11-15. DABAB 16-20. BCCDA
21-25. CCCBA 26-30. BDBBD 31-35. BCADA 36-40. CACCA

五、多选题

1. AD 2. ABCD 3. ABC 4. ACDE 5. ABCE 6. AB

六、简答题

1. 影响知觉的因素可以大致归为三方面，知觉者自身的主观因素、知觉对象的特征、知觉的情境因素。

(1) 知觉者的主观因素。这些因素主要有：①兴趣和爱好；②需要和动机；③知识和经验；④个性特征。

(2) 知觉对象的特征。首先，人们在知觉事物时，会根据对象的特征进行组织、整合。这种整合遵循一定的规则；其次，知觉对象的颜色、形状、大小、声音、强度和高低、运动状态、新奇性和重复次数等因素，都会影响知觉的结果。

(3) 知觉的情境因素。知觉的情境因素包括适应、对比、敏感化、感受性降低。

2. 归因理论是说明和分析人们行为活动因果关系的理论，人们用它来解释、控制和预测相关环境，以及随这种环境而出现的行为，因而也称为“认知理论”，即通过改变人们的自我感觉、自我认识来改变和调整人的行为的理论。从最后目标来看，归因理论也是一种行为改造理论。归因理论是在美国心理学家海德的社会认知理论和人际关系理论的基础上，经过美国斯坦福大学教授罗斯和澳大利亚心理学家安德鲁斯等的推动而发展壮大起来的。

归因理论研究的基本问题有：

第一，人们心理活动发生的因果关系，包括内部原因和外部原因的分析、直接原因和间接原因的分析。

第二，社会推论问题。根据人们的行为及其结果，来对行为者稳定的心理特征和素质、个性差异做出合理的推论。

第三，行为的期望和预测。根据过去的典型行为及其结果，来推断在某种条件下将会产生什么样的可能行为。

3. (1) 感觉是直接作用于人的感觉器官的客观事物的个别属性或个别部分在人脑中的反映。知觉是直接作用于感觉器官的客观事物的整体属性或各个部分在人脑中的反映。

(2) 共同点：都是直接作用于感官的当前事物在人脑中的反映，所产生的主观印象都是具体的感性形象。

(3) 区别：感觉是指人脑对客观事物个别属性的反映；知觉是人脑对客观事物整体属性的反映。

(4) 联系：感觉是知觉的成分和基础，知觉是在感觉的基础上产生的。人们通过知觉，有助于对事物整体与全面的认识。

4. 社会知觉就是对人的知觉，就是对人和社会群体的知觉，就是对社会对象的知觉。

社会知觉主要包括：对人的知觉（外部特征）、人际知觉、自我角色知觉等。

5. 判断他人时使用的捷径主要有：①选择性知觉，指观察者依据自己的兴趣、背景、经验和态度进行的主动选择；②晕轮效应，是指在知觉过程中，当认知者获得对知觉对象的某一特征的突出印象后，而将其扩大为整体行为特征的认知活动，其本质上是一种以偏概全的认知上的偏误；③对比效应，指对一个人的评价并不是孤立进行的，它常常受到最近接触到的其他人的影响；④投射作用，指将自己的特点归因到其他人身上；⑤刻板印象，指根据某人所在的团队知觉为基础判断某人。

使用捷径带来的积极结果：①能迅速地做出正确的决策；②为预测提供有价值的资料。

七、论述题

1. 新员工面试时两个人看到同样的面试对象，却有不同的理解，这是由知觉的选择性造成的。知觉的选择性指人们首先感知那些有助于满足他们需求的刺激以及过去给他们带来益处的刺激，而自动忽视那些给他们带来不快的事物。很多因素会影响知觉的形成及其选择性，甚至有时是知觉的扭曲。这些因素可以归纳为知觉者、知觉目标或对象、知觉进行的情境等三个方面。

首先，当面试官看到应聘者并试图对应聘者进行解释时，这种解释受到了面试者的个人特征如个人态度、人格、动机、兴趣、过去经验和期望的影响。不同面试者的个人特征不同，其选择性知觉的关注点不同，得出的结论也就不同。

其次，应聘者的特点也会影响面试官的知觉和判断。不同面试官如果是在不同时间面试同一应聘者，可能会因为应聘者表现出的安静或者活泼、衣着等特点做出不同的知觉和判断结论。

最后，面试时的情境影响着面试官的知觉。比如时间点、光线和热度等，都会影响面试官的判断。

在以上影响面试官知觉判断的三因素中，造成面试官之间认知差异的主要是第一个因素。

2. 新上司对这个员工的工作绩效进行判断时，影响其归因结果的因素有三个：一致性、区别性和一贯性。

其归因过程为：

（1）判断员工的一致性。一致性指不同员工在同一情境下是否也做出与该员工相同的方式反应。如果每个人面对相似的情境都有相同的反应，则该行为表现出一致性。如果所有在这项工作中的新员工绩效完成得不太好，则对降低绩效行为进行外部归因，比如任务重、难度大等。如果干这项新工作的其他员工都取得了较好绩效，上司则会认为是该员工的能力或者努力不足导致了低绩效。

（2）判断出该员工的区别性。区别性指该员工是否在其他工作任务中有相同的绩效表现，他是在众多场合下都表现出低绩效行为还是仅在该工作情境下表现这一行为。如果行为的区别性低，则上司可能会对行为进行内部归因；如果行为的区别性高，则绩效原因可能会被归于外部。

（3）判断员工的一贯性。一贯性是指员工是否在任何情境和任何时候有相同的绩效，即行动者的绩效行为是否稳定持久。如果该名员工并不总是绩效行为差，他有连续半年甚至几年从未有低绩效的行为，则表明这次是一个特例，行为的一贯性较低；而如果他一直以来的绩效行为不怎么样，则说明行为的一贯性高。行为的一贯性越高，上司越倾向于对其做内部归因。

在完成上述三步后，上司根据所得的信息进行归因，最终得出此员工没能很好地完成工作属于哪一方面的因素。

3. 判断他人时的知觉捷径又被称为社会知觉偏差或者错觉，表现为社会知觉中的若干效应。主要有：第一印象效应（首因效应）、晕轮效应、近因效应、对比效应、与我相似效应、定型效应（定势效应）等。

使用捷径可以带来积极结果：①能迅速地做出正确的决策；②为预测提供有价值的资料。

但是，这些捷径会使人的知觉产生偏差，甚至形成错觉。在工作中要注意其适用场合。

以上效应或者捷径的运用：所有人员特别是领导人员、公关人员、供销人员、做群众工作的党政人员用于自己给别人如何形成良好的第一印象的印象管理，以为今后更好地交往和开展工作打下良好的基础。

以上效应或者捷径的避免：在对人形成知觉和判断时，要尽量避免以上捷径导致的知觉偏差，以力求获得对他人和自己的全面、准确的认识。

4. 这是一个开放性的题目，例子没有框定的标准。知觉在组织中的具体应用主要体现在以下人力资源管理工作中，因而要关注以下两个方面可能出现的问题。

（1）员工评价。研究证据表明人们常常做出不正确的知觉判断。同事之间评价的一致性常常很低，不同人看到的是同一员工的不同方面，因而对同一个人得出了不同的结论。此时要注意克服知觉偏见。

（2）绩效改善。在评估员工时，管理者所使用的主观指标以及评估者认为的“好”或“差”的特点或行为，都会明显影响评估结果。这时可有效运用自我实现预言（也叫皮格马利翁效应）——他人的对自己的期望会决定自己的行为，于是期望变成了现实（即使这些知觉是错误的也会如此）——做好员工的自我期望管理，鼓舞员工不断努力，从而实现其绩效的提升。

八、案例分析

1. 四位大学生面试成功或失败的原因分析如下：

小杨的出局是因为“首因效应”。心理学研究发现，与一个人初次会面，45 秒钟内就能产生第一印象。第一印象能够在对方的头脑中形成并占据着主导地位。面试中首因效应的作用不可小瞧。虽然考官的“印象”标准不一样，但总体来说有些标准是一致的，这就是：踏实、开朗、精神饱满、信心十足、坦诚、机敏、干练的人，会给人留下良好的第一印象。理工类专业要求“踏实、耐得住寂寞”，而小杨的穿着，却给招聘考官留下了“华而不实、喜欢张扬”的第一印象，对容易以第一印象下判断的考官来讲，她不能入局的结局是很容易出现的。

小林成功的原因在于“近因效应”：最近、最后的印象，往往是最强烈的，可以冲淡在此之前产生的各种因素，这就是“近因效应”。其实，考官第一次说面试结束，只是做出的一种设置，是对毕业生的最后一考，想借此考查一下应聘者的心理素质和临场应变能力。如果这一道题回答得精彩，大可弥补“首因效应”的缺憾；如果回答得不好，则对应聘者的形象是致命一击。

班长小陈无意间展示了“鲶鱼效应”。鲶鱼效应源于一个典故。挪威人爱吃沙丁鱼，可上市的沙丁鱼只有一位老渔民捕的鱼是活的。其奥秘在于：他在捕来的沙丁鱼中掺了少量的鲶鱼，使得捕来的沙丁鱼一直保持兴奋状态，活蹦乱跳的，所以能卖出高价；班长展示了其对激活团队的贡献和作用，受到了面试官的青睐。

小蒋面试失败的原因在于“晕轮效应”的影响：面试官在评价应聘者时往往会根据被面试者的某一特征，形成对其的总体印象。小蒋在面试中表现得过于紧张，因此表达能力、交往能力的不足，可能使面试官认为其专业能力等也不足，导致其面试失败。

2. 从招聘方和应聘者两个角度进行分析：

招聘方在面试应聘者时要规避知觉效应导致的认知偏差和失误。主要有以下策略：①利用多种方法对应聘者进行认知和判断；②制订客观统一的评价标准，选用尽可能客观的指标，并在所有应聘者面试完成之后再进行统一评价，从而在一定程度上降低对比效应的负面影响；③从不同的信息源获取信息；④了解知觉对象不同时期的信息；⑤采用理性和系统的方法对应聘者进行分析判断。

求职者在求职面试时应注意规避知觉效应给考官带来的知觉偏差的负面效应，利用其形成有利于自己的正面效应，提升自我印象管理能力。具体可以采取以下策略：①注重招募单位的信息收集，展示有利于自己的信息；②了解定位自己，清晰自己的印象管理的重要内容；③根据招募单位的情况恰当包装自己。

第9章　个体决策

一、填空题

1. 指示型　行为型
2. 功利主义　注重公正
3. 有限理性决策　直觉决策
4. 专业知识
5. 经验
6. 问题　解释和评估
7. 专业知识
8. 运用类比的能力
9. 对工作的胜任力
10. 代表性启发法
11. 思维方式
12. 分析的深度
13. 功利主义
14. 有限理性

二、名词解释

1. 易获性启发法：在进行判断时，人们倾向于基于那些容易获得的信息做出判断，尤其是那些生动的、最近发生的事件，更容易知觉到或回想起来，以此作为判断的依据，这种判断方法称为易获性启发法。

2. 代表性启发法：在进行判断时，人们倾向于根据事件本身或同类事件以往的经验即以往出现的结果来评估一件事情的可能性，这种推理过程称为代表性启发法。

3. 承诺的升级：斯托于1976年首次提出这一概念，指人们一直固守某项从一开始就注定失败的决策，通过对过去的决策和行动继续增加投入的方式来表明最初的决策并非错误或者试图挽回不可能扭转的颓势或者失败，尽管有明显证据表明该决策是错的。

4. 直觉决策：决策者根据自身经验，从经验和判断中提取精华的无意识的决策过程，其不一定要脱离理性分析而独立运作。

5. 最优化决策（理性决策）：决策者在具体的限定条件下做出的、稳定的、追求最大化或最适化决策结果的决策。

6. 满意决策（有限理性决策）：由于决策者信息加工能力有限，不能够吸收并理解最优化决策所必需的所有信息，故其在符合要求的前提下，做出的现实的、足够好的、经济可行的决策。

7. 隐含偏爱决策：指决策者在决策时，将自身偏爱作为决策的影响因素考虑在内，即受偏爱的内在左右力影响的决策。

三、判断改错题

1. ×。并不是所有的决策者都是理性的。
2. √。
3. √。
4. √。
5. ×。人们的决策一般都不是全面展开的，而是逐步递进的。
6. ×。修改：将“减少投入”改为“增加投入”。
7. ×。修改：“以外界的真实环境”改为“以知觉到的外界环境”。
8. ×。修改：将“有一定”改为“没有”。
9. ×。任何一项提高其创造性都会越高。
10. ×。修改：将“完全理性决策模型”改为“有限理性模型”。
11. ×。修改：将“以往有类似成功经验的”改为“第一个符合要求和可以接受的”。
12. ×。修改：将“符合组织利益”改为“符合自我利益”。
13. √。
14. √。
15. ×。修改：理性决策中也会有文化差异，决策者的文化背景对其决策问题的选择、分析的深度、对逻辑和理性重要性的强调以及确定组织决策是由个体独立做出还是群体共同做出等方面具有重要影响。

四、单选题

1-5. DABCA　6-10. CADAD　11-15. BCCAB　16-20. ACADC　21-22. BC

五、多选题

1. ABC　2. ABD　3. ABCDE　4. ABCD　5. ABDE　6. AC　7. ABCD
8. ACD　9. ABCDE

六、简答题

1. 理性决策模型一般有六个步骤。依次为：界定问题所在、确定决策标准、给标准分配权重、开发备选方案、评估备选方案、选择最佳方案。

2. 理性决策模型的切实可行的前提条件是：问题清晰；所有选项已知；偏好明确；偏好稳定；没有时间和费用的限制；最终选择效果最佳。

3. 直觉不是理性的反义词，更不是随意的猜测过程。相反，它是建立在分析问题和解决问题的广泛的实践经验的基础上的，只要这些实践经验是有根据的，是符合逻辑的，那么直觉也会是符合逻辑的。直觉性决策来自一点一滴积累起来的经验。在以下八种情况下，个体最有可能运用直觉做出决策：①不确定性水平很高时；②几乎没有先例存在时；③难以科学地预测变量时；④“事实”有限时；⑤事实难以明确指明前进方向时；⑥分析性材料用途不大时；⑦当需要从几个可行方案中选择一个，而每个方案的评价都不错时；⑧时间有限，但又有压力要做出正确决策时。

4. 限制决策者做出有效决策的组织因素有：①绩效评估；②奖励体系；③正规规则；④系统中强加的时间限制；⑤历史惯例。

5. 决策风格模型确认了个体在做出决策时的四种不同风格，其基础是认为人们在思维方式和对模糊性的容忍力这两个维度上存在差异，罗威（Alan J. Rowe）认为，主要有指示型、分析型、概念型和行为型等四种决策风格类型。

6. 管理者可以从以下几个方面来提升个体决策效果：注重分析情境；关注偏差；准确收集利用信息；理性分析与直觉判断相结合；不要以为在每项工作当中自己的具体决策风格都是恰当的；努力提高自身的创造性。

7. 在进行道德选择时，个体通常使用三种不同的标准：

（1）功利主义标准，即决策时完全以结果或结局为基础，目标是最大限度地提供（获取）最佳效益。

（2）注重人权，即决策时注重人权法案中对基本的自由和权利的规定，尊重和保护个体的基础权利，如隐私权、自由演讲权，等等。

（3）注重公正，即决策时注重公正无偏地执行规则，平等地分配企业的效益和损失。

8. 知觉和个体决策之间的联系主要有以下两个论断：

（1）决策受知觉影响，是对于问题的反应，由于事件的当前状态与期望状态之间存在着差距，因此，对问题状态的知觉影响决策的过程。

（2）决策者不同的决策道德标准（功利型、人权型、公正型）及其个人经验、特征等，导致其对决策目标、需求理解不同，加之不同决策者掌握的决策资源不同，决策者不可能做到完全理性决策，所以，知觉往往成为决策的决定性因素。

9. 创造力三要素模型：该模型提出个体的创造力本质上需要有专业知识、创造性思维技能以及内在任务动机。个体拥有每个要素的水平越高，则其创造力也越高。

（1）专业知识，是所有创造性工作的基础。当个人具备能力、知识、熟练性以及该领域中的专业技术时，则其创造性潜能也会提高。

（2）创造性的思维技能，包括与创造性有关的人格特点、运用类比的能力、从不同角度看待熟悉事物的才能。

（3）内在任务动机，是人们愿意从事某项工作的渴望，这种动机要素把创造性潜能转化为现实的创造性想法。它决定了个体充分运用其专业知识和创造性技能的水平与程度。

七、论述题

1. 管理者可以从以下两个角度出发，做出科学合理的决策：

（1）为了获得最佳结果应该采取理性决策过程。理性决策模型描述的是为了最大化某种结果个体应该如何决策的行为。其步骤是：①界定问题所在；②确定决策标准；③给标准分配权重；④开发备选方案；⑤评估备选方案；⑥选择最佳方案。假设条件：

①问题清晰；②所有选项已知；③偏好明确；④偏好稳定；⑤没有时间和费用；⑥最终选择效果最佳。

（2）在决策中提高创造性。理性决策者需要具备创造力，即以一种独特的方式综合各种想法的能力或在各种想法之间创造不同寻常的联系的能力。原因：创造力使决策者对问题进行更全面的评价和理解，发现别人看不到的问题。创造力最为显著的价值在于帮助决策者确定所有可行方案。创造力三要素模型：个体的创造力本质上需要有专业知识、创造性思维技能以及内在任务动机。个体拥有每个要素的水平越高，则其创造力也越高。(具体内容略，参见简答题)

2. 我同意这一观点。因为：

（1）理性决策描述的是为了最大化某种结果个体应该如何行为。其切实可行的条件是有限制的，具体为：①问题清晰。问题是清楚而明确的，它假定决策者对于决策情境拥有完整全面的信息。②所有选项已知。它假定决策者已确定所有的相关标准，并能列出所有的可行性方案。更进一步，决策者还能认识到各个备选方案的所有可能结果。③偏好明确。它假定决策标准和备选方案的价值可以量化和排序，以反映出它们的重要性。④偏好稳定。它假定具体的决策标准是恒定的，分配给它们的权重也是稳定的，不随时间的推移而改变。⑤没有时间和费用的限制。理性决策者可以获得有关标准和备选方案方面的丰富信息，因为它假定在这里没有时间和费用的限制。⑥最终选择效果最佳。理性的决策者将选择评估分数最高的方案。

（2）在个人决策过程中，人的理性是有限的，以上限制条件在现实条件中难以满足。在实际决策过程中，会面临以下问题的挑战：①个人信息处理能力是有限的。在短时间的记忆中，大多数人仅能维持 7 条左右的信息。当决策变得复杂时，个人试图建立简单的模型，这样能使他们将问题简化到可以理解的程度，从而导致了理性决策信息的不完整。②个人在决策过程中趋向于将解决方法和问题混合在一起。确定一个问题经常伴随着一个大概的、可接受的方法描述。如此便模糊了决策制定过程的制定方案阶段和评价方案阶段的客观性。③个人的感性偏见可以歪曲问题本质。决策者的背景、在组织中的地位、利益和过去的经验，使他的注意力集中于一定的问题而忽略其他问题。组织文化同样可以歪曲一个管理者的认识，有时管理者看不到他们认为不存在的事情。④许多个人选择信息是出于其易获得性，而不是出于其质量。因此造成重要的信息比易获得的信息在决策中权重更轻。⑤个体倾向于过早地在决策过程中偏向某个具体的方案，从而左右着决策过程，使之趋向于某个方案。⑥从前的决策先例制约着个人现在的选择。决策极少是简单的、孤立的事件。大多数决策实际是许多长期决策的积累。个人在决策过程中总受到先前经验的影响。

（3）个人决策还受到组织环境的影响。①组织是由不同的利益群体组成的，从而使得它很难，甚至不可能建立起一种为实现单一目标的共同努力。因此，个人在决策过程中很少直接指向实现整个组织的目标，而是在对问题有不同看法和对方案有不同偏好的管理者之间，留有一个不断商讨的余地。不同利益的存在决定了目标、方案和结果的差异。讨价还价是必不可少的，以求达成妥协和支持最后方案的实施。在模糊和矛盾的环境中，决策很大程度上是权力和政治施加影响的结果。②组织对个人施加着时间和成本的压力。反过来，这限制了一个管理者所能寻找到的可行方案数量。从而，个人趋向于在旧方案的附近寻找新方案。③尽管有着潜在的不同见解，但在大多数组织的文化中都存在着强烈的保守偏见。大多数组织的文化都是强化维持现状，而不鼓励风险承担和创新。在这样的文化中，雇员常因成为“合格队员”而不是兴风作浪者而受到奖赏。错误的选择对决策者生涯的影响，比发展一种新思想的影响更大。因此，组织文化的影响也使得个人决策不能达到理性的程度。

综上所述，个人决策受到各类因素的影响，使得这个决策过程成为一个非完全理性的过程。

3. 有证据表明决策者的活动是否道德在很大程度上受到决策者的个体特点以及决策者所在工作环境两方面的影响。

影响道德或不道德决策行为的因素：

（1）道德发展阶段是对个体道德判断能力的评价。一个人的道德发展水平越高，则越少受到外界环境的影响，也因而更倾向于采取道德行为方式行为。比如，大多数成人达到了道德发展的中等水平，这一水平上的个体受到同伴的有力影响，并会遵守组织的规则与程序。那些达到了更高水平的个体表现为：对他人的权利赋予更高价值，不太在意大多数人的意见如何，当他们坚信组织做错了时敢于向组织的实践提出挑战。

（2）控制点指一个人相信他对生活中发生的事件的负责程度。外控者很少对自己的行为结果承担责任，并更可能受到外界环境的影响。相反，内控者更有可能根据自己内在的正误标准指导行为。

（3）组织环境指员工对组织期望的知觉。组织环境可以培养组织的道德决策水平。例如，对道德的书面界定；高层管理者的高尚道德行为；符合实际的绩效期望；对高尚道德行为的个体给予明确的认可和奖励，对不道德行为者的明显惩罚；等等。

总之，一个缺乏高尚道德观念的人，如果处在抵制不道德行为的组织环境中，会较少做出不道德的决策；相反，一个非常有正义感的人在允许不道德活动的组织中，也会受到侵蚀。因此，也就可以证明，决策者的活动是否道德在很大程度上受到决策者的个体特点以及决策者所在工作环境两方面的影响。

八、案例分析

答：牛根生对直觉的论述很有道理。

直觉决策的定义。（参见名词解释）

直觉决策运用的建议。（参见简答题）

第三篇 群体

第10章　群体心理及行为

一、填空题

1. 群体
2. 情感　尊重和认同　完成任务
3. 正式群体　非正式群体　开放群体　封闭群体
4. 形成　震荡　执行任务　中止
5. 间断-平衡模型
6. 技能
7. 群体规模　群体内聚力
8. 角色
9. 津巴多的监狱
10. 自我中心
11. 任务角色　维护角色
12. 人际群体　任务群体
13. 从众压力
14. 编制规范剖面图　进行改革
15. 地位
16. 对群体成员的约束　行为矫正
17. 相互吸引　愿意
18. 正协同效应　负协同效应
19. 群体决策　个体决策

20. 沟通因素　结构因素
21. 设置超级目标
22. 跨职能团队
23. 团队成员之间

二、名词解释

1. 群体：两人或两人以上的集合体，他们遵守共同的行为规范，在情感上互相依赖，在思想上相互影响，并且有着共同的奋斗目标。

2. 角色认同：指在一种角色当中，个体的态度与实际行为保持一致，并且当个体发现环境条件变化明显要求他们做出重大改变时，他们能够迅速调整自己的角色行为。

3. 角色知觉：指个体对于自己在特定情境中应该如何表现的认识和了解。

4. 角色期待：指在某个特定情境中别人认为某个个体在一个特定的情境中应该做出什么样的行为反应；个体的行为方式在很大程度上由别人的期待所决定。

5. 角色冲突：指个体面对相互之间存在分歧的多种角色期待时而产生的冲突。其解决原则：明确角色行为；对角色进行选择；使实际行为与角色行为或期望相一致；增强对角色的适应能力。

6. 群体思维：高内聚力的群体认为他们的决策一定没有错误，为了维持群体表面上的一致，所有成员都必须坚定不移地支持群体的决定，与此不一致的信息则被忽视，即群体决策时的过分追求一致的倾向性思维方式。

7. 群体偏移（极化）：指群体讨论使群体成员的观点朝着更极端的方向偏移，这个方向是讨论之前他们有所倾向的方向的现象。这是群体思维的一种特殊形式，会使得保守的类型变得更为保守，激进的类型变得更为冒险。

8. 群体角色：每个成员在群体中表现出来的自己特定的行为模式。

9. 群体规范：群体成员共同接受的观念、评价和行为标准，可以是正式的也可以是非正式的。这些规范明确了成员的行为、应该具备的态度、规定了什么可以做什么不可以做，应该怎么做和不应该怎么做。

10. 凝聚力：群体成员之间相互吸引，并愿意留在群体中的愿望或者愿意为群体承担责任和义务的程度。

11. 名义群体技术：像召开传统会议一样，群体成员都出席会议，但在决策过程中对群体成员的讨论或人际沟通加以限制，以保证个体决策的独立。以融合书面的形式，让群体成员首先进行个体决策。

12. 方案前提分析法：通过分析、评估决策方案赖以成立的前提，从而达到分析、评估决策方案本身的方法。它是迂回探索的一种。

13. 头脑风暴法：指让人敞开思想、畅所欲言的一种方法。头脑风暴法可分为直接头脑风暴法（通常简称为头脑风暴法）和质疑头脑风暴法（也称反头脑风暴法）。前者目的是在群体决策时尽可能激发创造性，产生尽可能多的设想和方法；要求参与者要善于想象，语言表达能力要强。后者目的则是对前者提出的设想、方案逐一质疑，分析其现实可行性的方法；要求与会者善于归纳、分析判断。

14. 德尔菲法：德尔菲法又称专家规定程序调查法。该方法主要是由调查者拟订调查表，按照既定程序，以函件的方式分别向专家组成员进行征询；而专家组成员又以匿名的方式（函件）提交意见。经过几次反复征询和反馈，专家组成员的意见逐步趋于集中，最后获得具有很高准确率的集体判断结果。

三、判断改错题

1. ×。足球队、篮球队为非正式群体。
2. √。
3. ×。修改：将“震荡阶段”改为“规范阶段”。
4. ×。修改：将“规范阶段”改为“解体或中止阶段”。
5. ×。修改：将“规模越大”改为“规章制度越标准”。
6. ×。修改：将“角色知觉”改为“角色认同”。
7. ×。修改：将“更低”改为“更高”。
8. √。
9. √。
10. ×。修改：将“做出高绩效”改为“大家一致”。
11. ×。群体决策与个体决策相比是否更保守还是更冒险，往往与讨论之前他们有所倾向的方向有关，群体决策会使得讨论之前的保守倾向变得更为保守，激进倾向变得更为冒险。
12. ×。修改：将“自我管理团队”改为“问题解决团队”。

四、单选题

1-5. ADBAC　6-10. ABDAB　11-15. CCCBA　16-20. CDACA
21-25. CDBBC　26-30. BDDDC　31-35. DDACB　36-40. ABCDA
41-45. BAABD　46-50. BCBAA　51. D

五、多选题

1. BD　2. AB　3. AD　4. ABCD　5. ABC　6. ABCE　7. ABCD
8. ABCD　9. BCD　10. ABC　11. ABCD　12. ABC　13. AB　14. ABCDE
15. ABCD　16. AB　17. ABC　18. ABC　19. AB　20. ABCDE　21. ABCD
22. ABCD　23. ABCD　24. ABD　25. ABCD　26. ABCD　27. ACE　28. AC
29. BC　30. ABCDE　31. ACDE　32. ABCD　33. AC　34. AD　35. ABCD
36. ABD　37. ABC　38. BCD

六、简答题

1. 群体是两人或两人以上的集合体，他们遵守共同的行为规范，在情感上互相依赖，在思想上互相影响，而且有着共同的奋斗目标。人们加入群体是要完成某项任务或是要满足自己的社会需要。具体说来，人们在群体中可以获得如下需要的满足：一是安全需要，二是情感需要，三是尊重和认同的需要，四是自我实现或者完成任务的需要。

2. 组织成员一般扮演三种典型的角色表现，分别是自我中心角色、任务角色和维护角色。

（1）自我中心角色有：①阻碍者；②寻求认可者；③支配者；④逃避者。

（2）任务角色有：①建议者；②信息加工者；③总结者；④评价者。

（3）维护角色有：①鼓励者；②协调者；③折中者；④监督者。

3. 影响凝聚力的因素主要有：态度和目标的一致性；外部的威胁；群体规模；奖酬体制；班组的组合；与外界的关系；群体的绩效；领导作风；加入的难度。

4. 根据决策风格，可以将个体分为以下六类：

（1）经济型——决策中更注重经济效益；

（2）审美型——决策中更注重和谐与个性；

（3）理论型——决策中更注重事实的确认和根源的分析；

（4）社会型——决策中更注重人际关系；

（5）政治型——决策中更注重权力、影响和声望；

（6）理想型——决策中更注重理想和献身精神。

5. 导致群体决策中冒险转移现象产生的主要原因有：责任分摊的假设；领袖人物作用的假设；社会比较作用的假设；效用改变的假设；“文化放大”假设。

6. 冲突的来源有以下三个方面：沟通因素、结构因素和个体行为因素。①沟通因素包括：信息源、信息、通道、信息接收者、反馈、障碍和背景。②结构因素包括：规模、参与、直线机构和参谋机构、奖酬制度、资源相依性、权力。③个人行为因素包括：语言、动作、观点、态度、理论等。

7. 团队是由具有相互补充的技能的人们组成的群体，团队中的成员彼此承诺为他们共同负有责任的绩效目标努力。

团队与一般意义的群体的明显区别在于四个方面。

（1）群体的绩效依赖于群体中的每个成员，而团队的绩效不但取决于每个成员的贡献，还应该产生团队共同的工作成果。

（2）在群体中，尽管群体成员将自己的资源聚集在一起实现目标，但一般来讲，个人只为个人的工作结果承担责任，也就是说群体不会为某个人承担责任，个人也不必为群体承担责任；而在团队中，工作结果的责任则被视为团队共同的责任。

（3）团队不但像一般性的群体一样有着共同目标，而且还要对这个目标做出承诺。

（4）在群体中，群体成员的技能有时是相同的，有时是不同的；而在团队中，团队成员的技能通常是互补的，他们在各自擅长的领域发挥作用，共同实现团队的目标。

8. 合理的、适当的绩效标准通常遵循 SMART 原则，即具体的（specific）、可衡量的（measurable）、可实现的（attainable）、结果导向的（result-focused）和有时限的（time-bound）。

9. 阻碍团队成功的潜在因素有：

（1）团队成员内部的冲突。造成这种情况主要是由于团队成员没有真正分享、认同团队的使命和目标。

（2）团队得不到相应的资源。很多团队失败都是由于缺少人力、财力等资源或是组织的管理层不支持。

（3）管理层过分干预团队。有时，管理层的干预影响了团队的自我管理，使团队不能按照自己的决策和节奏完成工作目标。

（4）团队与外部合作不力。组织中的一个团队应该得到团队外部的认可与支持，否则将面临孤立无援的境地，甚至受到整个环境的抵制。

10. 通常认为，高效团队具有以下特征：具有对共同目标的信念；对团队有高度的承诺与投入；团队成员相互信任和有依赖感；团队成员全力投入并通过协商做出决策；自由畅通的信息沟通；公开表达情感和不同意见；团队自己解决其中的冲突；离职、缺席、事故、错误和抱怨的低发生率。

11. 群体发展的五个阶段包括形成阶段、震荡阶段、规范阶段、执行阶段、解体阶段。

12. 提高群体凝聚力的方法：缩小群体规模；鼓励对群体目标的认同；增加群体成员一起工作的时间；提高群体地位，并让人们感到成为群体成员并不容易；鼓励与其他群体的竞争；对群体而不是成员个体进行奖励；群体拥有与外部环境分离的独立空间。

13. 构成成功团队时需要注意以下几点：明确团队使命和目标；选择合适的团队成员；对团队成员培训；设定适当绩效标准；设置合理奖酬体系；培养团队精神和外部支持；有清晰的行为规则；创造良好团队氛围；保持团队开放和创新。

14. 根据构成群体的原则和方式的不同，可以把群体划分为正式群体和非正式群体。

（1）正式群体是由组织正式文件明文规定的，群体的成员有固定的编制，有规定的权利和义务，有明确的职责分工。例如，工厂的车间、班组、科室，学校的班级、教研室以及党团组织、行政组织等都是正式群体。

（2）非正式群体是组织中没有正式规定的群体，其成员之间的相互关系带有明显的情绪色彩，他们可能是因为住得近，有共同的兴趣，能互相满足需要而结成伙伴。例如，工厂里的球队、棋队的形成就是因为这些人有共同的活动兴趣。有些人吃饭时常凑在一起发牢骚等，这些人也形成了群体。

15. 影响群体成员行为的组织环境条件包括：组织整体战略；组织的职权结构；组织的规章制度；组织的资源；组织员工的录用过程；绩效评估和奖励体系；组织文化；工作物理环境等。

16. 影响群体绩效的群体成员资源主要指：

（1）知识、技能和能力。成员个体的知识、技能和能力部分影响群体绩效。群体成员的智力和与工作任务相关的能力都与群体绩效有关，但相关度不高。

（2）人格特点。具有积极意义的人格特质对群体生产率、群体士气和群体凝聚力有积极的影响，这些人格特质主要包括：善于社交、自我依赖、独立性强。那些具有消极意义的特质，如独断、统治欲强、反传统性等，对群体生产率、群体士气、群体凝聚力有消极影响。

17. 解决群体内冲突的原则有：明确角色行为；对角色进行选择；使实际行为与角色行为或期望相一致；增强对角色的适应能力。

18. 群体规范的主要类型有：绩效规范、形象规范、社交约定规范、资源分配规范等。

19. 群体规范的影响因素有：个性的特征、群体的构成、群体的任务、地理环境、组织规范、群体的绩效。

20. 群体规范的功能主要是：群体支柱的功能；评价准则的功能；对群体成员的约束功能；行为矫正功能。

21. 群体规范建立的方式主要有以下几种：

（1）群体成员所做的明确的陈述，通常是群体的主管或某个有影响力的人物。

（2）私人交谊。群体内部出现的第一个行为模式，常常就为群体成员的期望定下了基调。

（3）群体历史上的关键事件。这种事件通常是群体制定某种重要规范的起因。

（4）过去经历中的保留的行为。

22. 决策群体的组成原则主要有：①知识结构上的互补；②性格、气质和决策风格上的互补；③年龄、性别、所处阶层的合理分布；④决策群体的人数科学。

23. 导致“冒险转移”现象的假设有：责任分摊的假设、领导人物作用的假设、社会比较作用的假设、效应改变的假设、“文化放大”假设。

24. 群体思维有下述几方面的特点：顺从性思维、有倾向性地选择信息、盲目乐观、相信群体无所不能、首创精神的假象。

25. 团队建设的一般途径主要有：

（1）角色途径：指侧重从团队角色或成员角色进行团队建设的途径。

（2）价值观途径：指在团队成员之间就共同价值观和某些原则达成共识，形成团队价值观的途径。

（3）任务导向途径：指以任务为导向的建设途径，强调团队要完成的任务。

（4）人际关系途径：指通过在团队成员间形成较高程度的理解与尊重，来推动团队建设的途径。

七、论述题

1. 在企业管理中，从众心理和从众行为大量存在，因此要对这种行为有一个正确的认识。从众行为有两面性，它既可能使一个组织稳定发展，也可能使组织或群体心理趋向萎缩、异化甚至衰落。

（1）积极作用。

①从众行为在一定程度上可以帮助管理者实现预定的目标。借助从众行为，管理者可以通过群体来影响和改变个体的观念与行为，提升群体行为的相似性和一致性，从而提高群体的凝聚力和工作效率，促进管理目标的实现。

②从众行为有助于个体的心理平衡。在组织中，当个体意识到自己与大多数人不一样时，容易产生一种焦虑紧张的情绪，从众的行为能在一定程度上缓解或消除这种不安的情绪。

③从众行为有助于领导意图的贯彻和执行，有助于组织规范、秩序的形成，有助于维护权威和制度，有助于保持组织内秩序的稳定和运转的正常。

（2）消极作用。

①从众行为倾向与舆论一致，这种压力可能导致人云亦云，滋长个体和群体的惰

性，从而抑制个体和组织的创造性。

②组织内多数成员的从众容易使决策或决定出现偏差。如决策受到某种压力，人们可能更不愿发表不同意见，更易导致表象一致的强行通过或因仓促做出不正确的结论。

③组织内的个体如被迫形成的从众行为过多，可能成为大的事故隐患，给组织造成重大的损失，同时还可能导致组织风气变坏等。

④从众压力影响群体对变革、不确定性和复杂问题进行决策的能力。

综上所述，从众行为具有两面性，管理者要正确区分和对待从众行为的两面性，趋利避害。

2. 冲突是指两个或者两个以上的社会单元在目标上互不相容或相互排斥，从而产生心理上或行为上的矛盾。传统的观点认为："冲突不利于组织发展，应尽量予以消除。"随着对冲突研究和认识的深化，人们对冲突利弊的认识进一步清晰。

（1）20 世纪 30~40 年代的传统冲突观。20 世纪 40 年代中期之前，大多数人认为冲突是有害无益的。冲突的存在被认为是管理不善的结果。根据这一传统的观点，应当避免冲突。

（2）20 世纪 40 年代至 20 世纪 70 年代中叶的人际关系观点：冲突无法避免。应接纳冲突，使其存在合理化。冲突有时会对群体的工作绩效有益。

（3）20 世纪 70 年代中叶以来的相互作用观点：冲突是任何组织都不可避免的，且往往是保证高绩效所必需的。冲突可以促使寻求新的策略和方针，帮助克服停滞和自满情绪，开展自我批评和不断创新，从而使群体能够保持旺盛的生命力。管理者应使群体维持一种最低水平的冲突。

冲突本身并无好坏之分，只有从绩效的角度，才能判别冲突的价值。但冲突应当适度，在任何情况下都有一个最佳冲突水平存在。冲突水平过高，可能导致混乱。相反，冲突水平过低，则导致缺乏创新意识和低绩效。所以，冲突应该加以适当地处理而不是消除。

如何成功地处理冲突？首先要确认一个适宜的冲突水平，然后选择一个减少冲突的策略。同时，在冲突程度不够强烈的地方，管理者也可以有意识地引起突变。为一个具体的情境确定最佳冲突不是一件容易的事，这需要了解有关的个体及其工作任务的性质。如何减少或增加冲突水平并不容易，管理者需提升自己冲突管理的创造性。

3. 群体决策是指多个人在一起做出决策。群体决策和个体决策各有优缺点。

群体决策的优点：

（1）提升决策的正确性。群体决策有许多成员参加，知识面较广，能更大范围、更全面、更完整且更具异质性地汇总信息；能拟订更多的备选方案。

（2）提升决策方案的执行效果。决策方案得到了更多的认同，提高了方案执行的共识和支持以及执行速度、力度与满意度。

群体决策的缺点：

（1）花费较多的时间。从决策的群体规模上看，参与制订决策的人员越多，提出不同意见的可能性越大，就越需要花费更多的时间和更多的协调来达成相对一致的意见，这样决策效率较低。

（2）具有更大的风险性。许多组织行为学家的研究发现，因为群体内部存在从众压力，群体成员希望被群体接受和重视，个人在群体中容易隐蔽自己的意见而附和众议；或者群体讨论可能会被少数人控制局面，尤其是如果由中低水平的成员支配和控制局面，则群体讨论的总体效率就会受到不利影响。而且，群体决策由群体承担责任，容易让成员产生“从众心理”以及不负责任的倾向，或者群体决策结果有可能是妥协的产物，从而降低其科学性。群体决策由于受到相互不同意见和论点的约束，以及害怕被人认为愚蠢等心理制约，或者因追求“一致性”导致不同意见受到明显压制，都容易使决策具有失去创造性，还可能在群体决策过程中发生保守或冒险两个极端的倾向，即群体决策的极化现象——如果群体成员大多数都比较保守，群体决策也将比个人决策更保守；如果群体成员大多数都冒险，则群体会做出更有风险的决策。

群体决策的优缺点

优点	缺点
更丰富的信息	花费太多时间
更多的备选方案	群体压力的影响
更高的接受度	个别人或少数人处于支配地位
更高的合法性	责任不清

从效果、效率上区别群体决策和个体决策：

①就效果而言，群体决策可能更准确，群体会比个人做出更优质的决策；

②就效率而言，个体决策更占优势；

③如果创造性很重要，那么群体决策比个人决策更有效；

④如果标准是最终方案的可接受性，群体决策相对更好。

个体决策与群体决策的比较

	个体决策	群体决策
效率（速度）	快	慢
效果（准确性）	较差	较好
创造性	适于工作结构不明确，需要创新的工作	适于任务结构明确，有固定执行程序的工作
风险性	视个人气质、经历而异	若群体成员（特别是领导）富于冒险性，则更趋于冒险性； 若群体成员（特别是领导）比较保守，则更趋于保守

总体来说，个人决策适于工作结构不明确，需要创新的工作，而群体决策过程适合于任务结构明确，有一定执行程序的工作。

4. 为了避免群体决策中的弊端，提高群体决策的效能，可以采用一些具体的群体决策技术，以下几种是较为常用的群体决策技术。

（1）头脑风暴法：无限制的自由联想和讨论技术。头脑风暴法可分为直接头脑风暴法（通常简称为头脑风暴法）和质疑头脑风暴法（也称反头脑风暴法）。前者目的是在群体决策时尽可能激发创造性，产生尽可能多的设想和方法；要求参与者要善于想象，语言表达能力要强。后者则是对前者提出的设想、方案逐一质疑，分析其现实可行性的方法；要求与会者善于归纳、分析判断。

组织形式：小组人数一般为10~15人（课堂教学也可以班为单位），最好由不同专业或不同岗位者组成；时间一般为20~60分钟；设主持人一名，主持人只主持会议，对设想不作评论；设记录员1~2人，要求认真将与会者每一设想不论好坏都完整地记录下来。

人员组成原则：头脑风暴法的所有参加者要有一定的训练基础，懂得该会议提倡的原则和方法；都应具备较高的联想思维能力。头脑风暴法应该具备以下几类人员：①方法论学者——专家会议的主持者；②设想产生者——专业领域的专家；③分析者——专业领域的高级专家；④演绎者——具有较高逻辑思维能力的专家。

头脑风暴法具体的做法是，所有人环桌而坐，主持人阐明问题，并保证每个人都完全了解该问题。接下来，在规定的时间里，每个人都各抒己见，发挥想象力，互相启发，发表自己想到的各种可能的选择方案。

头脑风暴的基础原则：

①庭外判决原则（延迟评判原则）。对各种意见、方案的评判必须放到最后阶段，此前不能对别人的意见提出批评和评价。认真对待任何一种设想，而不管其是否适当和可行。

②自由畅想原则。欢迎各抒己见，自由鸣放，创造一种自由、活跃的气氛，激发参加者提出各种荒诞的想法，使与会者思想放松，这是智力激励法的关键。

③以量求质原则。意见越多，产生好意见的可能性越大，这是获得高质量创造性设想的条件。

④综合改善原则。探索取长补短和改进办法。除提出自己的意见外，鼓励参加者对他人已经提出的设想进行补充、改进和综合，强调相互启发、相互补充和相互完善。

⑤限时限人原则。对头脑风暴法的评价：面对面的头脑风暴中，人们可能有思维障碍（因为总有人的顾虑可能会使他们收回观点），等别人说完时，自己的思路也停滞了；成员可能非常在意他人的眼光；当表述的观点是对当前实践的批评或某些领导在场时，成员的顾虑可能会使他们收回观点。

（2）名义群体技术：在决策过程中对群体成员的讨论或人际沟通加以限制，但群体成员是独立思考的。像召开传统会议一样，群体成员都出席会议，但决策时融合了书面的形式，在做决策以前将交往控制在低限度，以保证个体决策的独立性。成员决策的具体程序是，在讨论之前，每个成员针对问题写下自己的意见。然后，每个成员轮流报告自己的意见。这时不允许做任何讨论、评论。接下来，整个群体讨论各种意见。最后，各个成员以独立的方式各自给各种意见打分，累计取得最高分的方案被接受。

名义群体方法的优点在于使群体成员正式开会但又不像互动群体那样限制每个人的独立思考；所有成员参与，机会均等；讨论不受任何一个成员的左右，决策的时间得到严密的控制。缺陷在于程序僵硬呆板，成员感受不到凝聚力，写出意见时没有机会从别人那里获取灵感，得到启发。

（3）辩证思维决策方法：这是一种多方案的抗辩性的比较决策方法。

决策小组进行面对面的讨论时，往往对某个选项迅速达成共识，而忽略了其他可能的方案。这种对选择的不完全评估可能是由于参与者厌倦会议，或者是不愿引发和面对棘手的问题。辩证思维决策方法可以较好地避免这种情况。具体程序是：

①确定陈述要解决的问题，引发两种或多种竞争性方案。

②确认每种方案所依据的明显的或暗含的假定。

③群体分为支持不同方案的小群体，检验并宣扬己方立场的优势和长处。

④整个组织对这些方案进行竞争性陈述。

⑤做出决策。最后的决策可能是几个方案其中较佳的一个，也可能是几个方案的妥协，产生出新的方案。

辩证思维决策方法的优点在于更加充分地了解各个方案及其根本假定，了解参与者对几个方案的好恶评判，成员们对他们做出的决策可能会更有信心。缺点在于为避免偏袒容易形成妥协，参与者的辩论才能对决策有较大的影响。

（4）阶梯决策法：用于群体决策的一种方法，是为了避免群体成员迫于群体压力不愿直接表达自己观点，而采取的决策人员在决策开始之前并不全面聚集，而是在每个过程中逐个加入的一种决策方法，目的在于减少在面对面决策中发生的其他讨论者对决策者的影响。具体程序：

①把待解决的问题提供给个体 A 和 B，让他们每个人提出一个单独的方案。

②A 和 B 碰面，并且提出一项联合意见，接着让 C 加入，C 此时已独立分析过这个问题，并且有了自己的解决方法。

③A、B、C 联合讨论并达成一致意见，然后又加入已经独立分析过，并且有了自己方案的 D。

④A、B、C、D 会面并达成一致意见，还可以加入新成员，直到达到最后的相对满意的群体决策。

可以看出，在阶梯法中，群体的决策是由每个群体成员的意见不断叠加进去而形成的。这种方法使得群体中的每个成员都有独立决策的机会，每个人都不会受到别人的干扰。但是，这种方法只适合在较小规模的群体中使用，如果群体规模较大，将会耗费很多时间。

（4）德尔菲法，也称专家调查法，1946 年由美国兰德公司创始实行。该方法是由企业组成一个专门的预测机构，其中包括若干专家和企业预测组织者，按照规定的程序，背靠背地征询专家对未来市场的意见或者判断，然后进行预测的方法。

德尔菲法本质上是一种反馈匿名函询法。它有三个明显区别于其他专家预测方法的特点，即匿名性、多次反馈、小组的统计回答。其过程可简单表示如下：在对所要预测的问题征得专家的意见之后，进行整理、归纳、统计；再匿名反馈给各专家，再次征求意见，再集中，再反馈，直至得到一致的意见。具体表现在群体中，步骤如下：

①团队成员发出第一份初始调查表，收集参与者对于某一话题的观点。（注：德尔菲法中的调查表与通常的调查表有所不同，通常的调查表只向被调查者提出问题，要求回答，而德尔菲法的调查表不仅提出问题，还兼有向被调查者提供信息的责任，它

是团队成员交流思想的工具。）

②向团队成员发出第二份调查表（列有其他人意见），要求其根据几个具体标准对其他人的观点进行评估。

③向团队成员发出第三份调查表（列有第二份调查表提供的评价结果、平均评价、所有共识），要求其修改自己原先的观点或评价。

④总结出第四份调查表（包括所有评价、共识和遗留问题），由组织者对其综合处理。

德尔菲法能充分发挥各位专家的作用，集思广益，准确性高；能把各位专家意见的分歧点表达出来，取各家之长，避各家之短。但是该种群体决策方法由于缺少思想沟通交流，可能存在一定的主观片面性；易忽视少数人的意见，可能导致预测的结果偏离实际；存在组织者主观影响。

八、案例分析

案例分析：采用罗宾斯的冲突五阶段模型来分析X公司的冲突来源及其处理方式。冲突五阶段包括：潜在的对立或不一致、认知和个性化、行为意向、采取行为、结果。具体如下：

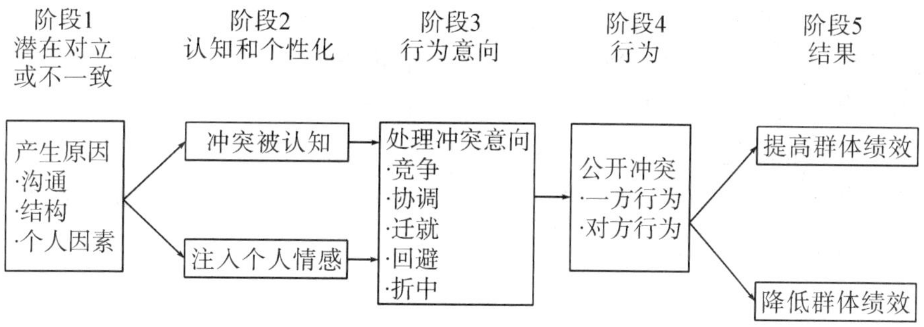

阶段1：潜在对立阶段

存在可能产生冲突的条件——冲突根源，概括为三类：沟通、结构和个人因素。

（1）沟通失效。本案例中失效的因素主要有：①误解。被解雇员工对X公司与当地村民的关系存在误解：认为X公司就想剥夺土地，赶走村民，甚至有一定的民族和国家偏见夹杂其中。②沟通渠道中的“噪音”。主要是信息交流不充分以及沟通渠道只有正式的奖惩和批评式的沟通导致信息“噪音”，也成为冲突的潜在条件。

（2）可能导致冲突的结构问题的存在。主要有：分配给农民工的任务的专门化程度较高，而他们原来的农民工工作对专业化程度特别是标准化程度的要求较低，导致不匹配产生的不适应；农民工群体与X公司目标之间的不匹配性，加之外资企业的领导风格更适合成熟的专业性人员，有可能引起了农民工的不适应；村民与X公司之间并不对等，因为村民的工作高度依赖X公司（而不是二者相互独立），这些都成了激发冲突的动力。

（3）更易导致冲突的个人因素的存在，包括农民工的价值系统与X公司的差异；具有较高权威、武断的X公司及其领导和缺乏自尊的农民工的个性特质的差异，而价值系统的差异，例如双方对自由、幸福、勤奋、工作、自尊、诚实、服从、平等的看法是不同的，也是导致冲突的一个重要原因。

阶段 2：认知和个性化

阶段 1 产生挫折，前述可能导致冲突的条件影响村民并被村民意识到，引起情感上的冲突，并以一些不恰当的方式表现出来，比如说，5 位农民工对公司财物的“顺手牵羊”行为。表面上看起来是屡教不改的道德和品行问题，但更大可能是对 X 公司占用土地的敌对情绪以及专业化要求的不同价值判断，加之沟通挫败和误解导致的。但遗憾的是，从案例中推断，X 公司对于纳入员工的村民和公司之间的潜在冲突缺乏感知，简单地认为是劳动纪律以及道德品行问题。

阶段 3：行为意向

一旦冲突成为现实以后，如何对待和处理冲突？

村民的偷盗行为发生后，X 公司的做法是简单粗暴的：惩罚、罚款，乃至开除。村民存在消极情绪，对 X 公司的信任度降低，对 X 公司的开除行为有消极解释，开除激化了村民的敌对情绪，导致村民聚集闹事。值得肯定的是，在 X 公司开除了 5 位村民后，冲突问题变得更明朗化以后，X 公司迅速地认识到冲突可能导致的群体性事件（因中日话题复杂和周边大学生的数量庞大，不实信息夹杂情绪可能导致势态无法控制），这一次 X 公司没有采取简单粗暴的办法处理村民聚集的问题。我们可以用托马斯的冲突处理模型来进行分析。

托马斯提出了解决冲突二维模式，以沟通者潜在意向为基础，认为冲突发生后，参与者有两种可能的策略可供选择：关心自己和关心他人。其中，“关心自己”（表示在追求个人利益过程中的武断程度）为纵坐标，“关心他人”（表示在追求个人利益过程中与他人合作的程度）为横坐标，定义冲突行为的二维空间。于是，就出现了五种不同的冲突处理的策略：竞争、合作、妥协、顺应（迁就）和回避。

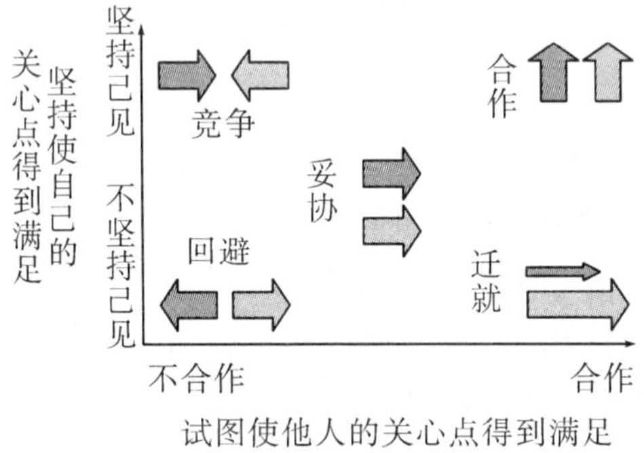

回避策略，指既不合作又不武断的策略。

强制策略，指高度武断且不合作的策略。

克制策略，指一种高度合作而武断程度较低的策略。

合作策略，指在高度的合作精神和武断的情况下采取的策略。

妥协策略，指合作性和武断程度均处于中间的状态。

X 公司最开始的“开除”这一“强制”策略导致了村民的聚集和闹事；而“顺应”被开除员工的“工作诉求”的策略却得到了高质量的员工和工作。我们可以通过下表来理解效果的不同。

冲突策略	适用情况
强制	反对那些采取不正当竞争行为的人们的时候； 面对非常重要的问题，必须采用特殊手段的时候； 必须采取快捷、果断行为的紧急状况时； 涉及严重违反企业规章制度的问题，需要进行严肃处理的时候
回避	当问题似乎是其他问题的附带问题时； 当你感觉没有希望满足你的利害关系时； 使人们冷静下来并回收观点； 当收集信息比制定一个直接的决策更重要时； 当问题很琐碎或有更重要的问题需要解决的时候； 当潜在的损失超过解决的益处时； 当别人可以更有效地处理这一冲突时
妥协	在势均力敌的双方各自坚持他们的目标时； 对复杂的问题达成暂时的和解； 在合作或抗争不成功的情况下作为一种候补； 当目标很集中但又不值得使用独断的方式去努力使其瓦解或实现的时候； 在时间紧迫的情况下达成权宜的解决办法
顺应	当和谐及稳定特别重要时； 当你不及对方或输掉的时候，为了使损失最小； 使员工从错误中学习以提高今后的工作质量； 当你发现自己错了的时候； 当结局对对方比对自己更重要时——满足对方并保持合作，为以后的争端建立社会信誉
合作	解决有关冲突方面的感情问题； 用不同的观点把人们的思想结合起来； 通过达成一种共识而获得信任； 当你的目的是学习的时候； 当冲突各方都认为妥协对各方的目标实现非常重要时，可采取合作法寻找一种完整的解决方法

通过分析案例可知，X 公司的“顺应”策略站在了农民工的立场，并考虑到了以下情况：和谐及稳定特别重要、解决对对方比对自己更重要、满足对方需求能使损失最小且能有助于员工提高以后的工作质量。

阶段 3、阶段 4 和阶段 5 实际上是一个动态的相互作用过程，难以分开。X 公司的顺应策略就是冲突处理过程的第 4 阶段。顺应策略同时提出了一些管制要求，获得了员工的进步和成长，这就是冲突处理的结果。

第 11 章　非正式群体及其行为

一、填空题

1. 霍桑
2. 合法正规性　稳定性
3. 松散的　没有正式规定
4. 生产效率　工作满意度
5. 消极型　破坏型
6. 指挥链条
7. 小道消息　越级报告
8. 闲聊型　随机型
9. 非理性的　无意识的
10. 正式权力　非正式权力

二、名词解释

1. 非正式组织：人们在共同的工作过程中自然形成的以感情、喜好等情绪为基础的松散的、没有正式规定的群体。

2. 正式组织：具有一定结构、同一目标和特定功能的行为系统，有明确的目标、任务、结构，有相应的机构、职能，有成员的权责关系以及成员活动的规范。

3. 正式权力：主要依靠组织的规章制度或组织共有行为来强制实施行为的权力。

4. 非正式权力：由团体成员授予，其行使不需要遵循正式的指挥体制的权力。

5. 学习型组织：指组织成员在共同目标的指引下，在工作过程中注重对知识的学习、传播、运用和创新，具备高度凝聚力、旺盛生命力和进取精神，通过组织成员的学习能够不断增强组织的创造能力，或者是一个拥有知识并能对其进行管理和运用，善于根据新知识和远景目标调整自己行为的组织。

6. 正式沟通：指命令和指示经指挥链条向下传达意见和建议，经指挥链条向上汇报。

7. 非正式沟通：指的是正式沟通渠道以外的信息交流和传达方式。非正式沟通是非正式组织的副产品，它一方面满足了员工的需求，另一方面也补充了正式沟通系统的不足，是正式沟通的有机补充。

三、判断改错题

1. √。
2. ×。修改：把“行为科学”改为“人际关系学”。
3. ×。修改：改“冷淡型”为“随意型”。

4. √。

5. ×。修改：改“组织沟通”为“社会交往”。

6. √。

7. ×。修改：改“情绪表达”为“社会控制”。

8. ×。正式权力具有组织赋予、上级委任、强制实施、稳定性、等级式的特点。

9. √。

10. √。

四、单选题

1-5. DACAC　6-10. DCBCA　11-15. BCBDA　16-20. BDDCA

21-25. CBACA　26-30. CDCCA　31-35. DDAAA　36-40. CABDA

五、多选题

1. ABCDE　2. ABCD　3. ABCD　4. BCDE　5. ABCD　6. BCD　7. ABC

8. ACDE　9. ABD　10. ABD　11. ACE　12. ACD　13. ABCE　14. ABCD

15. BCD　16. AD　17. ACE　18. ABC　19. BCD　20. ABCDE　21. ABCDE

22. ABCD　23. ABCD　24. ABCD　25. ABE　26. ABC

六、简答题

1. 正式组织是具有一定结构、有同一目标和特定功能的行为系统。正式组织具有四个基本特征。

（1）组织目标的具体性。正式组织是有意识建立的，具有明确的组织目标。

（2）权力的合法正规性。正式组织的权力来源于组织规章和规则，具有强制性的特点。

（3）组织结构的等级性。正式组织的结构一般具有层级式的等级特点。

（4）信息沟通渠道的稳定性。正式组织将信息沟通渠道固定，以便保证组织规章制度的高效率运行。

2. 非正式组织是人们在共同的工作过程中自然形成的以感情、喜好等情绪为基础的松散的、没有正式规定的群体。非正式组织的基本特征包括：

（1）无明确结构、形态，可辨识性差。

（2）非正式组织本质在于人与人之间的协调。

（3）非正式组织侧重于人们相互接触的心理层面、非理性层面。

（3）非正式组织中通常是感觉、情感和个性特征等因素的无形的、潜移默化的影响，个人品格往往是导向因素。

3. 正式组织与非正式组织在组织目标、组织结构以及职位、职责和职权对应程度上都是不同的。两者相比，正式组织具有法定性，以组织为纽带，更具有确定性和明确性；而非正式组织则以感情为纽带，更具有社会属性。本质上，非正式组织是为了满足人们的社会交往需要，通常是在友谊和共同爱好的基础上产生的，具有较强的亲和力。因为个体的需求是无止境的，正式组织很难满足所有需求，非正式组织常常伴随着正式组织产生，所以说正式组织和非正式组织是相促而生、相伴而存的。

4. 一般而言，非正式组织具有以下积极作用：

（1）非正式组织增强了正式组织的有效性。

（2）非正式组织有利于成员的沟通。

（3）非正式组织对增强组织成员的工作满足感和稳定性起到了积极作用。

（4）非正式组织能帮助成员释放压力。

（5）非正式组织促使管理者做决策时更加谨慎。

非正式组织的消极作用主要包括：

（1）非正式组织抵制一些变化。组织过分保护成员现有的工作和生活方式，并拒绝一切可能破坏目前平静、和睦状态的力量。

（2）非正式组织具有社会控制功能，会导致成员的从众行为。

（3）非正式组织还容易使成员产生角色冲突。

（4）由于非正式组织是独立于正式组织而存在的，因此正式组织的权力有时无法有效地控制非正式组织。

（5）非正式组织成员间交往非常频繁，信息传递快捷，容易导致小团体主义，而且非正式组织的沟通功能往往会造成谣言和小道消息的流传。

5. 对于非正式组织，管理者要明白它的优点与不足，利用其长处，抑制其短处。具体地讲，需要做到：

（1）接受并理解非正式组织。正确认识非正式组织及其效力，以使其对组织目标的实施起到积极作用。

（2）采取行动时要注意引导非正式组织发挥积极作用。

（3）在正式组织与非正式组织的利益发生分歧时，要适当考虑非正式组织成员的利益。

（4）注重培育合作的非正式组织，但不应当使其居支配地位。

（5）重视非正式组织中核心人物的作用。

（6）加强与非正式组织成员的沟通。

只有做到以上几点，管理者才能正确合理地利用非正式组织。

6.（1）正式权力又称职位权力，附属于职位，来自上级管理部门的委任。是组织赋予领导者的岗位权力，与领导者个人因素无关。正式权力具有组织赋予、上级委任、强制实施、稳定性、等级式的特点，包括：决策权、组织权、指挥权、人事权、奖惩权。正式权力的执行主要是依靠组织的规章制度或组织共有行为来强制实施。

（2）非正式权力。非正式权力由团体成员授予，行使时不需要遵循正式的指挥体制，在组织层此种非正式权力的影响更多来自平级之间。非正式权力具有以下几个特点：

①权力来源于成员的共同授予；

②非正式权力的实施依靠组织压力以及其他非行政权力；

③非正式权力不具有等级式的层次结构；

④非正式权力由非理性和个人情感因素来维持。

7.（1）非正式沟通的特点：非正式沟通是非正式组织的副产品，其沟通途径是组织内超越了部门、单位以及层级的各种社会关系。这种途径相比于正式途径具有较大弹性，它可以是横向流向，或是斜向流向，一般比较迅速。主要以口头沟通方式为主。现实生活中主要表现为小道消息和越级报告等。

（2）非正式沟通的利弊。

利：非正式沟通满足了员工的表达、情感以及信息需求等，补充了正式沟通系统的不足；非正式沟通的沟通对象、时间及内容等各虽未经计划和难以辨别，但许多不愿通过正式沟通传递的信息就可能在非正式沟通中透漏，因此有可能受到接收者的重视，传递的情报可以作为正式沟通的有机补充，甚至可以为正式决策所利用。

弊：因为非正式沟通常采用口头方式传递，不留证据，不负责任，因此这种信息遭受歪曲或发生错误的可能性相当大，而且无从查证，尤其与员工个人关系较密切的问题，例如晋升、待遇、改组之类，常常发生所谓谣言。因此，这种不实消息的散布，往往会对组织造成较大的困扰。

8. 正确管理组织中的非正式沟通，应采取以下立场和对策：

（1）非正式沟通的存在是根深蒂固的，难以加以消除，管理者应以积极的态度加以了解、适应和整合，以发挥其促进组织有效沟通的作用。

（2）非正式沟通的产生和蔓延，主要是由于员工得不到他们所关心的信息。因此，主管愈故作神秘，封锁消息，则背后流言就愈加猖獗。主管应正本清源，尽可能使组织内沟通系统开放公开，建立员工参与公司事务的事项，设立相关论坛、公告等多种非正式沟通渠道，促进信息公开。

（3）阻止谣言的产生，与其采取防卫性的驳斥，或说明其不可能的道理，不如正面提出相反的事实更为有效。

（4）闲散和单调是造谣生事的温床。为避免产生不实的谣言，扰乱人心士气，主管者应注意不要使组织成员有过分闲散或单调枯燥的情形发生。

（5）主管可以设法发现在非正式沟通的网络状态中，谁处于核心，谁又处于转播站的位置，掌握并利用这种非正式沟通网络帮助组织信息得到更迅速的传达，同时也可以通过非正式沟通渠道发现流传的信息内容。但这样做有其危险和代价：过分利用非正式沟通的结果，会冷落或破坏正式沟通系统甚至组织结构；而设法自非正式沟通中探听消息，其结果会造成组织背后的一套“谍报网”和打“小报告”者，从而带来管理上的问题。

（6）最基本的方法是培养组织成员对组织管理当局的信任和好感，这样他们比较愿意听信组织提供的消息；同时将非正式沟通的有关内容加入主管培训中，提升他们关于非正式沟通的正确观念和处理方法。

七、论述题

领导者需认识到非正式组织的存在是不可避免的，应在管理实践中接受并理解非正式组织，正确认识非正式组织及其影响力，注意有效利用非正式组织的优点，抑制其缺点，以使其对组织目标的实施起积极作用。具体措施如下：

（1）管理人员做出任何一项决策并准备付诸实践时，一定要考虑到非正式组织对于该决策可能产生的影响。

（2）在正式组织与非正式组织的利益发生分歧时，要适当考虑非正式组织成员的利益。一般来说，正式组织与非正式组织之间存在的分歧，是源于利益上的冲突，管理人员应当在坚持组织利益的原则上，适当考虑非正式组织的利益要求，使非正式组织与正式组织利益尽可能协调一致，以便争取非正式组织的合作。

（3）注重培育合作的非正式组织，但不应当使其居支配地位。非正式组织在正式组织的运转过程中能够提供“润滑剂”作用，使正式组织更加顺畅地运转，但应当注意的是，无论怎样强大的非正式组织，其发展都不能在组织工作中居支配地位，而只是正式组织的有益补充。

（4）有力影响非正式组织的组织规范。非正式组织的组织规范具有强制成员遵从的效力，管理人员应该重点影响非正式组织规范，使其规范符合正式组织管理工作的需要。同时，对于非正式组织中产生的利益小团体、宗派等，应当严格加以限制，使内部各方利益及时协调，避免造成组织内耗。

（5）重视非正式组织中核心人物的作用。非正式组织中的核心人物具有威信高的特点，对非正式组织成员具有较强的影响力。因而要把控非正式组织，掌握核心人物是关键。对于核心人物，首先应当尊重其在非正式组织成员中的威信，承认和肯定他们在组织中的作用，经常与他们联系，使其对组织产生信任，同时，在日常工作中要引导核心人物在正式组织的目标完成中起到积极作用，以带动非正式组织成员更好地为正式组织的目标服务。

互联网时代的组织有了一些新的特征。比如：网络社区的出现催生了一个庞大的通过计算机网络沟通的群体。这样的非正式群体跨越了组织边界，不需要地理位置相邻近以确保线下沟通；通常以年轻人为主，学历水平普遍较高，比传统的社区、非正式组织具有更多的信息资源，更大的人员流动性和不稳定性。网络社群组成的非正式组织往往有意见领袖，意见领袖对于舆论有引导作用，便于提高群体的凝聚力。同时，意见领袖使群体成员不再沉默，除了关注组织内的问题，还可能通过更多的社会热点问题来论证或者驳斥组织内的运作。

八、案例分析

案例一：办公室里来了年轻人

1. 小张由一个积极肯干的员工变为一个磨洋工的员工的现象，可以由“非正式组织”的影响来解释。主任甲，副主任乙，员工A、B、C，小张等办公室的成员组成的是一个正式组织，而员工A、B、C等组成的是一个非正式组织。这个非正式组织有他们自己潜在的组织规范：圆滑世故，不太热衷于追求个人利益，习惯平静和谐的办公室生活，利益荣誉大家共享，属于消极型的非正式组织，其目标和活动对正式组织的目标达成具有消极的影响。新来的小张并不熟悉这个非正式群体的规范，他努力工作，获得了荣誉和利益，并让其他成员感觉是他“夺走”了他们的名利，这引起了这个非正式群体对小张的不满。因此，不按照非正式组织规范行事的小张引起了非正式组织成员的反感和排斥——不邀请他参加任何一次集体活动、背后说小张坏话。一段时间后小张熟悉了这个群体的规范，他选择了与他们一样“不当出头鸟”，得过且过的工作行为，以求得心理的归属感和安全感，导致法制办公室的工作绩效的提高成为泡影。

2.（1）加强正式组织核心的工作价值观的形成，形成强有力的正式组织的积极价值观和文化氛围，以影响员工的工作态度，培育健康的工作环境和人际关系；规范非正式群体的行为，引导、规范员工树立优秀的行为准则，激发员工充沛的工作热情和创造性。

（2）从根本上来看，提高办公室的业绩还是需要通过工作业绩管理和奖惩机制来实现，应制定和完善组织的工作绩效考核制度和激励模式。

（3）加强小张与优秀员工的沟通，让小张有更多的机会接触到不同部门的员工，从而建立起更庞大的交往网络，这样几个老同志的孤立对小张来说就没有什么影响了。

（4）寻找合适的机会把 A、B、C 分流到不同的积极型组织中去，降低他们的紧密程度。

案例二："自由代理人"小组的革新秘密

1. 这是一个"积极型"的非正式组织群体行为现象。四位开发成员聚在一起主要是讨论工作改进和个人进步，节约的时间除了用于休闲、个人兴趣外，还用来进行工作咨询、改进工作质量，并且用工作革新提高工作质量和生产率的工作一直没有停止。

2. 目前戴夫面临的问题是小组成员隐瞒了他们的革新举措，并且确定了一个生产水平后截留了部分生产力，节约时间用于闲暇和个人兴趣并向其他团队成员夸耀，这可能使公司知道。而汤姆和克兰都坚持团队保守秘密的约定，拒绝告诉戴夫情况，使他对小组的革新一无所获。戴夫如何"要求"小组成员告诉他实情，以及是否、如何向公司报告？

造成这种情况的原因在于公司对革新效益奖励的吸引力小于革新赢得时间的其他用途带来的吸引力，以及（这也是更重要的）小组成员对有队友可能会失去工作的担忧。戴夫可以向公司报告革新确实发生但他因故无法了解具体革新内容这一情况，但同时应提醒公司，公司的革新制度设计、沟通存在一些问题，建议设立"革新标兵""革新团队"等荣誉称号，并对"革新标兵""革新团队"的职业生涯通道有所考虑，同时引入一定的小组间的竞争机制，还可以在合适的时机将积极型非正式团队的成员引入其他团队，将他们积极的力量转化为"正式组织"的管理力量。

第四篇 激励与领导

第12章　动机与激励

一、填空题

1. 强度　方向　坚持性
2. 安全需要　尊重需要　内部　外部
3. 个人责任感　中等冒险程度
4. 挑战性　绩效反馈
5. 明确的　可测量的
6. 参与管理　质量圈
7. 价值　竞争性
8. 绩效测量
9. 核心加选择型计划　弹性费用账户
10. 内在的　外在的
11. 任务的完整性　任务的重要性
12. 常规化的信息处理任务　专业的及其他与知识有关的工作
13. 公平性　竞争性

二、名词解释

1. 动机：指由特定需要引起的，欲满足个体各种需要的特殊心理状态和意愿；是引发个体从事某种行为的力量和念头，是个体想要干某事情而在心理上形成的思维途径，是直接推动个体进行某项活动的内部动因或动力。引起动机的内在条件是需要，引起动机的外在条件是诱因。

2. 目标管理：是一个以系统方法综合诸多关键管理因素，有意识地针对组织和个人目标的有效与高效实现而导向发展的全面综合的管理系统方法。这个系统将许多关键的活动连接在一起，使组织和个人目标得以高效率完成。目标管理强调员工参与对目标设置工作的重要性，强调把组织的整体目标转化为各组织单元和个体的具体目标的重要性。

3. 自我效能感：指个体对于自己有能力完成某项任务的一种确切的信念或自信心，这种能力是个体在某个背景下为了完成某一特定的任务，能够调动起必需的动机、认知等一系列行动。

4. 组织公平感：组织或单位内人们对与个体利益有关的组织制度、政策和措施是否公平的感受。包括分配公平感，即员工对组织报酬的分配结果是否公平的感受；程序公平感，即个体对组织报酬等分配方法和过程是否公平的感受；互动公平感，也可称为人际关系公平感，即个人所感受到的人与人之间交往的质量。

5. 工作轮换：是对员工从一个任务到另一个任务的一种短期的工作调动，既可以是在组织的几种不同职能领域中为员工做出一系列的工作任务安排，也可以是在某个单一的职能领域或部门中为员工提供在各种不同工作岗位之间流动的机会。

6. 工作扩大化：让工作范围的扩大或工作多样性增加员工工作种类和工作强度，从而使工作本身更具多元化。工作扩大化的途径主要有两个：“纵向工作装载”和“横向工作装载”。“纵向工作装载”是指增加需要更多责任、更多权利、更多裁量权或更多自主权的任务或职责给一个工作职位。“横向工作装载”是指增加属于同阶层责任的工作内容，以及增加目前包含在工作职位中的权力。

7. 弹性时间制：灵活弹性的工作时间安排方案。它给了员工一定的自主权来决定自己上下班的时间，员工每周工作的小时数是固定的，但在一定的限制条件下员工可以自由改变工作的具体时间。

8. 保健因素：那些与人们的不满情绪有关的因素，如企业政策、工资水平、工作环境、劳动保护。这些因素处理得好可以预防和消除不满、保持人的积极性、维持工作现状，但不能起到激励作用。

9. 技能工资：简单地说就是指以员工个人所掌握的知识、技术和所具备的能力为基础来进行工资报酬的支付，其确定员工工资水平的标准是员工的技能类型和水平，而不是其所任职位的特征。

三、判断改错题

1. ×。二者也有很大的不同，其中一个不同点就是 ERG 理论不认为各需要间存在严格的等级。他认为，当较高层次的需要不能满足时，人们就会更加注重较低层次需要的满足，即“挫折—倒退”的发展方向。

2. ×。认知评价理论认为工资与绩效挂钩的做法可能会降低员工内在动机。

3. √。

4. √。

5. ×。修改：改“荣誉激励”为“榜样激励”。

6. ×。消极者对应“X 理论”假设；积极者对应“Y 理论”假设。

7. √。
8. √。
9. ×。修改：改“目标激励”为“内在激励”。
10. √。

四、单选题

1-5. CBDAA　6-10. BCBAD　11-15. CBCCC　16-20. DBCDD

五、多选题

1. BCE　2. ACE　3. ABCD　4. ABCE　5. ABCD　6. ABC
7. BC　8. BDE　9. ABCD　10. ABCDE　11. ABC　12. BD

六、简答题

1. 所谓激励，是指激发人的行为和动机的心理过程，是被人们感知的从而导致人们朝着某个特定目标（方向）而采取行动的驱动力和紧张状态。激励过程包含三个基本方面：个体行为的动力是什么（强度）、行为如何被导向特定的目标（方向）、怎样维持行为（坚持性）。

2. 保健因素是指管理质量、薪金水平、公司政策、工作环境、与他人的工作关系和工作稳定性这些因素，这些因素是外在奖励因素，可以安抚员工，但未必有利于动机产生。当保健因素充分时，员工便没有了不满意感，但也不会因此而感到满意。“满意”的对立面是“没有满意”，管理者若努力在工作中消除不满意因素，则可以给工作场合带来平和，但不一定会让工作令人满意。

激励因素是指与工作本身有关的因素或是可以直接带来结果的因素，如晋升机会、个体成长机会、认可、责任和成就，这是具有内在奖赏性的因素。当激励因素充分时，员工会受到激励，进而积极从事工作，对工作满意，此时“不满意”的对立面是“没有不满意”。

3. 马斯洛的生理和安全需要与奥尔德弗的生存需要相似；马斯洛的社会及地位需要与奥尔德弗的关系需要相似；马斯洛的自尊及自我实现的需要与奥尔德弗的成长需要相似。ERG 理论与需要层次理论的不同在于：ERG 理论并不假定各需要间存在一个严格的等级，即人们必须在低层次需要获得满足后才能进入高层次需要。并且，奥尔德弗还认为，当较高层次的需要受到挫折时，就会退回到较低层次的需要。

4. 当目标具有以下特点时，能提高工作绩效：

第一，明确而具体的目标能够提高工作绩效。目标的具体化本身就是一种内推力。

第二，如果目标的可接受性等因素保持不变，目标越困难，它带来的绩效水平越高。因为困难的目标能够帮助员工集中注意力在眼前的任务上，使员工精力充沛，坚持努力去实现它们。另外，困难的目标能帮助员工发现对执行工作或任务更有效的策略。

第三，有反馈比无反馈能够带来更高的工作绩效。如果人们可以获得反馈从而了解自己在实现目标的过程中做事的效果，他们会做得更好。

5. 目标设置理论探讨了目标的具体化、挑战性和绩效反馈的作用。目标管理强调员工参与目标的设置工作，强调目标是明确的、可检验的和可测量的，它强调把组织的整体目标转化为各组织单元和个体的具体目标。

目标管理与目标设置理论可能的唯一的区别是员工是否参与目标设置问题，目标管理极力主张员工参与目标设置，而目标设置理论却认为给下属指定目标时效果常常也同样好。

目标管理方案中的很多要素与目标设置理论的命题相似。如完成目标的明确时间限定就与目标设置理论强调目标的具体性相匹配；目标执行过程中的反馈也是目标设置理论中的一个关键要素。

6. 自我效能感是指个体对于自己有能力完成任务的一种信念。

通常可以从四个方面来提高个体的自我效能感。

（1）过去的成功经验。这是提高自我效能感最重要的资源，是指获得与工作或任务相关的成功经验。如果我们曾成功地完成一份工作，那么我们就更加自信将来也能够完成这份工作。

（2）替代榜样。当看到别人完成某一任务时，人们会变得更加自信；当自己与所观察的人很相似时，替代榜样的激励最有效。

（3）口头说服。他人的说服使自己相信自己也具备成功的必要技能，因此就会变得更加自信。

（4）唤醒。唤醒使得个体处于兴奋状态，驱使他们完成任务。他们变得兴奋，表现得更好。与工作相关的唤醒对绩效有积极影响。

7. 组织公平是指个体对工作场所公平性的整体感知。当员工认为他们所获得的结果及获得结果的方式公平的时候，就会认为组织是公平的。组织公平的三个维度是：

第一，分配公平。分配公平是人们感到个人之间在报酬数量和报酬分配上的公平性，是对结果公平的感知。

第二，程序公平。程序公平是对用来确定报酬分配程序的感知公平，是对结果的判定过程的公平性的感知。

第三，互动公平。互动公平是指个体对尊严、关怀及尊敬的感知程度。

8. X 理论与 Y 理论是麦格雷戈 1957 年在《企业中人的因素》一文中提出的两种完全不同的人性假设。X 理论认为员工生来不喜欢工作，有可能他们会逃避承担责任，大多数的员工把安全感视为高于其他所有工作相关的因素，并且没有雄心壮志，管理者必须采取强制和控制措施，或采取惩罚威胁才能实现目标。Y 理论认为员工视工作如同休息、娱乐那样自然，他们会主动寻求责任，为完成目标会自我引导和自我控制，具有做出创造性决策的能力。

基于不同的人性假设，会有不同的管理策略：X 理论强调管制，在机构上突出监工，在制度上强调重赏重罚，主张集权和控制；Y 理论强调协调，重视教育和培训，在制度上突出参与，提倡给人创造机会。

9. 麦克莱兰的需要理论关注三种需要：成就、权力和归属。成就需要指追求卓越、达到标准、争取成功的内驱力。权力需要指控制别人以某种方式行为而不以其他方式行为的需要。归属需要指建立友好的和亲密的人际关系的愿望。

根据麦克莱兰的需要理论，每一个员工都有这三种需要，但会有一个主导的需要，主导需要影响员工的心理和行为，可以据此采取管理策略。麦克莱兰尤其关注了高成就需要者，得到了以下有价值的发现。首先，高成就需要者更喜欢具有个人责任感、可以获得工作反馈和中等冒险程度的工作环境。如果环境中具备这些特征，高成就需要者的工作积极性就会极高。其次，高成就需要者未必是一位优秀的管理者，尤其是对规模较大的组织而言。他们感兴趣于自己如何做得更好，而不是如何影响其他人做好工作。最后，这也是令人欣慰的一点：通过培训可以激发员工的成就需要。

10. 根据亚当斯的公平理论，当员工感到不公平时，他们可能会采取以下做法：①改变自己的投入，如不再像以前那么努力；②改变自己的产出，如计件工资的员工可能通过增加产量但降低质量的做法来提高自己的工资；③调整对自我的认知；④歪曲对他人的认知；⑤选择其他参照对象；⑥离开该领域，如辞职。

11. 期望理论认为，个体以某种特定方式采取活动的强度，取决于个体对该行为能给自己带来某种结果的期望程度，以及这种结果对个体的吸引力。该理论涉及的变量有个人努力、个人绩效、组织奖励、个人目标以及四个变量之间的三组关系：努力—绩效关系，个人感到通过一定程度的努力可以达到的某种绩效水平的可能性；绩效—奖励关系，个人相信达到一定绩效水平后即可获得理想结果的程度；奖励—个人目标关系，组织奖励可以满足个人目标或个人需要的程度，以及这些潜在的奖励对个人的吸引力。这三种关系的满足程度决定了激励的效果。

根据期望理论，为了更有效地激励员工，管理者有必要注意以下几个方面：①弄清个体差异，不同员工的需要不同，对激励的需求不同，管理者要对员工个体差异敏感；②运用目标和反馈、参与决策等方式提高他们对努力与目标完成之间的可能性的评价；③奖励与绩效挂钩；④提高组织奖励对个人目标的支持度，比如可以采用奖励包的方式，由员工自己选择具体奖励方式。

12. 工作特征模型的五个核心任务维度分别为：

（1）技能多样性，指一项工作中要求员工使用各种技能和才干以完成不同类型的活动的程度；

（2）任务完整性，指一项工作中要求完成一件完整的、可辨识的任务的程度；

（3）任务重要性，指一项工作对他人的生活或工作的实际影响程度；

（4）工作自主性，指一项工作给任职者在安排工作内容、确定工作程序方面，实际上提供了多大的自由度、独立性及自主权；

（5）反馈，指员工在完成工作任务的过程中，在多大程度上可以直接而明确地获得与自己有关的工作绩效信息。

13. 工作轮换是指员工定期从一个任务到另一个任务的轮班，通常这些工作处于同一水平，技术要求也十分相近，也可以是一项较大的工作再设计中的一部分，或者是提高员工的技能与适应性的一种交叉培训员工的方法。

工作轮换的优点：使员工的活动多元化，帮助员工更好地理解他们的工作对组织的贡献，减轻员工对单一工作的厌烦情绪，从而减少工作的枯燥性，提高员工的工作积极性；有助于拓宽员工的技能范围，增加管理者在安排工作、适应变革和填补职位空缺时的灵活性。

工作轮换的缺点：工作轮换使得工作群体中的成员总要适应新成员，并且针对新轮换的员工，主管人员也要花费更多的时间解答他们的问题，督促他们的工作，导致公司的培训费用提高；当员工在原有岗位上的绩效已经带来了组织的经济效益时，如果把他轮换到一个新的岗位上，由于他对新岗位不熟悉，可能会造成员工绩效水平的下降。

14. 收入分成是指群体生产率提高带来的收入增长在公司和员工之间按比例分配的群体激励计划。

收入分成和利润分成不是一回事。利润分成指根据公司的利润而设计出来的利润分成方案，利润分成关注的是利润。收入分成关注的却是生产收入，收入分成针对较少受到外部因素影响的提高生产率的行为给予奖励，甚至在公司不盈利的情况下员工也可以得到奖励报酬。

15. 技能工资是指根据个体掌握的技能和能够做的工作，而不是不根据个体的职位来确定工资级别。

技能工资的优点：首先，从管理者的角度看，技能工资具有灵活性。当员工的技能水平可以达到互换的地步时，很容易填补职位的空缺；其次，技能工资方案鼓励员工成为全才而不是专才，使员工能够更好地理解其他人的工作，促进了组织内部的沟通与交流；最后，技能工资还有助于满足那些有抱负但面临最少晋升机会的员工的需要，使他们在没有职位提升的情况下增加收入和丰富知识。

技能工资方案的缺点：首先，当员工受到一个学习、成长和不断加薪环境的挑战时，可能会增加学习新技能过程中的挫折感，有一些技能可能会过时；其次，公司会发现，即使员工的新技能几乎没有直接用处，也需要付给他们更高的工资；最后，技能工资方案没有考虑绩效水平，只关注某个人是否掌握了某项技能，不考虑是否带来绩效的增加。

16. 传统的标准化的福利方案，由于方案的单一，难以同时满足今天更为多元化的员工的需要。

灵活福利允许员工从众多福利项目中挑选一组最符合他们需要的福利，可以最大化地满足不同员工（比如员工在年龄、婚姻状况、配偶福利状况、孩子的人数和年龄等方面的差异）的不同需要，实现个性化报酬。

17. 为了使员工的工作丰富化，管理者可以进行以下操作：①组合任务，把那些零散的工作重新组合到一起形成新的更大的工作模块；②构建自然的工作单位，使员工所做的工作成为一个完整、重要的整体；③建立客户关系，以增加员工和客户的直接联系；④纵向扩展工作，使员工获得之前在管理者手中的部分责任和控制权；⑤开通反馈渠道，让员工知道他们的工作做得怎样，他们的绩效是在提高还是在降低，抑或是保持在常规水平。

18. 工作分担：两个或多个员工共同分担一个传统上每周 40 小时的工作，是一种工作时间安排上的创新方式。工作分担对于员工与管理者有着不同的意义。对于员工来说，工作分担增加了工作的灵活性，可以帮助他们更好地平衡工作和家庭责任之间的关系；同时对于那些不可能找到每周 40 小时工作的人来说，工作分担可以提高工作积极性和满意度；对于匹配的一对员工，他们可以成功地协调一项工作的各个方面。

对于管理者而言，工作分担使组织能够在具体的岗位上吸引更多的人才；也是一种避免人员过剩而裁员的人性化手段，但增加了寻找最适合的员工组合的挑战。

19. 员工卷入指的是利用员工对公司事务的参与投入来增加他们对组织成功的承诺的一种参与管理的过程。它有三种主要形式：参与管理、代表参与、质量圈。这样做有以下好处：①让员工参与到与自己有关的公司决策中，增加了他们对工作的自主权和控制力，有助于提高他们的积极性，增强他们对组织的忠诚感，提高他们的生产率及工作满意度；②根据双因素理论，员工卷入方案有助于增加员工在工作中的成长机会、责任以及对工作本身的介入，从而提升员工的内部动机，有助于满足员工的责任、成就、认可、成长、自尊的需要，从而提高了完成员工工作任务的潜在可能性。

20. 技能工资根据个体掌握的技能和能够做的工作而不是个体的职位来确定工资级别。从动机的角度来看，实行技能工资有以下好处：①根据 ERG 理论，技能工资鼓励员工学习，扩展其技能水平，不断成长与发展，满足了个体的成长需要，成长的机会可能是一个有效激励因子，学习新技能的挑战性能够对高成就需要者产生强烈的驱动力；②从强化理论角度来看，技能工资可以作为一个强化因子鼓励员工不断学习新技能，为公司灵活安排工作提供支持；③从公平视角来看，当员工进行投入-产出比较以判断工资水平时，技能这一因素比资历或教育之类的因素更易形成公平感，从而有助于提高员工的努力动机水平。

21. 内容型激励理论主要包括需要层次理论、激励-保健理论（双因素理论）、ERG 理论、麦克莱兰的成就需要理论、认知评价理论、工作特征理论等；重点探讨什么因素诱发、注入能量和启动行为，即什么是激励因素（从满足人的需要来研究），帮助管理者了解如何在工作环境中满足这些需要。

过程型激励理论主要包括目标设置理论、公平理论、期望理论、归因理论和轨迹控制；重点探讨个体行为的思维过程，关注员工如何在工作环境中寻求回报。

七、论述题

“金钱不具有激励作用”这种说法过于武断和笼统。金钱的激励作用是复杂的，作用的方式和大小要和具体的情境结合起来讨论。

金钱是工作动机中的重要诱因。金钱作为一种交换媒介，对员工很重要；金钱除了具有交换价值之外，还具有象征价值，是员工判断自己是否受到公平对待的重要依据。金钱也是一种重要的强化激励因素，如果工资根据绩效而变化，则会鼓励工人付出更多努力。当金钱报酬作为一种目标时，根据期望理论，金钱与绩效标准挂钩时能成为能够满足员工个人目标的因素，会起到激励作用。

但是，金钱不是任何时候都具有激励作用的。第一，当金钱对个人不太重要的时候，例如，高成就需要者受到内部动机的激励，金钱对其影响非常小。第二，当绩效与薪酬之间的联系很弱的时候，薪酬的激励作用就很弱。第三，为工作绩效支付的金钱数额太少，不能使员工感到明显差异时，金钱的激励作用也不明显。第四，组织的薪酬政策约束管理层的自主权，管理层没有权利给高业绩者支付更多的金钱时，管理者也不能通过薪酬发挥较大的激励作用。

八、案例分析

理论连接：双因素理论

海底捞同时在保健因素和激励因素方面着力，提升了激励的效果。

保健因素包括：住宿条件、工作环境、工作关系等的营造和改善，消除了员工的不满。

激励因素包括：创意命名感受到的成就、赏识，授权给予的信任以及授权增加的责任感、成长和发展的机会。“激励因素”的使用产生了更好的工作绩效。

第13章　领导

一、填空题

1. 职位　个人
2. 性格理论　能力理论　第五级领导
3. 独裁专制式领导　民主式领导　放任式领导
4. 组织
5. 指令型
6. 领导者和下属的关系　职位权力　任务结构
7. 工作行为　关系行为
8. 与领导者个人特点相似　有能力的　性格外向的
9. 领导魅力　智能激发　个性化关怀
10. 个人能力　管理能力　超常能力

二、名词解释

1. 领导：领导的本质是影响力，即对一个组织、一个群体或一些个人的行为与观念施加影响的过程。

2. 管理方格理论：管理方格理论是罗伯特·布莱克和简·莫顿在俄亥俄州立大学的领导行为四分图的基础上于1964年出版的《管理方格》一书中提出的一种理论。这种理论倡导用方格图表示和研究领导方式。他们将四分图中的体贴改为对人的关心度，将组织改为对生产的关心度，将这两类领导行为的坐标各划分为9等份，形成81个方格。评价管理人员时，就按他们在这两方面的行为寻找交叉点。这些交叉点便是其领导行为的类型。该研究表明，在纯粹的对生产关心的领导方式和对人关心的领导方式之间，可以有使二者在不同程度上互相结合的多种领导方式。

3. 情境领导：情境领导是保罗·赫塞和肯尼司·布兰查德在20世纪60年代末提出的。其核心思想是领导者要根据被领导者的情况来决定自己的领导方式和行为。这样做的目的是让被领导者能够最佳地完成工作，并从工作中获得满足感。

4. 魅力型领导：豪斯发展了魅力型领导理论。在领导力的研究中，魅力是一种特定的领导品质，与没有魅力者相比，魅力型领导者更能通过个人能力的力量对追随者们产生深刻而非凡的影响。

5. 交易型领导：交易型领导是基于社会交换的理论，认为领导者与下属之间的关系是一种现实的契约行为，当下属完成特定的任务后，便给予承诺的奖赏，整个过程就像领导者和追随者之间的一项交易活动。

6. 变革型领导：变革型领导理论认为领导是一种向员工灌输思想和道德价值观，并以个人魅力，通过对下属的激励和关怀来激励和影响员工的过程。

7. 员工导向：指领导者重视人际关系，总会考虑下属的个人兴趣，并承认人与人之间存在差异。

8. 生产导向：指领导者倾向于强调工作的技术或任务事项，主要关心的是群体的任务完成情况，并把群体成员视为达到目标的工具。

9. 菲德勒权变模型：指有效的群体绩效取决于两个因素的合理匹配——领导者的风格以及领导者对情境的控制程度。菲德勒的三项权变变量是：领导者-成员关系、任务结构、岗位权力。

三、判断改错题

1. √。

2. √。

3. √。

4. ×。对于高层领导者而言，最重要的能力是概念技能。

5. √。

6. ×。领导生命周期理论认为，当被领导者群体已经表现出相当程度的工作成熟度时，最适宜的领导方式是授权式领导。

7. ×。领导者启发员工发表新见解，从新的角度或视野寻找解决问题的方法与途径，鼓励员工采用崭新的方式完成任务，是变革型领导的特征。

8. √。

9. ×。按照菲德勒的权变领导理论，任务取向的领导干得更好的情境是上下级关系好、任务结构高、职位权力强。

四、单选题

1-5. CDDBC　6-10. AAABB　11-15. CCBBC　16-20. BADBB

21-25. ADDDB　26-30. BDBAD　31-35. ACBDC　36-40. BAADC

41-45. ABBCB　46-50. ADBDA　51-55. DCCDC　56-59. AACD

五、多选题

1. DE　2. ABE　3. AB　4. ABCD　5. ABCD　6. ABDE

7. ABC　8. AD　9. ABCD　10. ABC　11. AB　12. CDE

13. ABCD　14. ABCD　15. ABDE　16. ABCD　17. ABCD　18. AC

六、简答题

1. 领导理论的变迁：先后经历了特质理论、行为理论、权变理论。

（1）特质理论。研究时期：19 世纪末到 20 世纪 40 年代。过程：从“领导是天生的”到“伟人论”的否定。方法：个性测验，以此判断谁应是一位有效的领导者。结论：经过约 40 年的研究，没有找到一些因素总能够对领导者与下属以及有效领导者和无效领导者进行区分。

（2）行为理论。研究时期：20 世纪 40 年代中期到 70 年代早期。产生背景：特质论研究没有产生预期的结果；第二次世界大战出现了对领导确认和培训的需要。几个有利条件：行为能被观察，比品质更具客观性；行为能被测量，比品质更具精确性；行为不是先天的，能通过学习而得到。方法：领导行为的二维理论（任务与人际关系）、领导行为的三维理论（任务或人际关系与发展导向）。

（3）权变理论。研究时期：20世纪60年代早期到现在。产生背景：行为理论不能成功解释领导的效果。几个基本假定：领导没有最好的方法，不同的个性或风格和行为都可能是成功的，情境等因素决定特质和行为的有效性，人们通过学习能成为一个更好的领导，领导造成团体和组织效果的差异，个人和情境因素影响领导效果。方法：领导风格与情境因素的适配性。

2. 领导特质论是旨在寻求领导者与非领导者在人格特点、社会交往、生理或心理特质上差异的理论，是早期主要的有效领导理论。

（1）领导特质论的优点：①研究发现了领导者更可能在6项特质上不同于非领导者，即雄心和精力、领导意愿、正直与诚实、自信、智慧，以及与工作相关的知识；②提供的证据有力地表明，高自我监控者（在调节自己行为以适应不同环境方面具有很大的灵活性）比低自我监控者更可能成为群体中的领导者。

总之，可以得出这样的结论：具备某些特质确实能提高领导者成功的可能性，但没有一种特质能够保证其必然成功。

（2）领导特质论的不足：①并没有普遍适用性的特质可以在所有情境下预测领导力，相反，它表现出的特点是，在某些有选择的情境中，特质可以预测领导行为。②相对于强情境而言，特质对行为的预测在弱情境中更有效。强情境是那些存在强烈的行为规范、针对具体行为类型采取强烈的激励措施，以及对于哪些行为会受到奖励或惩罚有着明确预期的情境。在这种情境下，领导者表现出自己特质的机会比较少。高度规范化的组织以及那些拥有强文化的组织都符合强情境的描述范畴，因此，在许多组织中，特质对领导的预测力很可能受到限制。③在分离原因与结果方面的证据尚不明显。例如，是领导者具备自信的特质，还是工作使领导者建立了自信？④在预测有效领导与无效领导之间的差异方面，特质在预测领导的表现方面效果更好。因此，可知某个个体表现出这些特质与其他人把这个人视为领导者这些事实，并不必然意味着领导者一定能成功地带领他的小组实现目标。

3. 结构维度指的是领导者为了实现组织目标而对自己与下属的角色进行界定和建构的程度。它包括在规划工作、工作关系和目标方面做出的努力。例如：高结构特点的领导者被他人描述为具有“向小组成员分派具体工作”“期望员工达到明确的绩效标准”“强调工作的最后期限”的特点。

关怀维度指的是领导者尊重和关心下属的看法与情感、建立相互信任的工作关系的程度。例如：高关怀特点的领导者对下属的生活、幸福、地位、满意度等问题十分关心；他们帮助下属解决个人问题，友善而平易近人，公平对待每一个下属。

4. 认知资源理论是一种领导理论，指压力会对成员之间的相互吸引力以及他们愿意留在组织中的程度产生消极影响。

认知资源理论的主要观点包括：①在领导过程中，压力的作用是相当直接的，它可能有压制和分散的双重作用；②压力是理性的敌人，在压力状态下，领导者（其实任何人都是这样）很难进行理性的、分析性的思考；③在低压力情境和高压力情境下，领导者的智力和经验的重要性对他的领导效果是不同的。在低压力下，领导者的智力与绩效之间正相关，但在高压力下则负相关。相反，在低压力下，领导者的经验与绩效之间负相关，而在高压力下则正相关。

5. 菲德勒的权变模型指出，有效的群体绩效取决于以下两个因素的合理匹配：领导者的风格以及领导者对情境的控制程度。

菲德勒的三项权变变量是：

（1）领导者-成员关系：领导者对下属信任、信赖和尊重的程度。程度越高，领导者的权力和影响力就越大。

（2）任务结构：工作任务的程序化程度（结构化或非结构化）。对工作任务规定的明确程度，任务明确、程序化程度高，工作的质量就比较容易控制，每个组织成员的工作职责也容易描述清楚。

（3）岗位权力：领导者所拥有的权力变量的影响程度，如聘用、解雇、处罚、晋升和加薪。一个具有明确的并且相当高的职位权力的领导者比缺乏这种权力的领导者更容易得到他人的追随。

七、论述题

1. 领导是领导者通过自己的活动对被领导者施加影响，从而实现某种目标的过程。要实现有效的领导，关键是领导者自身具备的影响力的大小。领导影响力是指领导者在与他人的工作交往中，影响和改变他人心理和行为的能力。

领导影响力包括两类：权力性影响力和非权力性影响力。权力性影响力是由社会赋予个人的职务、地位、权力等所构成的影响力，对别人的影响带有强制性和不可抗拒性。非权力性影响力是由于个人自身的品德、才能、学识、专长等因素而对他人形成的影响力，是对人们心理的自然感召，使之出自内心自愿改变行为。因此，要提高领导者的影响力与威信，一方面要合理用权，职权相称，运用法定权力时做到审慎用权、善于授权；另一方面要加强领导者的自身修养，全面提高个人素质，不断提升非权力性影响力。对被领导者来说，非权力性影响力更能激发下属工作的自觉性。同时，应使两种影响力互相促进、彼此呼应。

2. 威信是领导在被领导者心目中的威望和信誉。它表现为被领导者对领导者的尊重、信赖、钦佩、崇敬和心甘情愿的服从、追随、仿效的精神感召力。

领导威信的特点是：

（1）内在性：威信所带来的精神感召力来自领导者自身的因素。

（2）持久性：威信由于不具有命令与服从关系，其效果往往显著而持久。

领导威信的作用有：①决定领导者影响力的强弱；②提高领导效能的重要条件；③有利于推进组织改革；④有助于融洽领导者与被领导者的关系；⑤有利于吸引人才。

威信与权力之间的关系是比较复杂的。威信可以提高一个领导者的权威，有助于提高其权力的使用效率。但是，有权力并不能说明一个领导者有威信。威信的形成主要不取决于职位权力的影响力，而在很大程度上依赖于形成非权力性影响力中的诸要素：品格、感情、知识、能力等。因此，可以通过提高领导者品质中的这些因素建立领导者的威信。

3.（1）管理方格论指罗伯特·布莱克和简·莫顿在1964年出版的《管理方格》一书中提出的一种理论。这种理论倡导用方格图表示和研究领导方式。除纯粹的对生产关心的领导方式或对人关心的领导方式以外，可以有使二者在不同程度上互相结合的多种领导方式。为此，他们就企业中的领导方式为题提出了管理方格法，使用自己设计的一张纵轴和横轴各9等分的方格图，纵轴和横轴分别表示企业领导者对人和对生产的关心程度。第1格表示关心程度最小，第9格表示关心程度最大。全图总共81个小方格，分别表示“对生产的关心”和“对人的关心”这两个基本因素以不同比例结合的领导方式。

管理方格理论表明：在对生产的关心和对人的关心这两个因素之间，并没有必然的冲突。研究者通过有情报根据的自由选择、积极参与、相互信任、开放的沟通、目标和目的、冲突的解决办法、个人责任、评论、工作活动9个方面的比较，认为管理方格定向方式最有利于企业的绩效。所以，企业领导者应该客观地分析企业内外的各种情况，把自己的领导方式改造成为9.9理想型管理方式，以达到最高的效率。

（2）俄亥俄州立大学的研究观点是将领导行为划分为结构维度和关怀维度，在结构和关怀方面均高的领导者（“高-高型”）常常倾向于比其他三种类型的领导者（低结构、低关怀，或二者均低）更能给下属带来高工作绩效和高工作满意度。

密歇根大学的研究观点是将领导行为划分为员工导向和生产导向两类，得出员工导向的领导者与高群体生产率和高工作满意度联系在一起，而生产导向的领导者则与低群体生产率和低工作满意度联系在一起。

管理方格论实际上是充分概括了俄亥俄州立大学的关怀与结构维度以及密歇根大学的员工取向和生产取向维度得出的结论。

4. 情境领导理论（Situational leadership theory，SLT）是保罗·赫塞（Paul Hersey）和肯尼司·布兰查德（Kenneth Blanchard）提出的领导模型。特点是，在管理方格论的理论基础上，又增加了被领导者的工作成熟度这一权变因素。根据下属完成某项任务所具备的意愿和能力的程度可以把下属的成熟度分为四种：R1——既无能力又不情愿执行任务；R2——无能力，但愿意执行任务；R3——有能力却不愿意执行任务；R4——既有能力又愿意执行任务。他们认为，工作中的群体成员在大多数情况下呈现出逐步成熟的变化。随着被领导群体或个体成熟度的提高，领导的行为方式相应地做适当的移动性改变。

领导的行为方式被按照关心工作和关心人这两个维度划分为四大类型。而领导风格由任务和关系两个维度的组合情况决定，也划分为四种。

（1）指令型领导（高任务—低关系）：领导者定义角色，告诉下属干什么、怎么干以及何时何地去干，强调领导的指导性行为；被领导群体或个人的工作成熟度较低，需要领导给予较多的工作领导；适宜的领导方式是以工作为导向。

（2）说服式领导（高任务—高关系）：领导者同时提供指导性行为与支持性行为；被领导群体或个人在某些方面表现出较高的成熟度；适宜的领导方式是工作导向和人际关系并重。

（3）参与式领导（低任务—高关系）：领导者与下属共同决策，领导者的主要角色是提供便利条件与沟通；群体成员已经表现出相当程度的工作成熟度；适宜的领导方式是较高的人际关系导向和较低的工作导向。

（4）授权式领导（低任务—低关系）：领导者提供极少的指导与支持；被领导者群体和个体的工作成熟度已发展到高层次水平；逐步把两种导向行为都降低到适度的水平是有效的领导方式。

随着被领导者从不成熟到比较成熟、中等成熟、高度成熟的过程，领导者调整、变换适宜的领导方式，最后达到理想的参与式管理，完成了领导生命周期的基本循环，进入更高的层次。领导生命周期理论强调被领导者的特点对有效领导行为方式选择的影响，因此，在应用中，领导者应根据被领导者的成熟度的变化来选择领导方式。

情境领导理论具有一种直觉的感染力，它承认下属的重要性，而且领导者可以弥补下属能力和动机方面的欠缺的观点也有其逻辑基础；同时也深受管理技术开发专家们的推崇。但其实践的支持还不令人满意。

情境领导理论对下属的经验和能力的强调与路径-目标理论对个性特点的看法一致。权变领导理论、情境领导理论、路径-目标理论这三个理论都是权变领导理论，并都采用了任务-员工的二分观点来描述领导风格，解释和预测领导效果。

5. 领导权变理论、领导路径-目标理论和领导生命周期理论研究的侧重方面虽然有所不同，但都一致认为：在管理中没有最好的领导方式，只有权变因素决定最适宜的领导方式，代表了现代领导权变理论的核心思想。因此，领导有效的评价也要着重考虑到权变的思想。

（1）领导有效性的评价体系。①领导有效性评价的理论依据。a. 权变理论是领导有效性评价的核心。任何一种权变理论都告诉我们，离开了领导的权变因素讨论领导的有效性是没有意义的。b. 从领导的素质理论出发，对领导的能力、个性特征和基本素质进行评价。c. 应用领导行为理论对领导的类型、方式进行评价。现代管理强调领导的行为对组织、群体和个体的影响。领导的行为特征在某种意义上可以说明其管理的特征，并影响整个组织的管理。②评价的主要方面。a. 领导的工作绩效评价。领导的工作绩效不单是指其工作的数量和质量，还包括领导对下属的培训和对员工需求的把握、员工对工作的满意等方面的内容。b. 领导功能的组织评价。主要关心的是领导作为个人在组织中的成长和发展评价。

（2）影响领导效能的因素。领导有效性评价往往集中在与领导有关的工作绩效评价，因此，人们习惯于从领导身上寻找失败或成功的因素。事实上，影响领导效能的因素是多方面的，具体可归为三个方面。①领导者自身的因素：领导者的基本素质、能力和知识水平；领导者的行为方式、工作类型；领导者的权力基础；领导群体的特征、年龄结构和构成。②被领导者方面的因素：被领导者的素质、工作技能水平、群体或组织的构成和规模；群体和组织的历史状况；组织成员的动机、需求和期望水平；成员的一般心理状况、个性因素。③领导环境方面的因素：组织与周围的组织环境之间的关系；组织或群体的人际关系、工作关系；组织、群体、个人和领导之间的合作程度；管理和决策系统的执行情况；组织的激励系统和领导的激励水平；组织的结构、设计、变革和发展状况。领导的有效性评价绝不是一件简单的事情，它是由一系列相关因素决定的，单纯从任何一个方面去评价领导的有效性或思考领导的工作效能都是不全面的。

6. 领导者-成员交换理论指出，由于时间压力等原因，领导者不会一视同仁地对待下属，领导者通常只与下属中的少部分人建立特殊关系，从而形成了圈内圈外的关系。成为领导圈内人士的下属受到领导者更多的信任，得到领导者更多的关照，也更可能享有特权；而成为圈外人士的其他下属，他们的领导-成员关系是在正式的权力系统基础上形成的，占用领导的时间较少，获得令人满意的奖励机会也较少。

领导者-成员交换理论对领导的实践活动具有值得关注的论断：

（1）领导者常常在与某一下属发生相互作用的初期，就倾向于将具有与自己相似特性的员工划入圈内，并且这种关系相对稳定，不随时间的推移而改变。

（2）领导者经常与其追随者（圈内人）形成一种密切关系，建立这种密切关系的潜在动机是提高他们在组织中的影响力，这种关系也是实施联盟和网络政治行为的基础。

（3）对于圈外的员工来说，领导者主要依靠职位权力对其施加影响，而对于圈内的员工，其他的影响形式更为重要。事实上，对于圈内的员工来说，成为领导一员是更为广泛地运用个人的权力基础。

领导者以不同的方式对待下属。与圈外人相比，圈内下属得到的绩效评估等级更高，离职率更低，对主管更满意，总体的满意度更高。领导者应高度关注其行为对绩效的影响。

7. 决策与领导的关系十分密切，这是因为：

（1）决策是领导过程中最主要的职能。决策贯穿于整个领导过程，领导活动的各个方面和环节都离不开决策。可以说，领导过程是否有效取决于决策的正确性。

（2）领导者权力的实现要依赖于领导者制定的决策。决策作为一种领导活动，普遍存在于组织生产经营管理的各个方面和整个过程。决策的正确性是领导者取得成功的关键所在。领导者要行使权力，必须首先订立和选择目标，然后选择适当的方法和手段来实现目标。

（3）科学决策是提高领导效能的根本措施。决策的科学化程度直接决定领导的效能和组织的未来发展。领导者通过科学决策以免战略决策失误，是领导行为有效性的重要保证。

（4）决策决定着组织运行的方向。组织运行过程中，在组织运行的所有方面，都有随时的内、外部变化，组织必须而且经常要做出相应的决策，以保证组织沿着目标方向运行。

决策如此重要，导致经理们在决定一项问题时对是该自己做出决定还是授权给下属做决定感到困难。坦南鲍姆和斯密特认为，采取何种决策风格与领导者运用权威的程度和下属在决策时享有的自由度有关。在高度专制和高度民主之间，不能抽象地认为哪一种模式一定是最好的，哪一种模式一定是最差的。成功的领导者应该根据管理者的特征（包括教育背景、知识、经验、价值观、目标和期望等）、员工的特征（包括员工的背景、教育、知识、经验、价值观、目标和期望等）、环境的要求（包括环境的大小、复杂程度、目标、结构和组织氛围、技术、时间压力和工作的本质等）选择模式。当需要果断应对时，应善于指挥；当需要员工参与时，能适度授权。根据情况适当选择高度专制与高度民主之间的某一种领导风格，才能达到领导行为的有效性。

八、案例分析

案例一：苏小莉即将入职 A 互助保险公司做主管

本案例中，工作任务是高度程序化的，影响小莉成功地成为有效领导者的关键因素是能否得到下属的支持，因此可采用情境领导理论或者领导的生命周期理论来分析，该理论按照下属的成熟度将领导的行为方式分为四类。

从案例描述可知，本案例中的下属主要有两类：

第一类是较低成熟度：指那些高中学历、以前没有什么工作经验但是工作态度不会有问题的绝大多数下属。

第二类是较高成熟度：主要是杨军丽，她在保险单更换部工作了 10 多年，在群体中很有分量。

对于第一类员工，建议采用说服式/推销式领导，小莉作为领导者应同时提供指导性行为与支持性行为，工作导向和人际关系并重。

对于第二类员工，也就是杨军丽，建议采用参与式领导，小莉作为领导者可邀请杨军丽共同决策，并且自己的主要角色是提供便利条件与加强沟通，可以是较高的人际关系导向配合较低的工作导向。

随着与杨军丽关系构建变好，可以逐步采取授权式领导，即放手让她去做，自己作为领导者只提供极少的指导与支持。

随着其他下属从不成熟到比较成熟、中等成熟、高度成熟，苏小莉也应调整和改变领导方式，沿着领导生命周期理论中领导方式改变的轨迹运行，以提高管理绩效水平。

案例二：钱展走马上任新团队

领导行为方式方面将采用菲德勒的权变理论模型来指导分析。该理论认为，一个群体的有效性取决于领导者的领导方式和群体环境对领导的有利程度，菲德勒将环境的有利性定义为“在既定的环境下能使领导者对一个群体施加影响的程度”。影响钱展能否有效地进行领导的环境因素有三项：职位权利、任务结构和上下级关系。钱展接手新的团队以后，需要对以上三项因素进行分析，根据它们的情况，决定自己采取主要关心任务（更强调工作的技术或任务事项，把精力集中在取得最高的产量上，靠行使职权来保持对下属的有效控制，很少或完全不关心人）还是主要关注人际关系与个人声望（以员工为中心，重视人际关系，考虑下属的需要，增进同事和下级对自己的良好感情，极少甚至完全不关心生产）的领导方式。概括来说，在“非常有利”和“非常不利”这两种极端情况下，非常注重任务的领导者将是最有成效的；当情况只是稍微不利或者稍微有利的时候，注重人际关系的领导者是最有成效的。

钱展刚到一个有些暮气的团队，估计情况更多是“稍微有利”或者“非常不利”。如果是稍微有利的情况，钱展宜采取“人际关系导向”的领导风格，注意自己个性中情绪不太稳定以及较高的马基雅维利主义倾向可能使自己不太注意倾听和吸收他人意见的问题，也要注意自己的冒险倾向和一定的 A 型人格的急躁求快的特点，从而避免行为冲动和决策失误。但如果情况“非常不利”，则不宜太过犹豫、软弱，需要果断坚决地采取“任务导向”的领导风格，迅速开展工作，干出一番成绩来。

对不同的下属，以赫塞和布兰查德的情境领导模型为指导，根据其不同成熟度采取不同的领导方式：有能力又积极的授权让其独立工作；有能力也有抵触情绪的，邀请参与决策和讨论；无能力态度积极的，应加强说服教育；无能力态度也不够积极的，应加强指导，采用指明干什么、怎么干的命令式的领导方式。

第五篇 组织

第14章 组织理论和组织设计

一、填空题

1. 层次　部门　层次　部门
2. 直线职能　事业部
3. 强制性磋商　功能性职权
4. 稳定　变迁
5. 管理层级
6. 组织结构图　岗位说明书
7. 参谋　直线
8. 自我实现　依赖、被动、从属于领导的位置
9. 战略
10. 把相同或相类似的工作和人员组合在一起，属于这类型的有职能部门化和工艺部门化　把与满足某个特定目标需求有关的、不同类的工作和人员组合在一起，属于这一类型的有产品部门化、顾客部门化和地区部门化
11. 解冻　转变到新的状态　重新冻结
12. 以组织结构为中心的变革　以技术为中心的变革　以人为中心的变革

二、名词解释

1. 组织结构：组织结构是指组织内关于职务和权力关系的一套形式化的系统，它阐明各项工作如何分配、谁向谁负责及内部协调的机制。

2. 直线职权：直线职权是一种完整的职权，拥有直线职权的人有权做出决策，有

权进行指挥，有权发布命令。凡是管理者均对其下属拥有直线职权。

3. 参谋职权：参谋职权是一种有限度的、不完整的职权。从性质上说，参谋职权是一种顾问性或服务性的职权，拥有参谋职权的管理者可以向直线管理者提出建议或提供服务，但其本身并不包括指挥权和决策权。参谋职权是一种辅助性的职权，一个组织没有委派任何参谋人员也可以有效地工作。

4. 授权：授权指管理者将分内的某些工作委托给下属（或他人）代为履行，并授予被托付人完成工作所必要的权力。授权的含义包括职责的指派、权力的授予以及责任的建立。

5. 部门化：部门化将工作和人员组合成可以管理的单位的过程，被称之为部门化。部门化的方法有很多，主要有职能部门化、工艺部门化、产品部门化、顾客部门化和地区部门化。

6. 顾客部门化：顾客部门化指以被服务的顾客为基础来组合各项活动。当组织有不同类型的顾客，而且各类顾客的需求与组织提供服务的方式有显著区别时，可以采取这种部门化方式，把为有同类需求的顾客服务的所有工作组合在一个部门内，由一个部门来总管。

7. 直线职能结构：直线职能结构是现代工业中最常见的一种结构形式，而且在大中型组织中尤为普遍。这种组织结构的特点是以直线部门为基础，在各级行政主管之下设置相应的职能部门（如计划、人力、财务等部门）从事专业管理，作为该级行政主管的参谋，实行主管统一指挥与职能部门参谋指导相结合。

8. 事业部结构：事业部结构是通用汽车公司在 20 世纪 20 年代首创的。它是指大型公司按产品、地区、经营部门或顾客类别设计建立若干自主经营的单位或事业部。

9. 模拟分权制：模拟分权制又称“模拟分散管理组织结构”，是指为了改善经营管理，人为地把企业划分成若干单位，实行模拟独立经营、单独核算的一种组织管理模式。它不是真正的分权管理，而是介于直线职能制与事业部制之间的一种管理模式。

10. 委员会：委员会是一种常见的集体领导的组织形式，它是执行某方面管理职能并实行集体行动的一组人。委员会中各个委员的权力一般是平等的，实行集体决策、集体领导的机制，如薪酬委员会、投资委员会、人力资源委员会。委员会既可以是常设的，也可以是临时的。前者是为了促进协调、沟通和合作，行使制定和执行重大决策的职能，如董事会；后者多为某一特定的目的而组成，达到特定目的后即解散，如项目鉴定委员会，其职权属性既可以是直线性质的，又可以是参谋性质的。直线式的如董事会，它的决策下级必须执行；参谋式的委员会主要是为直线人员提供咨询和建议。委员会也有正式与非正式之分。凡是属于组织结构的一个组成部分并被授予特定责权的委员会都是正式的；反之就是非正式的。

11. 超事业部制结构：又叫“执行部制”，是在事业部制组织结构基础上出现的一种新的管理组织结构形式，是在组织最高管理层和各个事业部之间增加一级管理机构，负责管辖和协调所属各事业部的活动，使领导方式在分权的基础上又适当地集中，以集中几个事业部的力量共同研究和开发新产品，从而增强组织活动的灵活性。

12. 横向型组织：横向型组织是为了摆脱上层管理者负担过重的问题，打破传统的部门界限，按照核心流程而不是职能建立起来的组织结构，核心流程由核心主管全权负责，整个流程直接服务于目标顾客。

13. 组织变革：组织变革是指组织主动地、自觉地因条件变化而做出的相对反应，是组织为了实现自身目标，根据外部环境和内部因素的变化，对组织现状主动地进行修正、改变和创新的过程。

14. 组织发展：组织发展是指一种基于行为科学理论的、有计划的、系统的组织变革过程。

三、判断改错题

1. √。
2. √。
3. √。
4. ×。修改：将“巴纳德”改为“法约尔”。
5. √。
6. ×。修改：将“扁平化管理”改为“模块化管理”。
7. √。
8. √。
9. ×。修改：将“模块化结构”改为“矩阵式结构”。
10. √。

四、单选题

1–5. CDACA　6–10. BCCCC　11–15. BBCAA　16–20. BAABC

21–25. ADDBB　26–30. CAADC　31–35. DBDCC　36–40. AABCD

41–45. ABBBA　46–50. DBBAB　51–55. AABDA　56–59. CDAB

五、多选题

1. ABCE　2. ACD　3. ABC　4. ABD　5. ABCD　6. ABCDE　7. ABDE

8. ABDE　9. ABE　10. AC　11. ABC　12. BCD　13. BCD　14. ABCD

15. AB　16. AB　17. AC　18. ABCD　19. ABD　20. ABCD　21. ABC

22. ABD　23. ABE　24. ABCDE　25. ABCD　26. BCD　27. ABC　28. CE

29. ABCE　30. ABC　31. BC　32. ADE　33. AB　34. ABCD　35. AB

36. CD　37. ABC　38. ABCD　39. ABCD　40. ABCD

六、简答题

1. 组织结构是指对于工作任务如何进行分工、分组和协调合作，是表明组织各部分排列顺序、空间位置、聚散状态、联系方式以及各要素之间相互关系的一种模式，是整个管理系统的“框架”，是执行管理任务的基本体制。

良好的组织结构可以产生以下功效：①了解组织人力资源是否与组织战略相匹配，从而找到落实发展战略的薄弱环节并加以改进；②明确的部门、岗位和职责是对部门和员工进行考核、奖惩等管理工作的基础，明确和岗职和权责是招聘、培养和使用员工的基础；③各部门之间权责关系、汇报关系和信息关系的界定是部门和员工之间相互协调配合和信息沟通、建立良好的工作关系的基础；④组织结构可以重新建立组织和个人之间的心理契约。

可以说，一个组织的科学管理，是从组织结构的规范化开始的。

2. 授权与分权虽然都与职权下授有关，但二者是有区别的。分权只涉及管理工作，授权则主要与非管理工作有关；分权是组织最高管理层的职责，授权则是各个层次的管理者都应掌握的一门艺术；分权是授权的基础，授权以分权为前提。

3. 随着经济全球化的发展，很多行业已经形成了全球范围的产业生态系统。一方面，一个单独的企业很难、也不应该把所有的活动都纳入企业内部；另一方面，企业又希望在迅速变化的竞争环境中强化对企业外部活动的控制。这时，与相关企业建立战略联盟就成为一种很好的解决方案。每个企业都专注于自己最擅长的那部分活动，并与产业链中其他环节的企业建立长期的合作关系，通过信息和网络技术把企业紧密联系起来，这样就形成了一个虚拟的组织。所以，可以说，虚拟组织是由一个或多个核心企业或称盟主企业，按照市场机遇导向目标，按照某种临时性的目的，由两个或两个以上的有法人资格的企业或企业集团组成的一种动态的企业组织合作模式（又称为动态联盟）。这种企业合作模式一般不具备独立的法人资格，而是以协议的方式来规范和约束各成员的责权利，当预期目标实现后该组织模式即解体。

虚拟组织的主要特点：灵活性、核心能力、相互信任。

（1）灵活性：虚拟组织具有较大的适应性，在内部组织结构、规章制度等方面具有灵活性。虚拟组织是一个以机会为基础的各种核心能力的统一体，这些核心能力分散在许多实际组织中，它被用来使各种类型的组织部分或全部结合起来，以抓住机会。

（2）核心能力：虚拟组织是通过整合各成员的资源、技术、顾客市场机会而形成的。它的价值就在于能够整合各成员的核心能力和资源，从而减少时间、费用和降低风险，提高服务能力。

（3）相互信任：合作是虚拟组织存在的基础。但由于虚拟组织突破了以内部组织制度为基础的传统的管理方法，各成员又保持着自己原有的风格，势必在成员的协调合作中出现问题。但各个成员为了获取一个共同的市场机会结合在一起，他们在合作中必须彼此信任，当信任成为分享成功的必要条件时，就会在各成员中形成一种强烈的依赖关系。

4. 无边界组织是通用电气韦尔奇首创的组织运作模式。组织的边界通常有三种：①横向边界是由工作专门化和部门化形成的；②纵向边界是由组织层级所产生的；③外部边界是组织与其顾客、供应商等之间形成的隔墙。无边界组织是指为追求卓越的目标，更好地适应外部环境，需要有与技术相配套的组织结构及管理机制，克服规模与效率的矛盾，同时为保持组织的灵活性和非结构化，组织中横向的、纵向的或外部的边界不由某种预先设定的结构所限定或定义，组织运营中力图取缔指挥链，保持合适的管理跨度，以授权的团队取代部门，将各个职能部门之间的障碍全部消除，使工程、生产、营销以及其他部门之间能够自由沟通，工作及工作程序和进程完全透明。

无边界组织的特点：

（1）就纵向关系而言，各个层次及各种头衔人员之间的界限已经打破，垂直上下之间的界限不再僵硬难破，而变得具有弹性和可渗透性，从而有助于更快、更好地决策和行动，也有利于组织方便地从各层次人员那里获得知识信息和创新灵感。

（2）就横向关系而言，各职能部门不再有自己独立的山头，部门间相互渗透，有关领地管辖的争执被探讨怎样才能最大限度地满足客户需求替代。

（3）就企业与外部供应商、客户的关系而言，已由通过谈判、争吵、封锁信息，甚至相互拼斗方式的生意人之间——“我们”与“他们”的关系，转化为一种共创、共享、互利、双赢的价值链关系，彼此之间成为一个战壕里的战友。高效的创新方式一经发现，就可以很快被引入整个产品或服务企业联合价值链中来，为大家所共享。直接无偿投资支持供应商和经销商，也开始成为一种高效的经营方式。企业联盟不仅是一种战略，而且成为一种价值观念。

5. 权责一致原则，是指一定的职权应当与一定的职责相一致，职权大于职责会导致滥用职权而忽视职权运作绩效；职权小于职责会导致职权难于发挥作用。当然，权责对等原则还应与利益原则相联系，否则也难以保障权利不会被滥用或影响作用的发挥。

权责一致原则要求在分配责任的同时，必须给予自主完成任务者所必需的权力。权力是完成任务的必要工具。权力不可太大，也不可太小，必须与职责相适应。有责无权不仅束缚管理人员的积极性和主动性，而且使责任制度形同虚设，最后无法完成任务；有权无责必然导致瞎指挥，滥用权力和官僚主义。

6. 管理幅度是指一个领导者直接指挥的下级的数目。管理幅度原则要求一个领导者要有一个适当的管理幅度。

影响管理幅度的主要有6大因素：①职能相似性；②地区相近性；③职能负责性；④指导和控制工作量；⑤计划工作量；⑥协调工作量。

确定管理幅度，一般除考虑上面6因素外，还应考虑以下4个因素。

（1）主管人员的能力。主管人员能力强，精力充沛，经验丰富，管理幅度可以大些；反之应小一些。

（2）下级人员能力。下级人员能力强且训练有素，管理幅度可以大些；反之应小些。

（3）沟通程度。有关命令、政策、方针和指示容易传达，管理幅度可以大些；反之应该小些。

（4）层次高低。管理者位于组织中的层次高，制订计划、处理策划活动就多，管理幅度应该小一些；反之应该大一些。

7. 职权和知识相结合的原则要求职能人员和专家具有一些必要的职权，以便能使他们更有效地发挥作用，为组织服务。为了实现职权和知识相结合的原则，可将职能部门的功能加以扩大，扩大的方法有三种。

（1）强制性磋商。为了使下一级的直线指挥人员在一些特殊的问题上能和职能部门加以磋商，上级直线指挥人员可授权某一职能部门，即让下级直线人员在采取某项行动之前，必须和该部门商量，否则不予商谈和批准，以加强职能人员的发言权和影响力。

（2）赞同性职权。如果上级直线指挥人员希望职能人员和专家有更多的影响力，他可以要求下级主管在采取行动之前，不仅必须征求职能部门的意见，而且必须获得职能部门的同意。职能部门或专家具有否决权，如职工晋级、提升要得到企业的人事和劳动部门的同意。这种赞同性职权的出现，能使有关的专家有机会纠正直线指挥人员的一些错误，避免灾祸和损失。

（3）功能性职权。功能性职权，是指上级直线指挥人员将某一方面的权力完全下放给某一部门，该部门可直接行使直线指挥人员的权力，向下级直线人员下达命令，其效力和上级主管相同。功能性职权在理论上是希望专家在他们的领域握有实权，而打破一般组织中直线指挥人员和职能人员的界限。但是，过多功能性职权将破坏命令统一的原则。

总之，要保证职权和指示相结合的原则，则要对直线指挥人员强调尊重专业知识，尊重科学，考虑长远；对职能人员强调尊重权力，重视管理，讲究效益。双方都应当认识相互争权必然会损害组织利益，只有知识和权力结合，直线人员和职能人员结合才有利于组织目标的实现。

8. 如果一个组织中同时存在几个常设的项目组，那么就变成了一种新的组织形式：为了完成某个特定的任务而把一群不同背景、不同技能和来自不同部门的人组织在一起进行联合攻关的组织形式。如组织中的技术革新小组、电影摄制组、横纵向课题联合组等。组内成员同时接受项目小组和其所在部门的领导。采用这种方式运作的组织称为矩阵组织。

矩阵结构的优点：

（1）可获得必要的合作以满足环境提出的双重需求；

（2）人力资源在产品之间灵活分享；

（3）适应不稳定环境中复杂决策和经营变化的特点；

（4）提供了职责技能和产品技能的发展机会；

（5）对于生产多种产品的中等规模组织最适用。

矩阵结构的缺点：

（1）导致相应的人承担双重头衔，可能导致员工懊恼与混淆；

（2）预示着相应的人需要更好的人际关系、技能和接受更广泛的培训；

（3）经常的会议、经常的冲突解决耗费时间；

（4）有关人员必须理解并采纳这种方式，并建立同事式的而非垂直式的关系；

（5）需要环境的双重压力以维持权力均衡。

七、论述题

我首先要告诉他们，没有一种普遍适用的最优组织结构。在手工业时代以及工业革命时代，组织设计理论表现为一种“普遍化理论”，认为组织设计存在着一种最佳的模式，这种最佳的模式适用于任何组织、任何情况。这就是古典学派和行为学派的共同看法，但这两个学派推荐的组织模式却完全不同。

古典学派主张的设计模式有如下特点：工作高度专业化、按同类集中原则设计部门、管理幅度窄、高度集权、配合正式化。这是一种以工作为中心、以职权为基础、特别强调工作效率的组织模式。

行为学派主张的组织设计模式则有完全相反的特点：工作专业化程度低、按异类集中原则设置部门、管理幅度宽、高度分权、配合非正式化。这是一种以人为中心、以参与为基础、特别强调适应性的组织模式。

随着技术和组织的进一步发展以及管理实践的进一步探索，一个关于组织设计的共识是普遍适用的组织模式是不存在的，每种组织结构都有着自己特有的优缺点，不能用单一模式解决组织设计的所有问题，我们只能提出在特定情况下最有可能有效的设计方案，也就是组织设计的权宜应变观。重点考虑四方面因素：组织战略、组织规模、技术和环境。

其次，我会分析企业的具体的情况，根据以下战略与组织的匹配，以及其他特征的匹配来考虑组织结构设计应该如何选择和确定。

战略与组织的匹配

战略类型		组织结构特征
经营定位	专业化	倾向于集权型组织结构，强调内部效率和纵向控制
	多元化	倾向于分权型组织结构，强调内部自主性和结构灵活性
竞争态势	保守型	以集权的刚性结构为主，强调规范化和严密的控制
	稳健型	集分权相结合，强调纵向的职能控制和横向的项目协调
	冒险型	以柔性的分权结构为主，注重创新和部门相互间的协调
竞争方式	成本领先	以职能型结构为主，注重规范化、内部效率和稳定性
	差异化	以弹性结构为主，注重横向的合作和纵向的专业化

八、案例分析

案例一：腾讯与美的重塑组织结构

腾讯将原来的业务系统制升级为事业群制；而美的削弱二级事业部（超事业部制）的设计，由美的集团直接管辖各事业部。看似相反的重塑组织结构的做法，其实反映的是同一个组织设计理念：组织框架随战略而变。管理学家钱德勒在《战略与结构》一书中说："战略决定结构，结构追随战略。"这指出了结构和战略之间的关系。

腾讯和美的各自行业和企业外部环境变化，导致其战略的变化，原有的组织机构不能适应新的战略发展的需要，因而也需要相应变化。

腾讯原来的"业务小组"其实质是直线职能结构。这样的架构对于既有的战略和目标来说，有助于提高管理的效率，但当需要在原来的 QQ 平台与虚拟增值业务之外，再发展互联网手机、电子商务市场等业务，原有的业务小组架构反应链条太长，已经不足以支撑腾讯集团的发展与新市场机会的拓展；不能支持视频、搜索、电子商务等成长为腾讯的核心业务，不能完全满足用户层出不穷的新需求。马化腾宣布将业务线重组为企业发展事业群、互动娱乐事业群、移动互联网事业群、网络媒体事业群、社交网络事业群，成立电子商务控股公司专营电子商务业务，以形成共生、开放的六大事业平台，给了各事业部较大的权限，使每一个事业的发展更迅速可见，也能够帮助腾讯适应高度竞争环境下迅速发生的变化。所以，腾讯建立事业部是满足进入新领域的扩张性战略的需要。

美的撤销二级集团是因为原有的事业部制帮助美的迅速地开疆拓土，帮助美的跨入了百亿俱乐部，但进入由追求市场份额、降低成本转向追求效益的新的成长阶段和成长模式之后，鼓励勇猛冲击的事业部制已不适应新的战略发展需要了，加强集团的质量管控和统一调度等更为重要，因而合并职能机构，将四套二级平台的职能部门变为一套集团的支撑平台。

两个公司的领导者能够顺应时代的变化，迅速调整战略和组织结构，这也是两个公司能够在不断变化的内外环境条件下持续快速发展的原因。

案例二：都城光学仪器厂的组织变革

1. 阻力大的原因

组织变革阻力的来源分为个体阻力和组织阻力两个方面。个体阻力主要来自习惯、对未知的恐惧、有选择的注意和保留、经济的原因、安全和倒退。都城光学仪器厂组织变革的阻力主要来自被精简的干部。这部分人首先是因为被精简，经济利益受到了影响，新工作的压力带来了不安全感等，导致他们本人反响比较激烈；其次，光学仪器厂历史长，人员之间关系盘根错节，导致人情关系复杂，所以一部分人成为“说情者”；另外，领导班子中有的领导认识不到位，既有维持现状、遵循惯例的因循守旧的习惯，也有对变革后的未知、模糊的恐惧，还有不安全感，导致副厂长在阻力面前动摇，甚至“劝秦厂长停止精简机构”。

2. 解决办法

首先，高层要统一认识，坚定立场。从案例描述中可以看出一部分高层对变革的必要性和重要性体会不深，变革的决心也不够坚定，也缺少面对冲突的勇气和解决办法，所以秦厂长首先要通过多种方式，包括走出去看（他一人出去学习有了认识，但其他高层囿于既有的视野就只能有保守的认识）、请进来讲、高层集体学习研讨等多种方式统一认识。

其次，对员工，公司可以采取以下七种办法。

第一，加强沟通。了解一下，如果阻力来自于信息失真或者沟通不良，则可以对那些从管理岗位下来的管理人员，通过报告、个别说服等方式让他们明白变革的必要性和紧迫性，意识到不这么做，长期来看他们的饭碗都会丢掉，更别说只是管理岗位不保的问题。

第二，说服教育。通过个别面谈、小组讨论、员工会议、专题报告、各种书面材料宣传等，让员工改变对实施变革的错误的逻辑判断和理性认识。

第三，参与。选择领头人物参与有关变革决策的下一步讨论。

第四，培训与支持。对受到影响走下领导岗位的员工采取帮助性、支持性的措施，比如培训、未来新机会的制度设计等。

第五，谈判。对受影响的干部给予一定的补偿，但注意不能违背原则让步。

第六，操纵和收买。比如发布消息说如果不能够接受改制方案，股东就会卖掉公司等。

第七，强制。力排众议，强行推行改革，直接给予抵制者威胁和压力。

以上几种措施，结合光学仪器厂的情况来看，第一、二、三种在方案宣布实施之前采纳更为有效，现在方案已经开始实施，重点采取强制、操纵与收买策略，辅之以谈判、培训与支持。秦厂长必须果断、坚定、迅速，不能久拖不决，或者过分迁就。

3. 打破僵局的方法

坚决推行改革方案，可采用勒温的组织变革三步骤：解冻、转变到新的状态、重新冻结。

解冻：打破原有的平衡，使之解冻。这一步秦厂长已经迈出来了，组织结构调整方案已经实施，平衡已经打破，重点是迅速推进到第二步。

转变到新的状态：现在工厂存在着很多要倒回原点的力量，可优化变革领导小组的构成，比如引进外部专家的力量，强调领导班子的作用，明确领导班子在新的变革方案中的责任。

冻结新的现状：尽快推进新的组织结构下的工作方式和运作模式，加大新模式下的考核力度等，以强化新局面，维持新的平衡。

第 15 章　组织文化与组织行为

一、填空题

1. 观念层　制度与行为层　符号层

2. 导向作用　规范作用　凝聚作用　激励作用　整合作用　辐射作用

3. 故事、传说、仪式、典礼、工作场所的语言、办公场地布置、员工行为等

4. 权力距离　不确定性规避　个人主义-集体主义　男性度-女性度

5. 迪尔　肯尼迪

6. 赌博文化　硬汉文化　过程文化　“拼命干、尽情玩”文化　企业经营活动的风险程度　企业及其雇员工作绩效的反馈速度

7. 战略　制度　结构　人员　作风　技能　共享价值观

8. 企业成员能够在相当长的一段时间里保持相互间的密切联系或交往，并且该企业无论从事何种经营活动均获得了相当的成就

二、名词解释

1. 组织文化：是指组织在长期的生存和发展中所形成的，为组织多数成员所共同遵循的最高目标、基本信念、价值标准和行为规范。

2. 组织核心价值观：是组织最重要的、指导全局的、长期不变的价值标准和基本信念。

3. 基本假设：是一种深层的信仰，它指导行为，并引导组织成员怎样观察和思考事物，是组织文化中最深、最基本的一个层次。

4. 组织社会化：员工通过获得必要的社会知识和技能来适应在组织中的角色的过程。

5. 组织文化建设：组织领导者有意识地倡导优良组织文化，克服不良文化的过程，这个过程也叫作组织的“软管理”。

6. 组织文化维系：在创建组织文化以后，从物质层面、制度层面和行为层面全面展开的反复实践和规范管理的组织文化活动，以确保组织文化的活力，并使组织价值观念及行为方式成为员工自觉、自愿的行为。

三、判断改错题

1. ×。修改：改“道德规范”为“组织规范”。

2. √。

3. ×。修改：改“导向作用”为“激励作用”。

4. ×。修改：改“激励作用”为“导向作用”。

5. √。

6. √。

四、单选题

1-5. CDCBD　6-10. CDCAB　11-15. CAAAD　16-20. BCDCD
21-25. BACCC

五、多选题

1. ABC　2. ABCDE　3. ABE　4. BCD　5. ABC
6. ABCD　7. ABCDE　8. ABC　9. ABCD　10. ABCE
11. ABD　12. ABCD　13. BCDE　14. ABCD　15. ABCDE

六、简答题

1. 组织文化是指组织在长期的生存和发展中形成的，为组织多数成员所共同遵循的最高目标、基本信念、价值标准和行为规范。它是理念形态文化、制度行为形态文化和符号形态文化的复合体。

根据埃德加·沙因的文化理论，组织文化一般可分为三个层次，即观念层、制度行为层、器物层。

观念层是组织文化的核心和主体，是形成制度层和器物层的基础和原因。观念层主要是指组织的领导和员工共同信守的基本信念、价值标准、职业道德及精神风貌。组织文化中有无观念层，是衡量该组织是否形成了自己的文化标识的标准。组织文化观念层次包括组织最高目标、组织核心价值观、组织哲学、组织精神、组织风气、组织道德、组织宗旨。这七个内容中，组织最高目标和组织核心价值观最为重要，是群体价值观的主要部分。

制度是组织规定的行为规范，可约束组织成员的行为，维持组织活动的正常秩序。制度行为层包括一般制度、特殊制度、组织风俗。

器物层，又称符号层，是组织文化在组织层次上的体现，是组织文化的表层部分，是群体价值观的物质载体。

2. 组织文化为解决组织目标与个人目标的矛盾、领导者与被领导者之间的矛盾开辟了一条现实可行的道路，其主要作用有：①导向作用；②规范作用；③凝聚作用；④激励作用；⑤整合作用；⑥辐射作用。

3. 群体价值观在形成组织凝聚力的方面的作用具体有：①它有效地制约着个体的价值取向，而且对于个人价值观与群体价值观相背离的个体产生群体压力，使其重新向群体价值观靠拢，并进而调整个人目标，自觉地趋向组织目标；②培育良好的群体价值观是实现职工之间个人目标整合的基本手段，其结果是目标相悖情形越来越少，志同道合的程度越来越高，行为一致性越来越强；③凝聚力还能增加职工间的吸引力，职工之间吸引力的形成，一是依赖于利益相关的推动，二是依赖于思想一致性的催化。

4. 组织风气是指组织在长期活动中逐步形成的行为习惯和精神风貌。组织风气一旦形成，就对员工行为产生巨大的影响，主要有四种作用。

（1）潜移默化作用。组织风气形成组织内部的心理定式，构成组织环境的主要部分，在这种心理氛围之中生活的组织成员，耳濡目染，久而久之，便形成一致的态度、共同的行为方式和行为习惯。

（2）规范作用。作为一种非强制性的、无形的软规范，组织风气对群体行为发挥着引人注目的制约作用。组织中多数人一旦态度一致，必然成为影响成员的巨大力量，甚至使态度不同的成员改变初衷，与周围的心理环境协同起来。

（3）筛选作用。一个组织所形成的风气，以及在它影响下形成的集体心理定式，对一切外来信息、社会影响有筛选的作用。

（4）凝聚作用。组织风气以心理氛围的形态出现，会影响组织成员的工作欲望以及对组织的向心力和相互之间的吸引力。

5. 优秀的组织文化不会自发地形成，它是组织的领导者有意识地加以培育和长期建设的结果。组织文化建设的心理机制，强调组织文化的建设必须遵循相应的心理规律才能事半功倍。组织文化建设需要关注和借助的心理机制包括以下几个方面：①心理定式；②心理强化；③从众心理；④认同心理；⑤模仿心理；⑥挫折心理。

七、论述题

1. 如果组织文化的核心价值观得到强烈的认可和广泛的认同，那么该组织文化就是具有凝聚力的强势文化。强势的组织文化能在组织内部创造一种很强的行为控制氛围，能让员工清楚地认识到，哪些是组织倡导的行为，哪些是必须避免的行为。但是，强势文化不一定能够确保组织成功，除非组织文化能促使公司对外部环境健康地适应。

强势文化对组织绩效的潜在的反面作用主要表现为对组织的发展和变革带来的障碍，表现在三个方面。

（1）当组织的共同价值观、信念和行为准则与进一步提高组织效率的要求不相符时，就会成为组织变革的障碍。

（2）强势文化会形成较大的压力，使员工服从组织的价值观和行为准则。一方面，这有利于塑造员工的态度和行为，但另一方面，这也可能阻碍员工的个性和创造性等多元行为和创造力，从而造成组织的僵化，不利于组织的创新。

（3）有几种强势文化会阻碍组织绩效的提升。一是老板文化，老板意识凌驾于绩效考核规则之上；二是团伙文化，组织内部山头林立，部门各自为政，岗位间相互扯皮、相互消耗、互不买账，导致任何先进的绩效制度都会大打折扣甚至形同虚设；三是伦理文化，重视人情、关系、面子，忽视组织规则，影响绩效的公平公正。

要避免强势文化的消极作用，应定期进行组织文化的评估，或者说文化盘点：现实存在的微观组织文化，哪些是适合组织的内外环境，有利于组织发展的？哪些是不适合组织的内外环境，不利于组织发展的？在此基础上，开展文化再设计，正式提出和在全体成员中倡导积极健康的价值观，然后再以此通过解冻（现有文化格局）—变革—再冻结（新文化）的步骤建立新的适应性文化。

2. 要建设强有力的组织文化，首要的因素就是组织的主要领导者。领导者是组织文化的缔造者、倡导者和管理者；领导者的价值观决定了组织文化的基调，领导者的示范作用关系着组织文化建设的成败；领导者的观念创新推动组织文化的更新；领导者素质的不断完善促进优秀的组织文化的形成。

可见，领导者对组织文化有强大作用，说明了领导者的个人局限会成为组织文化建设的局限。突破这种局限，需要领导者不断地突破自己的边界。为此，领导者应确立科学的、高境界的价值观，其价值观应符合客观规律，是科学的，同时又是走在时代前列的，具有高规格、高境界。从中外成功组织的经验来看，领导者应积极树立以下价值观：事业至上、国家至上、信誉至上、奉献为荣、群体为高、以人为本、服务制胜、创新是魂等。

八、案例分析

谷歌的 HR 数据文化的形成有两个重要的原因：

一是谷歌 HR 高管的观念和行为。他们坚信 HR 的各类决策也能像工程类的决策那样建立在数据分析的基础上。因此，他们将人力资源管理部门更名为人力运营部，并广泛招聘咨询顾问、计算机以及统计专业毕业的学生；聘请行为科学专家，设立人力和创新实验室，开展各项人力资源决策的数据研究工作。

二是公司的工程师文化的影响。谷歌的工程师们要求公司人力部门所有的要求都能有数据的支持。比如招聘面试：谷歌的工程师们认为他们都应该面试应聘者，这导致了应聘者面试次数增多，面试持续时间太长，招致了谷歌在人力资源市场上的坏名声。但要说服经理们减少面试次数不容易，需要提供数据的支持。因此，谷歌人力运营部经过调研，建立数据模型，发现最优面试次数是 4 次。一系列人力资源运营研究的模型效果促进了 HR 数据分析文化的形成。

▶▶ 参考教材

[1] 陈春花，杨忠，曹周涛. 组织行为学 [M]. 2 版. 北京：机械工业出版社，2014.

[2] 罗宾斯，贾奇. 组织行为学：第 14 版 [M]. 孙健敏，李原，黄小勇，译. 北京：中国人民大学出版社，2012.

[3] 徐世勇. 组织行为学 [M]. 北京：中国人民大学出版社，2012.

[4] 关培兰. 组织行为学 [M]. 4 版. 北京：中国人民大学出版社，2015.

[5] 胡君辰. 组织行为学 [M]. 4 版. 北京：中国人民大学出版社，2014.

[6] 赫尔雷格尔，斯洛克姆，伍德曼. 组织行为学：第 9 版 [M]. 俞文钊，丁彪，等译. 上海：华东师范大学出版社，2001.

[7] 勒庞. 乌合之众：大众心理研究 [M]. 王浩宇，译. 北京：北京联合出版社，2016.

[8] 杨文士. 管理学原理 [M]. 2 版. 北京：中国人民大学出版社，2004.

[9] 张德. 组织行为学 [M]. 5 版. 北京：高等教育出版社，2016.

[10] 陈春花，等. 组织行为学：互联时代的视角 [M]. 北京：机械工业出版社，2016.

[11] 王晶晶. 组织行为学 [M]. 2 版. 北京：机械工业出版社，2017.

[12] 李剑锋. 组织行为管理 [M]. 5 版. 北京：中国人民大学出版社，2013.

[13] 达夫特，诺伊. 组织行为学 [M]. 杨宇，闫鲜宁，等译. 北京：机械工业出版社，2004.

[14] 麦克沙恩，格里诺. 组织行为学 [M]. 汤超颖，译. 北京：中国人民大学出版社，2008.

[15] 邢以群. 管理学 [M]. 2 版. 北京：高等教育出版社，2015.